细雨无声

听障儿童教育实践与研究

刘少敏 著

吉林教育出版社

图书在版编目（CIP）数据

细雨无声：听障儿童教育实践与研究 / 刘少敏著
. — 长春：吉林教育出版社，2020.11
ISBN 978-7-5553-9046-6

Ⅰ. ①细… Ⅱ. ①刘… Ⅲ. ①听力障碍—儿童教育—教育康复—研究 Ⅳ. ①G762.2

中国版本图书馆CIP数据核字（2020）第219662号

细雨无声：听障儿童教育实践与研究　　刘少敏　著

责任编辑　牟宗艳　　装帧设计　言之凿

出版　吉林教育出版社（长春市同志街1991号　邮编　130021）
发行　吉林教育出版社
印刷　北京政采印刷服务有限公司

开本　787毫米×1092毫米　1/16　印张　14.5　字数　261千字
版次　2022年6月第1版　印次　2022年6月第1次印刷
书号　ISBN 978-7-5553-9046-6
定价　45.00元

前言

作为一个特殊群体，听障儿童既有接受教育的权利，又有接受康复服务的需求。以儿童权利和需求为本，通过教育与康复的手段提高听障儿童的生存和生活能力，促进其全面和谐发展，顺利回归主流社会，是特殊教育工作者的职责与使命。

在南京特殊教育师范学校（现为南京特殊教育师范学院）学习期间，我曾有幸聆听中国第一位"失聪少年大学生"周婷婷的父亲周弘先生的讲座。周婷婷通过教育康复的手段重获听力、学会说话的案例，给我带来了极大启发。经过四年的听障教育专业学习，我对听障儿童教育康复有了更深的理解。从此，"让每一个听障儿童得到最大限度的康复"成为我从事特殊教育工作的初心和梦想。

1994年7月，我被分配到湛江市特殊教育学校任教，负责低年级听障儿童的语文教学与班主任工作。由于当时助听设备相对落后，家长的康复意识淡薄，绝大部分听障儿童教育得不到早期干预，听觉与语言表达能力发展严重滞后。为了挖掘听障儿童的语言潜能，我在语文教学中融入听觉与语言表达能力康复训练，合理地利用口语、手语和书面语，根据学生的听力、语言状况进行分层教学。经过三年的努力，学生的语言表达能力得到较大的发展。1998年，由于在听障儿童教育康复方面成绩突出，我被学校安排到听障儿童学前教育康复教学岗位，开始从事听障儿童听力语言早期康复抢救性工作。

听障儿童康复工作是一项系统工程，涉及多学科和多方人员的参与，任务艰巨，意义重大。为了探索我市听力语言教育康复新路径，我逐渐转变观念，从仅关注听障儿童的"能听会说"转向关注听障儿童的全面发展，从单纯关注学校教育转向家校协同教育康复，从只关注教学实践转向"教学研"相结合，逐渐构建了家校协同康复的学前教育康复模式，听障儿童教育康复工作取得了可喜的成绩。如今，在国家倡导办好特殊教育的背景下，在医教结合的科学康复理念指引下，在现代科技的推动下，残疾人康复事业如雨后春笋般崛起，每一位听障儿童都有机会得到最大限度的康复，我的教育梦想也终将得以实现。

本书共有四个章节，以研究成果、经验总结、康复案例和课例的形式分别记录了我二十六年来从事听障儿童教育康复工作的教学经历和教研成果，希望此书能带给特殊教育工作者、特殊教育研究者和听障儿童家庭以启发与借鉴。

本书在撰写过程中得到黄岱校长和简栋梁老师的鼓励和帮助，得到家人和同事的支持。由于学识有限，本书可能存在许多不足或错漏之处，敬请各位专家与同行批评指正。

目录

第一章　听障儿童家校协同教育康复实践

第二章　学龄前听障儿童教育康复实践

第三章　学龄期听障儿童教育康复实践

第四章　听障儿童融合教育实践

第一章

听障儿童家校协同教育康复实践

导读：家庭教育和学校教育是教育系统的重要组成部分。家校双方积极合作，形成合力，同步对听障儿童实施教育康复，构建多方资源整合的“家校协同”教育康复支持体系，是实现听障儿童听力语言早期康复的一条科学有效的途径。

第一节　学前听障儿童“家校协同教育康复”的研究与实践

一、问题提出

学前听障儿童“家校协同教育康复”是指在现代教育观念的指导下，家校教育资源和教育力量积极、主动地协调与合作，形成合力，对听障儿童实施同步教育和专项康复训练，使教育与康复效果实现最优化的一种教育方式。

2011年以来，随着国家残疾儿童政策性康复救助项目的实施，越来越多的听障儿童得到早期干预，家长逐渐重视孩子听力语言的早期康复。但是，多数家长缺乏科学的康复观，对学校或机构的教育过分依赖，使康复效果无法达到最大化。因此，构建家校协同教育康复的路径，引导家长成为听障儿童教育康复全过程的支持者、引导者和陪伴者，是学校及其他教育机构亟待解决的问题。

二、研究过程与策略

（一）研究过程

为了实现家校合作教育康复的目标，2011年12月，项目组开始聚焦“家校协同教育康复”有效策略的研究，通过扎根课堂、家校联动、康复质量监控、课题研究等方式，从听障儿童“家校协同康复训练、‘亲子同训’课程、听能协同管理、家校协同教育康复模式”四条路径，寻找家庭和学校协同康复最佳结合点。在实践探索中，项目组开展了上百次送教服务、近千节的“亲子同训”课堂实践和形式多样的家校活动，深入解决学校教育康复和家庭教育康复的分工问题，形成了家校协同教育康复的有效策略。

（二）研究策略

1. 建立协同康复机制。在实践中，制定了家校协同康复训练管理制度，定期开展个别化项目会议、专题家长培训、家长沙龙、亲子互动等研究活动，形成“日康复—周总结—月汇报”的协同康复机制。

2. 协调家校协同分工问题。从点到面渐进式破解家校之间的分工问题，明确家校之间的协同合作关系。首先，在听能管理方面，通过责任分工，明确听力师、教师和家长听能管理任务，对听障儿童的助听状况及所处的声学环境协同进行动态的观察、评估和调整，建立听能管理档案，保证听障儿童得到准确的听力诊断、合理的补偿与重建，使助听装置在优化了的工作状态下进行康复训练。其次是家校双方协同完成康复任务。在协同教育中，学校通过开展“亲子同训”课程，与家长协同制订康复计划，开展康复训练和康复评估，并监督与指导家长同步开展家庭康复，建立长效协同教育管理机制，使康复效果最大化。

3. 构建多元协同康复方式。为了满足不同阶段听障儿童及其家庭的需求，家校协商确定儿童的教育安置方式和康复形式，以集体教学、小组教学、亲子同训、家庭训练和融合教育等康复方式，开展学前教育、听说训练、幼小衔接服务、普特融合教育支持服务、个别化后续康复训练等，逐步解决学校、普幼（或普小）和家庭合力康复中存在的问题。

三、效果与影响

（一）效果

“家校协同教育康复”的研究，实现了多方资源整合，促进学前听障儿童康复课程、教育模式与服务机制的创新。

1. 课程创新。传统的听障儿童康复课程是学校单方教育康复，课程结构单一，学生听说能力得不到及时泛化。为了发挥家庭康复力量，项目组开发了“亲子同训”课程，建立课程实施体系并完成教材的编写。在实施过程中，家校通过同步开展协同诊断评估、制订康复计划、实行康复训练等活动，改变了传统课堂教学的结构，增强了教师、家长和学生三方的互动，提高了康复效果。

2. 模式创新。“协同康复”的最终目标是促进听障儿童的全面发展，回归主流社会。传统的学校训练和单一集体教学模式不能满足学生个体的需求，也难以落实全面康复的目标。基于以上因素，项目组开发形成了两种融合康复模式，一是“集体+小组+亲子同训+家庭训练”康复模式，二是“普幼（普小）融合+亲子同训+家庭训练”康复模式。教师与家长根据听障儿童教育康复中存在的问题和儿童个体需求，协商选择康复模式和安置方式实施教育。

3. 机制创新。机制创新体现在三个方面：第一，通过送教服务，建立后续教育康复服务长效机制，巩固康复成果，完善“协同康复”体系；第二，通过微信语音及视频互动，及时了解听障儿童康复状况及家长指导方式，实施康复家庭服务日动态指导；第三，拓宽资源获取渠道，加强普特、家校之间的合作与研究，创建人人为听障儿童康复服务的环境。

（二）影响

1. “家校协同教育康复”模式是教师与家长在一次次协同教学与管理中构建起来的，经过八年的实践，听障儿童听力语言教育康复取得显著的成效，越来越多的听障儿童回归普幼或普小随班就读，对学校、家庭、社会发展产生了积极的影响。

2. 在协同教育康复实践中，家校之间形成了和谐的合作关系，实现了多方资源的整合，改变了家长观念和学校教育方式。在每日的协同康复活动中，家长深度参与，促使家庭成员观念、态度的改变和知识能力的提高。特别是听障儿童的成功康复，使家长消除了心理负担，乐观地面对生活，对维护家庭和谐、减轻家庭负担具有重要的意义。

3. “家校协同教育康复”抓住了听障儿童听觉语言康复“黄金干预期”，整合家校资源，使家校抢时间合力实施教育与康复，促进其全面发展，实现了学前听障儿童成功抢救的目标，对听障儿童未来的发展具有重要的意义。

为了更好地指导家长与教师，使研究成果辐射不同类型的特殊儿童教育，2018年9月，项目组对研究成果进行了系统的梳理，从操作规程到课堂示范，全面构建“协同康复”实践体系，借助“广东省特殊教育刘少敏名师工作室”平台，拓展协同康复的范畴与形式，使更多的特殊儿童与家庭受益。

四、分析与建议

儿童健康成长是学校教育和家庭教育共同的目标，教育部《关于建立中小学幼儿园家长委员会的指导意见》明确要求："建立家长委员会，发挥家长在教育改革发展中积极作用，构建学校、家庭、社会密切配合的育人体系。""家校协同教育康复"不仅践行了国家的政策，而且为听障儿童早期康复开辟了一条科学有效的途径。该模式在听障儿童学前教育康复领域的实践与应用过程中，不断拓宽协同教育的内容和范畴，对学校德育管理及不同类型的残疾儿童教育工作起到借鉴作用，并得到省内康复机构和特殊教育学校的推广与应用，尤其是在自闭症儿童早期康复、培智学校个别化教育、家长协同课堂管理和学校管理等方面都得以广泛应用。

"家校协同教育康复"全面展示了听障儿童教育康复的理论与教学实践，成功调整了听障儿童康复的模式、目标与定位，引起传统康复和课堂教学结构的重构与变化，实现了听障儿童特需的"听说训练"与"儿童社会性发展"的统一。家校关系在协同教育康复中相融相促走向高效，构建起多方资源整合的一体化"家校协同"教育康复支持体系，为听障儿童早期康复开辟了一条科学有效的途径。

教师必须在家校协同教育过程中进一步优化协同策略，提高家长的教育能力和学校的服务质量。另外，教师与家长之间如何建立相互信任、相互尊重的伙伴关系，形成协同教育评价机制等问题还需深入研究与实践。

第二节　听障儿童人工耳蜗植入后家校协同康复教育研究

一、研究的背景及意义

（一）研究的背景

中华医学会耳鼻咽喉头颈外科学分会、中华耳鼻咽喉科杂志编委会在长沙组织讨论制定了《人工耳蜗植入工作指南》，对人工耳蜗植入的临床工作起到了积极的指导作用。随着人工耳蜗基础研究和临床工作的蓬勃发展以及产品的研发升级，人们对人工耳蜗的认识也在不断提高。近年来，国家对人工耳蜗植入工作愈加重视。2011年12月，中残联印发了《残疾儿童康复救助“七彩行动计划”实施方案》（残联厅发［2011］25号文件）。“七彩梦行动计划”项目指出，2011年至2015年，中央财政将安排专项补助资金，支持各地开展这一项目。资助对象为符合条件的有康复需求的城乡贫困残疾儿童，其中优先资助城乡低保家庭的贫困残疾儿童。项目将为16865名中低收入家庭听障儿童配发人工耳蜗产品，补助人工耳蜗手术、术后调机和术后康复训练经费；为约18000名贫困听障儿童配发助听器，补贴其康复训练经费等。开展听障儿童人工耳蜗植入后家校协同康复教育是我市顺应国家关于残疾人康复工作发展形势，贯彻落实国家“七彩行动计划”的必然要求。

（二）研究的意义

家庭康复教育是听障儿童康复教育的重要组成部分。《人工耳蜗植入工作指南》强调，家长或其他监护人在人工耳蜗术后康复中具有不可替代的作用，家长需在专业人员的指导下掌握必备的听觉言语康复教育知识与技能，成为听障儿童康复教育全过程的支持者、引导者、伴随者，使儿童在游戏中、活动中、生活中学习语言，促进康复效果最大化。父母是听障儿童的第一任老师，父母重视程度及其合作态度直接关系到听障儿童听力语言的康复效果。因此，我校听力语言康复中心（幼教部）通过实施家校协同康复教育措施，搭建家校合作康复教育平台，致力于培训优秀的康复教师和家长，帮助听障儿童形成听、说能力，全面改善听障儿童的身心素质和生活质量，为其平等接受教育、全面参与社会生活创造机会与条件。同时，做好听障儿童康复有助于使家庭幸福、和睦，有助于减轻家庭经济负担，改善其经济、社会状况。家校协同康复，促使听障儿童早日康复，能有效减少政府和社会在特殊教育、社会福利、无障碍设施等方面的投入，经济效益和社会效益高。因此，开展本课题研究，对听障儿童个体、听障儿童家庭和社会均有重要的意义。

二、研究的现状

听障儿童人工耳蜗植入后的康复教育工作在我市起步较晚，目前普及率还不高。主要原因：一是人工耳蜗植入费用昂贵。在2011年国家出台听障儿童免费救助政策之前，很多听障儿童家庭因无法承担沉重的经济负担望而却步。二是人工耳蜗技术人才不足，后续服务不到位。三是家长对人工耳蜗植入的认识不够。1997年，我国首例儿童多导人工耳蜗手术在北京同仁医院完成。但直到2011年，国家出台听障儿童免费救助政策之后，人工耳蜗植入后效果的研究才陆续开展。另外，人工耳蜗术前要经过严格筛选，不是每个听障儿童都适合植入人工耳蜗。近几年，随着国家为听障儿童免费植入人工耳蜗和进行康复训练救助政策的逐步实施，我市进行人工耳蜗植入的听障儿童将逐渐增多。本项目的研究，是推动我市听障儿童人工耳蜗植入后康复教育科学发展的重要举措。

近五年来，我校听力语言康复中心接收听障儿童60多名，其中有2名听障儿童进行人工耳蜗植入后在我校经过训练回到普通学校就读。在训的儿童中，有5名儿童植入人工耳蜗康复效果显著。经过几年的实验，我校初步取得了一定的康复效果，积累了一定的工作经验，但家校协同康复教育工作还在探索中。目前，国内对植入人工耳蜗听障儿童康复效果的研究很多，但对人工耳蜗植入后家校协同康复策略的研究还比较缺乏。本项目的研究有助于探索听障儿童人工耳蜗植入后家校协同康复教育的策略，将为我市乃至我省进行听障儿童人工耳蜗植入后康复教育提供宝贵的经验和实践指导。

三、相关概念的界定

（一）家校协同

家校协同是指学校教育子系统与家庭教育子系统作为学生最重要的社会化场所，既独立运行又相互关联，通过学校和家庭功能互补、相互兼容，形成的教育合力。

（二）听障儿童

听障儿童是指听力残疾儿童。

（三）康复

康复是综合运用医学、教育、职业社会等手段，消除功能障碍的影响，帮助残疾人恢复相应能力、重返社会的过程。

（四）人工耳蜗

人工耳蜗是一种电子装置，由体外言语处理器将声音转换为一定编码形式的电信号，通过植入体内的电极系统直接刺激听觉神经来恢复、提高及重建听障人士的听觉功能。人工耳蜗适用于重度、极重度听力障碍人士。

四、研究的理论依据及启示

（一）学生、学校、家庭和社区合作教育理论

美国约翰斯霍普金斯大学爱普斯坦（Epstein）教授提出学生、学校、家庭和社区合作教育理论。他认为，学生、家庭和学校是家校合作关系中的平等成员，强调学校、家庭和社区对儿童教育共同负有责任，把家校合作的范围扩展为“学校、家庭、社区”三者的合作。爱普斯坦教授通过家校合作基础性研究，提出世界各国普遍认同的六大领域：1.亲子教育，即学校帮助家长提高其亲子教育的能力；2.建立家校沟通交流机制，保持家长、学校之间进行良好顺畅的沟通，维护家长的知情权；3.家长教育配合学校教育，辅导子女在家学习；4.家长义务参与学校教育，提供无偿服务和援助；5.家长参与学校决策，保护全体家长权益；6.学校和社会建立协助关系，使家庭、学校、社区之间实现关系紧密的合作教育。

（二）“协同教育”理论

“协同”一词来自协同学，协同学是由德国著名理论物理学家哈肯（Hakan）创立的一门系统科学的分支理论。人类社会有三大教育系统：家庭教育系统、学校教育系统和社会教育系统。三大教育系统是相对独立的，

但也会产生相互联系与作用。当某一教育系统的要素或信息进入另一教育系统，与该系统要素相互联系与作用，产生协同效应，影响该教育系统的功能，这种现象称为协同教育。

（三）“医教结合，全面康复”理论

“医教结合”是指将医学康复和教育康复相结合，基本原则在于早期发现、早期诊断、早期干预。“全面康复”以学前教育为基础，以听力干预、听觉言语训练、言语矫治等专项技术为支撑，促进听障儿童的全面发展。

（四）早期抢先（HeadStart）方案

早期抢先项目要求家长参与教育、课程计划和实施活动，该项目是挑战贫穷、促进家庭成员身心健康的课程模式，在新世纪中得以提高和发展。

（五）井深理论

日本“井深理论”说：“脑子好坏是由幼儿早期教育所决定的。”人生下来时智力一般并无差别，由于后天因素的作用，方会出现差异。幼儿大脑可塑性极大，蕴藏着无限的潜在能力。因此，教育不当，孩子的智力得不到开发；教育得当，孩子可能智力超群。那么，在孩子的早期教育中，家庭教育具有举足轻重的作用。良好的物理环境和有效的外界刺激，对大脑的功能发育提供了条件。如果对听障儿童能进行早期听觉介入，有效地进行听觉及言语的训练，将会最大限度减少其残疾所带来的影响，对他们智力发展、听觉能力和语言能力的形成具有重大的意义。

《国家教育事业发展“十三五”规划》指出：“建立政府、学校、社会、家庭全面参与的协同育人工作机制……明确家庭教育责任，强化家长教育，普及家庭教育常识，引导父母做好学生的第一任老师，促进青少年人格养成、心理健康成长。”在听障儿童的教育康复中，学校要主动争取各方面的支持和配合，明确各方的责任和义务，促进教育与康复相结合，注重听障儿童潜能的开发和缺陷补偿，共同对学生实施目标一致的教育，实现其全面康复的目的。

五、研究的理论价值和应用价值

通过调查和分析听障儿童人工耳蜗植入后的需求和其家庭康复的现状及存在的问题，从协同教育的视角出发，探索听障儿童人工耳蜗植入后学校和家庭协同合作康复教育的有效策略，创新了康复教育的模式，拓展了协同教育的理论内涵，探索了听障儿童早期康复教育的课程体系及康复策略，有助于进一步推动听障儿童康复教育理论的研究。

在实际应用方面：1.创新了康复教育模式。本课题改变了以往单纯的机构训练模式，充分发挥了家庭的作用。学校根据听障儿童人工耳蜗植入后在康复教育方面存在的问题和需求，对听障儿童康复教育模式与方法进行反思和总结，让家长以“合作者”的身份协同对听障儿童实施康复教育，突显了家长与教师的“共生关系”。2.探索了科学有效的康复策略。本课题探索听障儿童人工耳蜗植入前后家校协同训练方法、亲子课程、听能管理以及家校协同康复教育模式及策略，有助于充分发挥学校、家庭和社会作用，对听障儿童开展科学有效的康复教育，最大限度减少其残疾所带来的影响，促使听障儿童全面康复具有重要的实践意义。

六、研究的内容、目标及创新点

（一）研究的总体框架

本研究包含四个方面的内容：听障儿童人工耳蜗植入前家校协同康复训练研究、听障儿童人工耳蜗植入后“亲子同训”课程研究、听障儿童人工耳蜗植入后听能协同管理研究、探索听障儿童人工耳蜗植入后家校协同康复教育模式。

（二）研究的基本内容

探索听障儿童人工耳蜗植入后学校和家庭协同合作康复教育的有效策略；处理好学校康复教育和家庭康复教育的关系和分工问题。

（三）研究的目标、重点及解决的关键问题

1. 总体目标：谋求听障儿童人工耳蜗植入后家校协同康复教育有效策略。

2. 年度目标：2016年，唤醒、强化我校教师和家长的协同康复教育意识，培训教师和家长，促进教师和家长主动参与、积极合作，建立教师和家长协同康复教育工作制度；开展调查研究，制订实施方案。2017年，围绕课题的四个方面内容开展实践研究，探索听障儿童人工耳蜗植入后家校协同的康复模式及康复教育策略，形成教师和家庭成员协同合作康复教育的良好氛围。2018年，形成听障儿童人工耳蜗植入后家校协同康复教育的有效策略；完成课题结题报告和成果论文，汇总课题研究成果并推广。

3. 突破的重点：听障儿童人工耳蜗植入后学校和家庭协同康复教育的有效策略。

4. 拟解决的关键问题：处理好学校康复教育和家庭康复教育的关系和分工问题。

（四）研究的主要创新之处

1. 开发“亲子同训”校本康复课程。通过本课题研究拟开发家庭成员参与学校康复教育活动的“亲子同训”校本课程，创编校本教材，使其成为我市特色特殊教育教材。

2. 形成具有湛江特校特色的“听障儿童人工耳蜗植入后家校协同康复教育模式”。本课题研究将人工耳蜗植入儿童的家庭成员吸引到学校康复教育工作中，如亲子同训、送教服务、家校合作制订个别化康复计划与协同评估、家校康复教育成果展示等康复教育活动，让家长及其成员在参与孩子的康复教育中转化为一种自觉的行动。

3. 建立后续康复教育服务长效机制。本课题研究充分发挥特校和家庭康复教育的作用，将家校协同康复教育融入人工耳蜗植入儿童教育全过程，不仅对在特校训练的人工耳蜗植入儿童的后续训练有保障，也为进入普通幼儿园、普通学校的人工耳蜗植入儿童巩固康复效果、后续送教服务提供保障。

七、研究的技术路线、方法与计划

（一）技术路线（见图1-2-1）

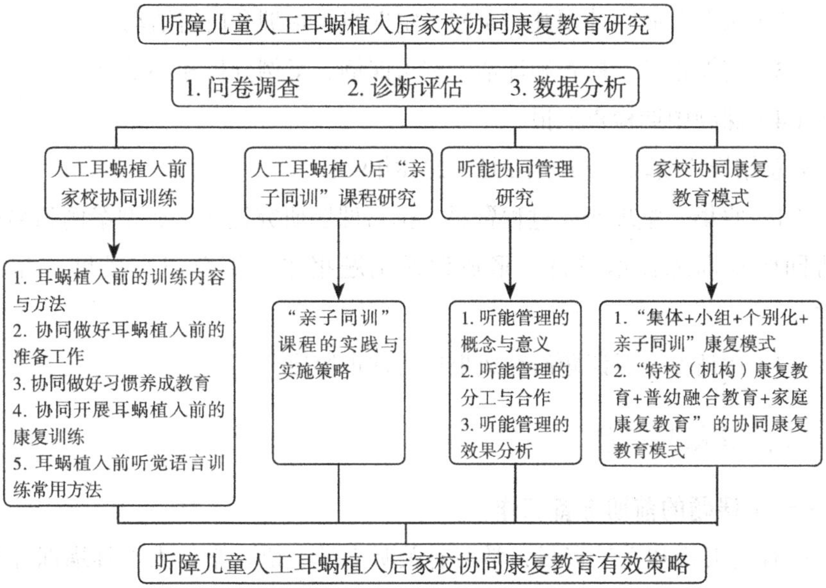

图1-2-1　听障儿童人工耳蜗植入后家校协同康复图

（二）研究方法

1. 问卷调查法：利用问卷对听障儿童耳蜗植入后的状况和其家庭康复教育需求的状况进行的调查。

2. 访谈法：对教师和家长进行访谈，了解其对听障儿童人工耳蜗植入后康复教育的意见，寻找其协同进行康复教育的策略。

3. 行动研究法：通过教学实践研究，与家长共同解决康复教育的问题，寻求有效的家校协同康复教育策略。

4. 案例研究法：对植入人工耳蜗的听障儿童进行个案的跟踪研究，收集研究材料，寻找康复教育的策略。

5. 经验总结法：通过实践研究，发挥教师和家庭成员的作用，并收集各方面康复教育的有效做法，总结经验和成果。

（三）研究计划

本项目研究时间为2年，研究计划安排如下：

1. 项目准备阶段（2016年6月—2016年8月）。

（1）研制课题方案，撰写开题报告。

（2）明确课题组成员分工，开展调查与专题培训，制定课题研究制度。

2. 项目实施阶段（2016年9月—2018年1月）。

（1）组织课题开题报告会，邀请专家论证。

（2）按课题研究计划开展研究，定期组织培训和研讨活动。

（3）定期跟踪、检查和评估，撰写课例、案例分析和小结反思。

（4）课题中期检查汇报。

3. 总结推广阶段（2018年2月—2018年9月）。

（1）收集、整理研究过程资料，撰写课题研究论文、典型案例和编写家校协同康复训练校本教材，形成课题结题报告，汇总研究成果，并进行推广。

（2）邀请专家对课题研究成果进行评审鉴定。

八、研究的过程

（一）课题的前期准备工作

1. 查阅书籍和文献资料，学习有关听力学、语言学、人工耳蜗训练及家庭康复的资料，了解当前国内外对听障儿童植入人工耳蜗研究的现状及相关内容。

2. 成立课题组，组织学习、整理相关信息，撰写课题立项申请。

3. 课题研究对象的调查与分析。

课题申报时，我校幼教部共有5名听障儿童植入人工耳蜗；课题开题后，陆续有植入人工耳蜗的听障儿童进入我校听力语言康复中心（幼教部）接受康复训练。2016年9月至2018年7月在我校幼教部接受听力语言康复训练的0~6岁听障儿童中，有18人植入人工耳蜗。因此，本课题的研究对象为我校幼教部在读的18名0~6岁的学前听障儿童。

为了了解听障儿童的身心特点和家庭环境，找准听障儿童的起点，入训前，要求家长完成调查问卷，提供听障儿童近期听力诊断、助听评估及生理检查报告书，填写基本信息资料，包括儿童的生长发育史、性格特点、行为习惯、家庭状况及社区环境等。

（1）课题研究对象植入耳蜗情况。

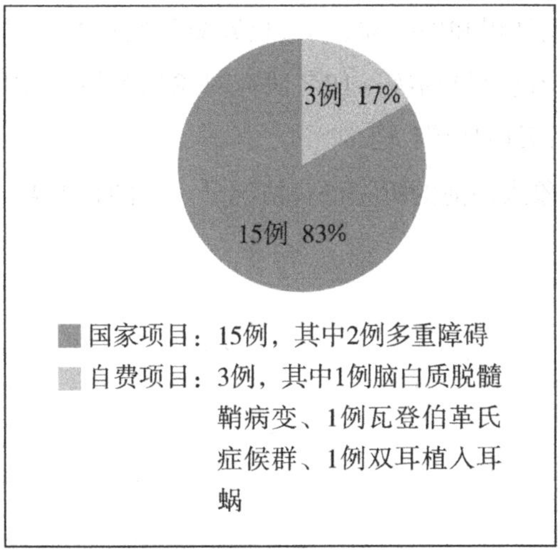

图1-2-2　研究对象植入耳蜗情况分布图

研究对象分析：在植入耳蜗的18名0~6岁听障儿童中，有3例为自费项目。在自费植入的儿童中，有1例为脑白质脱髓鞘病变、1例为瓦登伯革氏症候群、1例双耳植入耳蜗。15例为国家项目，其中2例患多重障碍，医学检查报告结果脑白质异常，伴随多动。还有3例2018年2月才植入耳蜗。

（2）研究对象入训前基本情况调查（问卷调查）。（见图1-2-3）

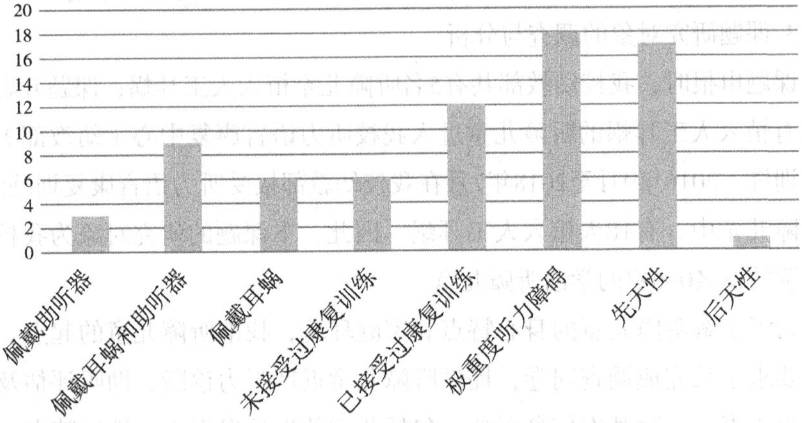

图1-2-3　研究对象入训前基本情况调查图

调查结果分析：该调查结果是研究对象入训前的调查数据，参加该项目问卷调查的18名植入人工耳蜗儿童在耳蜗植入前均佩戴过助听器。耳蜗植入后，12人同时佩戴耳蜗和助听器，6人只佩戴耳蜗；3人未接受过康复训练，15人入训前已接受过康复训练；18名研究对象均为极重度耳聋患者，其中先天性耳聋17人、后天性耳聋1人。

（3）研究对象入训前的听觉语言情况。（见图1-2-4）

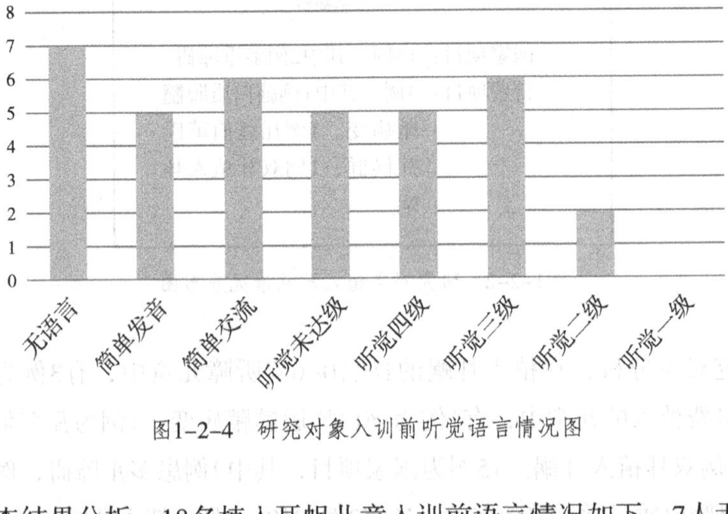

图1-2-4　研究对象入训前听觉语言情况图

调查结果分析，18名植入耳蜗儿童入训前语言情况如下：7人无语言能力，5人会简单发音，6人会进行简单的交流；听觉能力5人未达级，5人四级

（看话），6人三级（较适），2人二级（适合），0人一级（最适）。其中3人入训前只佩戴助听器，入训后一段时间才植入耳蜗。

（4）研究对象存在的问题调查。（见图1–2–5）

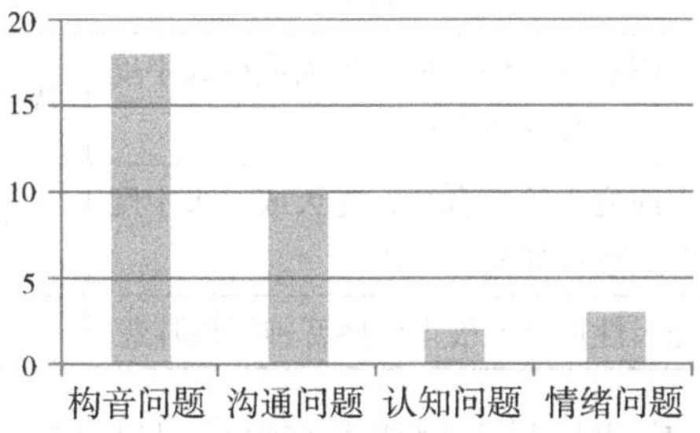

图1–2–5　研究对象存在的问题调查图

调查结果分析：18名人工耳蜗植入儿童均存在构音问题，其中2人呼吸问题突出；10人由于语言或认知的缺乏，沟通能力较差；2人为多重障碍，其中1人有认知和情绪问题，1人为注意缺陷多动障碍，但无认知障碍。

（5）家庭康复需求调查。（见图1–2–6）

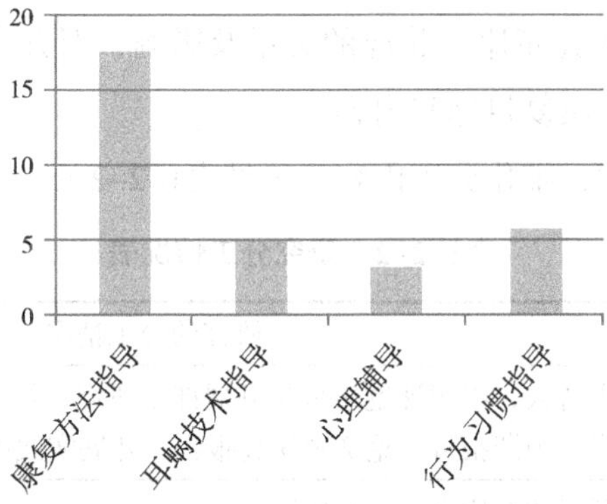

图1–2–6　家庭康复需求调查图

调查结果分析：18名人工耳蜗植入儿童家庭均需要康复方法的指导，5人需要耳蜗技术指导，特别是3名自费植入耳蜗的学生家长，还未接受过任何耳蜗知识的培训；18名人工耳蜗植入儿童陪同康复者均为母亲，其中3名家长家庭压力大，需要心理辅导；6名家长认为自己不会管教孩子，不知道如何培养孩子的行为习惯。

（6）耳聋基因检查结果。（见表1–2–1）

表1–2–1　人工耳蜗基因检测结果表

18名人工耳蜗植入儿童耳聋基因检测结果				
人数	基因	相关病症	突变位点	检测结果
2例	SLC26A4	大前庭水管综合征，先天或后天中度以上感音神经性耳聋	IVS7–2A > G	纯合突变
1例	SLC26A4	大前庭水管综合征，先天或后天中度以上感音神经性耳聋	1229C > T	杂合突变
1例	GJB2	先天性重度或极重度感音神经性耳聋	235delC	纯合突变

检查结果分析：广州精科生物技术有限公司湛江精科生物基因科技有限公司免费为我校听障儿童进行基因检测，课题研究对象（18名人工耳蜗植入儿童）接受了耳聋基因检测，其中4人携带耳聋基因，2例基因SLC26A4突变位点为IVS7–2A > G，结果为纯合突变；1例基因SLC26A4突变位点为1229C > T，结果为杂合突变；1例基因GJB2突变位点为235delC，结果为纯合突变。

根据访谈、问卷调查、评估和检测的情况，课题组组织教师进行家访，对听障儿童的家庭状况、生活环境和社区环境等进行了解，分析把握环境中的人、事、物与听障儿童康复状况的关系及影响，召开家长会和个别化教育康复会议，共同制定康复目标和内容。

4. 制定研究制度，细化分工内容。（见表1–2–2）

表1–2–2　研究分工情况表

姓名	研究的分工情况
刘少敏	主持人，组织课题组成员开展课题研究，撰写课题申报书、开题报告、中期报告、论文及研究报告，开展实践研究等
黄　岱	开展调查研究和实践研究
陈雪颜	开展实践研究，撰写课例、案例、研究论文等，收集和整理课题相关资料
黄晓燕	开展实践研究，撰写课例、案例、教学反思等
宋新萍	开展实践研究，撰写课例、案例、教育随笔等
梁琼零	开展实践研究，撰写课例、案例等
戴鼎鼎	开展实践研究，撰写课例、案例等，组织调查研究
李徐来	开展实践研究，撰写课例、案例、教学反思等，组织调查研究

续表

姓名	研究的分工情况
黄小玲	开展实践研究，撰写课例、案例等
梁家喜	开展实践研究，撰写课例、案例，整理课题相关资料
陈小霞	开展实践研究，撰写课例、案例等
张　蓉	开展实践研究，撰写课例、案例等

（二）研究的开题工作

2016年7月4日，课题组在收到市教育局教研室发来的课题开题通知和课题立项通知后，组织成员召开会议，共商课题开题的相关事宜，撰写开题报告，邀请岭南师范学院教育科学院副院长郑剑虹教授和岭南师范学院特教系副主任张敏婷博士担任课题指导专家。2016年9月18日，该课题在学校会议室开题，市教育局教研室李智明老师、岭南师范学院郑剑虹院长和张敏婷博士等专家组成员、课题组成员、学校教学部门负责人及相关教师参加了开题会。会上，课题主持人进行了课题开题报告，对课题研究的分工及研究活动做了具体的安排。专家组听取了课题研究开题报告，审阅了有关课题研究的前期准备资料，经过认真评议，形成以下论证意见：

1. 课题具有研究价值。课题立足于湛江市听障儿童康复教育现状，与国家“七彩行动计划”、《残疾预防和残疾人康复条例》等文件要求相吻合，具有较好的研究价值。课题内容建立在医教结合的基础上，通过社会与家庭、学校与家庭的协作，共创育人环境，使其符合学前儿童教育需求及听障儿童听觉语言发展的规律；课题通过构建学校与家庭协同教育的实践教育活动平台，旨在推进亲子同训课程的有效开展，探讨研究听障儿童人工耳蜗植入后最佳的康复教育模式，促进听障儿童家庭康复观念、康复知识与技能的把握，改变教师的教学方式。因此，课题的主导思想及其研究内容具有一定的前瞻性及推广意义。

2. 课题具有创新意义。课题具有三点创新之处：一是开发“亲子同训”校本康复课程；二是开创听障儿童人工耳蜗植入后家校协同康复教育模式；三是建立后续康复服务长效机制。通过救助、教育、普特衔接的后续跟踪等，帮助听障儿童真正回归社会。

3. 课题研究目标明确。课题总体目标是谋求听障儿童人工耳蜗植入后家校协同康复教育有效策略的形成，根据课题的研究阶段设立不同的阶段目标，各阶段目标明确，指引性强，既兼顾了学术价值又突出了实践意义。

4. 课题研究内容具体、方法得当。课题明确了总体研究框架，分为四个子课题进行研究，并简单列出了基本内容。课题在开展中采用了问卷调查法、访谈法、行动研究法、案例研究法和经验总结法，这些方法符合课题的实际，能保证课题研究真正服务于学前教育康复的发展。

5. 课题研究计划全面。按时间序列进行了详细的过程设计，并对实施阶段进行了详细的论述划分，课题组成员结构合理，研究任务分工明确。

建议：

首先，加强研究内容和研究目标的关联度，并适当细化和具体化，提高其可操作性。

其次，为保证课题研究的落实，课题组要保证研讨时间充分，定期召开课题研讨会，形成例会制度，并把课题研究和学校的教研工作联系起来，列入学校的工作计划或行事历表。同时，课题组要加强课题相关理论知识的培训学习，以理论知识支撑实践，使课题更有深度和广度。

再次，课题研究预期成果要多样化。结合研究目标，建议教师多渠道收集、开发教育信息资源，成果形式不限制在研究论文和典型个案，可酌情增加值得推广的典型康复策略、优秀课例等，并注意保证成果的学术性和理论水平。

最后，课题组应进一步修改完善开题报告，组织开展课题相关理论的研究培训，按照分工展开课题研究，定期交流研究心得和成果，对研究过程资料及佐证材料进行归档和整理等。

专家组一致同意课题按开题报告进行研究。根据专家组的意见，课题组成员召开会议，对课题的研究计划、研究时间和分工做了以下调整：

第一，对课题研究的内容和分工进行了细化。

第二，对课题研究的时间做了调整。

（1）项目准备阶段（2016年2月—2016年8月）：查找文献，研制课题方案。课题组成员明确分工，进行现状调查与专题培训，制定课题研究制度，撰写开题报告。

（2）项目实施阶段（2016年9月—2018年1月）：开展课题研究，定期开展培训和研讨，定期跟踪检查、评估，撰写案例分析和小结反思。邀请专家导师进行指导，撰写中期报告。

（3）总结推广阶段（2018年2月—2018年10月）：收集整理研究过程资料，撰写课题研究论文和典型个案，形成课题结题报告和论文，推介优秀康复课例及康复策略，聘请专家进行课题评审鉴定，在学校内、湛江市内乃至广东省内总结推广研究成果。

第三，课题组成员分工调整。黄晓燕老师由于身体原因，不再负责课题的资料整理工作，该项工作由陈雪颜和戴鼎鼎老师负责完成。

（三）实践研究过程

课题研究包含了四个方面的内容，各方面内容之间环环相扣、密不可分。在研究过程中，课题组成员根据研究对象的情况，结合课题研究的内容开展特殊案例的协同康复策略研究，适当调整研究的方法，采用“子课题并行研究”的方式开展实践研究，实现研究内容之间的相互监测、相互促进，不断地探索听障儿童人工耳蜗植入前后家校协同康复教育的有效策略。

1. 听障儿童人工耳蜗植入前家校协同康复训练策略研究

（1）分析原因，寻求耳蜗植入前的协同康复策略。

由问卷调查、访谈及家长提供的资料及评估诊断的结果显示，需要植入耳蜗的听障儿童存在的明显问题是听力补偿效果不理想，从而阻碍了其认知、语言、社会性发展。相当一部分家长康复知识及意识缺乏，除了给孩子验配助听器外，在听能训练、学习能力、社交行为等方面没有及时地引导，导致孩子各方面能力与同龄正常儿童的差距较大。基于以上因素，课题组罗列了各领域的训练内容，协同听力师制订促进方案，做好康复计划，借助图片、实物、简单手势动作及看话等视觉语言方式，开展相关康复训练。

（2）协同开展耳蜗植入前的准备工作。

研究对象在植入耳蜗前均佩戴助听器，且多数受到听觉干预的时间不长，听觉反馈不敏感，未建立聆听习惯。课题组与家长、听力师相互协调、共同参与，做好听能管理工作。例如教师和家长将听障儿童在学习和生活中听、说的实际情况反馈给听力师，听力师根据反馈情况，指导教师和家长做好助听器的使用，持续跟踪听障儿童的听力变化及助听情况，进行调节，优化听能状况。一般来说，若助听器的补偿效果不理想或听损严重，听力师会建议听障儿童植入耳蜗。植入耳蜗可申请国家人工耳蜗救助项目或自费植入。由于多数家长对人工耳蜗缺乏正确认识或家庭经济原因，多数听障儿童的家长选择申请国家人工耳蜗救助项目。但国家项目有条件的限制，需要审核评估，等待批复的时间为一年左右。为了让孩子能得到早期干预，个别经济条件较好的家庭选择自费植入耳蜗。家长确定为孩子植入耳蜗后，教师会指导家长上网申请，填写相关信息、准备申报资料等。同时，学校会组织家长会，为家长开展人工耳蜗知识培训，邀请专家做耳蜗术前讲座，协同听力师共同指导家长做好听障儿童耳蜗植入前的准备工作。

（3）协同做好习惯养成教育。

好习惯受益一生，良好的行为习惯是听障儿童将来学习与融入社会的基础。人工耳蜗的介入本身就是一项抢救性的康复救助工程，需要抢时间训练。若能在植入耳蜗前养成良好的学习和行为习惯，植入耳蜗后儿童即可顺利开展听觉言语及相关内容的训练。从研究前期的问卷调查情况显示，个别家长对孩子的养成教育缺乏方法的指导，课题组通过组织培训、家长交流会、微信跟踪或送教服务等形式，协同家长在家庭中做好儿童行为习惯的养成教育，培养其学习、阅读、沟通、交往及自律等社会行为习惯，发展其社会知识与技能。

习惯的养成不是一朝一夕的事情，需要持之以恒和正确的引导方可内化。在帮助孩子养成良好的社会行为习惯和培养自我控制能力的过程中，家长和教师可通过直接指导、榜样教育、强化和惩罚、性格赋予等方法，让听障儿童做出积极的行为和养成良好的习惯。特别是在家庭训练中，家长扮演权威性控制角色时，听障儿童的受益最大。

（4）协同开展耳蜗植入前的康复训练。

针对听力补偿效果不理想或即将植入耳蜗的听障儿童，课题组调整了教学内容、目标及训练方法，细化了教师和家长的康复任务，按照幼儿一日活动指引，家校协同开展生活活动、体育活动、自主游戏活动和学习活动。由于我校实行走读制度，生活活动主要由家长在家庭中进行，教师给予指导，旨在发展儿童自理、交往、自我保护等生活技能及行为规范等，形成健康的生活规则和习惯。体育活动通过课间活动和体育律动等课程来落实，要求家长带孩子参加跑步或游泳等体育锻炼。学习活动中，学校不仅要抓好听觉语言常规训练，还要遵循五大领域内容，通过听觉言语和语言的康复训练，培养学生听觉能力并使其建立良好的发音习惯。一般来说，刚佩戴助听器的听障儿童，若不是语后聋或听力损失较轻，语言基础都比较薄弱。那么选择语言训练的内容时，主要以词汇教学和简单的沟通交流为主，认知与沟通参照听觉口语教学初级要求选择内容。

“听得清、听得懂”是听障儿童成功康复的前提和基础。“听得清”是听力师的职责，“听得懂”是教师与家长的任务。发展听障儿童的听觉能力，需要持续、科学的听觉评估与训练。在训练过程中，遵循儿童听觉察知、听觉分辨、听觉识别、听觉理解四个阶段的要求，制订训练计划，合理选择训练内容。由于该阶段的听障儿童听觉补偿效果不理想，通过提高声音的响度，“唤醒”听障儿童的听觉，培养其听觉的察觉能力、听觉注意和听觉定向能力，使他们的听觉由本能的反馈变为能动的反馈，自觉地运用残余听力去倾听声音、寻找声源，习惯于有声声音。另外，学校与家长协同拟定“个性化家庭康复计划”，制定具体的学习任务，以明确听障儿童及其家庭的需要和目的，帮助家长树立信心。同时要将学习任务细化到日常的班级活动中，通过集体活动，培养听障儿童等待、轮替、合作等沟通交往技巧。

为了促进听障儿童的全面发展，在听觉言语康复的同时，我们重视其认知能力、创造能力和思维能力的培养，采用自主游戏活动、蒙台梭利教学法，关注儿童身体与认知的发展。例如，在课堂上经常跟学生做一些手指游戏、捏黏土、折纸、撕纸等活动，在动手操作的过程中，尽量引导他们多说、多思考。另外，通过游戏活动，锻炼听障儿童的小肌肉群，促进其大脑的发展。

（5）听障儿童耳蜗植入前听觉语言训练常用方法与内容。

第一，训练的方法要符合听障儿童的年龄及个体特点，以游戏活动为主，有趣味性。

第二，训练的内容要由浅入深，循序渐进，反复训练，逐步建立听的习惯，如听觉训练，先从声音的感知开始，然后进行声音的有无、长短、大小、高低、多少、快慢、远近、声源、方位等辨音训练，要与认知训练相结合。

第三，针对听障儿童的构音问题，进行言语矫治。开展发音技巧及方法的训练，呼吸方法、发音器官的训练，声气结合、语流的训练等。但是，由于听障儿童耳蜗植入前助听器补偿不能达到预想的效果，造成其对声音的反馈较差，影响发音的效果，因此构音的指导要量力而行。

第四，听障儿童耳蜗植入前认知能力训练占主要内容，要充分利用多媒体、实物、游戏活动、生活情境进行思维认知的训练，使其缩小与同龄儿童的差距，为今后耳蜗植入后的康复训练打好基础。

第五，开始训练时可以通过合作游戏活动、同伴指导或混龄活动，发展听障儿童彼此之间的友谊，使其建立良好的沟通交往习惯。

综上所述，听障儿童人工耳蜗植入前经过佩戴助听器训练，与术后的康复效果有直接的联系。若养成了聆听的习惯，认知理解能力同步发展，可缩短术后听的训练时间，听觉言语的发展速度会较未经过训练的听障儿童有明显优势。术前双耳配戴助听器和接受康复训练，开机后随着康复时间的增长，其言语识别率和语言年龄逐步提高，这表明人工耳蜗植入术前配戴助听器和接受康复训练的儿童具备了听觉基础，在人工耳蜗植入后，其听觉能力和语言能力将获得较大幅度的提高。

2. 听障儿童人工耳蜗植入后“亲子同训”课程的研究

（1）开展“亲子同训”课程研究的意义。

“亲子同训”是指家长与听障儿童共同参与学校或机构组织的康复训练，通过互动教学，完成康复任务，并指导家长掌握康复训练方法的一种教学形式。“亲子同训”是家庭和学校构建合力教育的一条途径，是提高听障儿童康复质量的重要渠道。在亲子训练过程中，需要家校双方的深入合作、同步教育，方能达到预期的康复效果。

“十二五”以来，我国开展了残疾儿童抢救性康复救助项目，出台了相关的康复训练文件政策，加快了我国康复事业的发展，学校或康复机构也逐渐意识到家庭康复工作的重要性，开始重视家校的沟通联系，并进行家庭康复任务的安排等。然而，许多听障儿童家庭只是被动地参与，未能与学校的教育达成同步。为了建立长效的家校协同康复体系，促使家校主动协调、同步发展、形成合力，课题组开展“亲子同训”课程，通过建立与家长协同诊断评估、协同制订计划、协同康复训练等同步康复模式，促进家校协同康复科学化、深度化和常态化。

（2）“亲子同训”课程的实践过程与策略。

① 协同开展教育诊断评估。

为了给听障儿童开展康复训练提供科学依据，课题组协同家长完成了康复前期及阶段性的教育诊断评估，具体内容和流程分为以下几个方面：一是了解听障儿童的身心特点和家庭环境。入训前，学校要求家长提供孩子近期的听力诊断、助听评估及体检报告，填写基本信息资料，包括孩子的生长发育史、性格特点、行为习惯、家庭状况及社区环境等。入训登记后，学校组织教师进行家访，对听障儿童的家庭状况、生活环境和社区环境等进行了解和分析。二是听觉语言、言语功能、学习能力的诊断评估。根据家长提供的资料，课题组对听障儿童进行听力、听觉语言能力、言语功能及学习能力的诊断评估，了解其听力损失、听觉语言、发音以及学习能力的状况。三是分析结果，明确教育的起点。诊断评估后，教师与家长协同分析结果，找出听障儿童学习的优势和弱势特质，有针对性地协同制订"亲子同训"康复计划。四是进行教育安置。了解听障儿童的优弱势、潜能和障碍后，结合其年龄特点与家长协商，进行教育安置。五是阶段性康复教育诊断评估。阶段性康复教育评估包含学期、学年及康复后的评估，即经过一学期的康复训练后，评估听障儿童听觉语言、言语功能及学习能力等方面是否有进步，家长是否掌握训练方法，"亲子同训"康复目标及家庭康复目标是否实现等。当然，教学中每一项康复目标完成后，需要教师记录，作为评估的依据。评估方式通过使用评估工具的客观测量和教师与家长的主观评估综合得出评估报告。

② 协同制订"亲子同训"康复计划。

经过对听障儿童现状的评估与分析，教师找准儿童的起点，协同家长制订"亲子同训"康复计划，实施定期监控。亲子同训康复计划制订主要由负责亲子课的教师负责，家庭康复计划由教师指导家长完成，目标与内容要与亲子同训康复计划相一致。

康复计划制订的流程如下：教师和家长协同制订康复计划—康复训练团队商议计划是否科学合理—教学部门审核—计划实施和效果反馈。在制订计划时，要求教师和家长协同做好听障儿童起点的评估与分析工作，根据发展需要将各领域知识进行整合，确定合适的康复方式，选择合适的策略解决学生全面康复的需求。在开展"亲子同训"课程时，要考虑家庭康复活动或环境条件的支持，保障其经过一段时间的训练后，各方面能力均有明显的进步。

③ 协同开展"亲子同训"教学。

在听障儿童漫长的语言学习过程中，引导听障儿童在家庭与社会中实践、学习，将会缩短听障儿童的康复时间。"亲子同训"教学要求家长与孩子共同参与课堂，实现康复训练与家长培训的双重目标，也是家校深度协同康复的重要体现。

课题组在"医教结合，全面康复"理念的指导下，开展家校协同的"亲子同训"教学活动，家长能将课堂中所学的康复技巧举一反三，学会充分利用家庭中的素材进行强化训练，才能保证康复的延续性。因此，课题组成员定期到听障儿童家中实地指导家长开展家庭康复工作。

④拓宽家校协同康复教育服务渠道。

一是开展家长培训。为了把家长培养成专业的"康复师"，课题组通过邀请专家举行讲座、教师轮流承担校内主题康复知识培训等形式，组织家长学习康复理论、康复技巧及方法，进行实操演练和考核，成绩优秀者在家长沙龙上分享经验，提高家长的康复技能和自信心。

二是组织融合活动。每学期组织一次亲子活动，开展一次社会实践活动，举办一次康复效果展示会，家长和听障儿童共同完成一次语言表演活动，每月组织一次生日会等，使家校联系更加密切，亲子关系更加和谐。

三是开展送教服务。在开展家校协同康复教育过程中，有些文化程度较低的家长虽能参与教学，但不能利用家庭环境对孩子进行康复训练，方法单一，效果不明显，还有些家庭成员不重视孩子的家庭康复等。为了帮助家长更快成长，使其家庭成员转变观念，课题组成员定期送教上门，进行实地指导和交流，帮助家长解决困难，引导家长协同做好听障儿童的康复教育工作。

四是开展多种多样的交流活动。例如，举办家长开放日、邀请家长听课与评课、个案研究交流、家长沙龙、"我与孩子共成长"康复故事评比和家长经验分享会等，为家长提供相互交流学习的平台。

五是信息化的沟通与交流。建立每日家庭康复视频交流制度，即家长将家庭训练的小视频或语音发给老师，教师通过微信进行及时指导。同时，建立家校协同康复家长微信群和QQ群，通过信息交流、经验分享和答疑解难，与家长携手同行。

3. 听障儿童人工耳蜗植入后的听能协同管理研究

（1）听能管理的概念及意义。

听能管理是指通过对听障儿童的助听状况、环境进行动态观察、评估和调整，以确保听障儿童的听觉功能始终处于最佳状态的过程。听能管理强调给听障儿童提供尽可能全面的听力学专业服务和管理，包括听力诊断、助听器验配或人工耳蜗植入、助听效果评估、根据听障儿童需要提供听辅设备的支持、聆听环境的声学处理等，使听障儿童助听器和人工耳蜗的使用效果在康复机构、家庭生活和社区生活等不同环境中保持最佳状态，发挥最大效能，为其康复打下良好的基础。听障儿童人工耳蜗植入后，优质的听能管理是其成功康复的前提与保障。

（2）听能管理的分工与合作。

听能管理需要听力师、康复教师以及听障儿童家长三方协同合作，才能为听障儿童提供高质量的听觉和声学环境。由于我校缺少听力师，听障儿童的行为测听及听觉跟踪由我校康复教师兼任。而人工耳蜗技术需要专业的设备及专业的听力师，因此该项工作由负责听障儿童听觉后续服务的各医院或项目机构的听力师负责。听力师和学校分别建立听能档案，实施听能管理的跟踪服务，同时监控听障儿童的听力补偿与重建效果。另外，我们还对听障儿童的听能管理进行任务分工，让家长、教师和听力师明确自己的工作任务，对听障儿童实施听觉动态管理，最大限度确保听障儿童的耳蜗设备处于最优状态。

① 教学中的听觉动态管理。

一是保证听能环境。根据国家对听障儿童康复教育训练听能环境的规定，我校对康复教室的声学环境进行了处理。2003年，我校的康复中心按照康复建设标准建设了测听室、教室及个训室，保证噪声强度低于35dB（A）。

二是加强培训。为了提高我校听能管理水平，我们通过“请进来”“走出去”的方式组织教师培训，开展听力学、听能训练知识、耳蜗使用及保养的操作练习与考核，提高教师的专业能力。

三是制定听能管理制度，规范管理流程。听力师、教师和家长根据各自的任务，严格遵守管理流程，实施规范的听能管理。教师要熟悉在训听障儿童的听力损伤情况和耳蜗重建效果，学会人工耳蜗佩戴、维护的基本方法，了解人工耳蜗的基本知识。在集体课时，教师要细心观察听障儿童的听觉反应和课堂参与情况，并做好记录。亲子课或个别化训练时，要通过ling’s6音（察知、分辨）或语音检测人工耳蜗是否正常工作，通过“听声放物”训练听障儿童的听觉理解能力，利用多种方式训练听障儿童的听觉记忆和听觉理解能力，多渠道了解听障儿童是否听得见、听得清、听得懂。教师要在康复过程中观察听障儿童的助听效果是否优化，记录学生在教学活动中的表现、康复进展状况，并按照规定实施听觉动态管理。若发现问题，及时向听力师和家长反馈信息，根据听力师的要求跟踪观察和评估听障儿童的听觉状况，保证人工耳蜗使用效果处于最佳状态。

由此可见，教师不仅要清楚地掌握听障儿童各方面的情况，还要通过记录评估、与家长沟通和结合听力师的建议，制订听觉训练方案。为了更好地了解听障儿童的听力发展情况和耳蜗的状况，我们建立听能管理栏，在教室里贴出听障儿童的裸耳听力、耳蜗的补偿效果和听觉能力训练的月计划等，让每一位任课教师都能了解学生的情况，有目的地开展训练。

② 家庭中的听觉动态管理。

在家庭中，家长要观察反馈听障儿童的近期身体状况，做好助听设备的保养、调试情况记录，每天用ling’s6音或语音检查耳蜗是否正常工作。在日常生活中创造聆听环境，注重在生活的每一个细节中，有意识地培养听障儿童的聆听习惯，通过观察听障儿童对声音的反应情况，评估助听效果。家长要定期带听障儿童复查听力，按要求提供听障儿童的各种医学信息，协同教师并按照听力师的要求强化听觉输入和开展家庭听觉康复训练。

③ 听力师对听觉的动态管理。

耳科检查、听力学评估、耳蜗开机、人工耳蜗调机和评估、助听设备保养维护等工作是听力师的主要工作。由于我校缺少听力师，听障儿童人工耳蜗植入后的开机、调机、保养及随访评估等工作由各自看诊的听力师负责，保证耳蜗植入后听觉管理的动态优化。同时，听力师要将学生的听力检查、耳蜗评估等状况提供给家长，再由家长转交给教师。听力师定期到学校跟踪学生的听觉情况，听取教师在听觉训练中观察到的已植入人工耳蜗听障儿童的听觉反应，调试设备，使人工耳蜗效果达到最优。同时，听力师要定期对教师与家长开展人工耳蜗技术的培训与指导。

在以往的康复教育中，许多家长认为听障儿童植入耳蜗后自然就学会说话，所以就算家长注意到或教师反映听障儿童的听觉效果欠佳，家长也没能主动带听障儿童到听力门诊部检查或调试、评估耳蜗效果，造成其助听效果无法达到最优，听说发展受影响。因此，通过教师、家长和听力师对听障儿童协同实施的动态听能管理，建立规范的听能档案，保证听障儿童得到明确的听力诊断，合理的听力补偿和重建，使助听装置处于不断优化工作状态，使听障儿童能够“听清楚”“说明白”，为其听力成功康复奠定坚实的基础，听能管理是伴随听障儿童一生的服务。

4. 听障儿童人工耳蜗植入后家校协同康复教育模式研究

（1）“集体教学+小组教学+亲子同训或个别化教学”康复教育模式。

听障儿童不仅要学说话，也要学文化。因此，听障儿童全面康复理念的提出是为了促进听障儿童的全面发展，体现了现代儿童观、教育观、康复观的要求。全面康复倡导以学前教育为基础，以听力干预、听觉言语训练、言语矫治等专项技术为支撑的听障儿童全面康复模式。因此，在康复训练中，为了满足听障儿童的“共性”和“个性”需求，根据全面康复的内容与目标，我校采用了“集体教学+小组教学+亲子同训或个别化教学”康复模式，落实听障儿童全面康复的目标与任务。

① 集体教学。

集体教学是与生活活动和活动区活动相配合共同构成幼儿园生活的一类活动。具体是指教师有目的、有计划地组织班级中所有听障儿童都参加的教育活动。集体教学内容包含了幼儿健康、社会、语言、科学、艺术五大领域内容，可以以主题形式设计活动内容。根据全民教育和“儿童观”的理念，集体教学满足了听障儿童作为一个完整的“人”和“儿童”的需求，而且集体教学通过语言教学和同伴、师生丰富的交流活动提高听障儿童的语言交流能力。在集体教学中，我们通过五大领域课程，设计主题教学，创设环境，结合一日活动安排，利用区角活动发展听障儿童交往、认知和语言能力。设计集体活动时，要考虑到不同听障儿童学习方式的差异，允许听障儿童在原有水平上与周围环境发生互动。我校的集体教学根据听障儿童的听力语言程度及年龄进行分班，每班10~15人，由学科教师组织教学。每日的活动以集体教学活动为主，在集体教学中可根据教学活动需要分组学习或根据听障儿童的个别需求进行个别指导，这样有利于培养听障儿童集体感和意志力。

② 小组教学。

这里所指的“小组教学”不同于集体教学中的分组活动或分组教学，而是为了照顾听障儿童的个体需求，解决集体教学中难以满足每个水平听障儿童需要问题的教学形式。小组教学也称小组训练，即经过评估后，听觉语言以及认知水平相近的两名听障儿童组成一个小组，每周3~5节小组课，由一名教师进行康复训练。这不仅解决了教师不足的问题，而且使听障儿童之间相互促进、相互提高，建立良好的同伴关系，为他们提供了更多的特需学习机会。

③ 个别化教学和亲子同训。

个别化教学和亲子同训均为满足听障儿童个体需要而开设的教学模式，两者均能照顾到听障儿童不同的起点，均能为其量身定制个别化教学内容及策略。两者不同之处是，亲子同训要求家长参与课堂，与教师协同进行教学，教师要指导家长训练的方法。而个别化教学家长可以不进入课堂，教师对听障儿童进行针对性的康复训练。两种模式根据家长的情况确定，若家长每天都能参加，即可每天一节亲子同训课；若家长不能每天都参与，需保证每周至少一节亲子同训，其他为个别化教学。开学前的家长会需与家长协商，并通过个别化教学会议讨论通过，保证每天每个听障儿童都有个别化教学或亲子同训的时间。

若说集体教学是满足听障儿童“共性”的需求，那么小组教学是满足听障儿童“共性+个性”的需要，个别化教学和亲子同训的开设是为了满足听障儿童的“个性”需求，是“特需”课程模式。

（2）“特校（机构）康复教育+普幼融合教育+家庭康复教育”的协同康复教育模式。

听障儿童康复训练是为了帮助他们适应当前和未来的社会生活，协同解决他们器质性障碍所带来的影响。解决以上问题，需要学校、社会、家庭以及相关康复技术人员的协同合作。因此，课题组结合听障儿童实际，与家长协商做好教学的安置工作。

① 特校（机构）康复教育。

听障儿童的成长往往伴随着语言、言语障碍以及认知能力发展迟缓等问题，需要接受特殊教育与相应的康复训练，机构康复教育内容契合其需求。特校（机构）康复教育即听障儿童经申请进入我校幼教部接受听觉语言康复训练，学校根据听障儿童的个体需求安排课程，实施康复教育，做好相关的保育工作等。康复教育的形式有上述的集体、小组、个别化以及亲子同训。学校要依据听障儿童的发展水平和个体差异创设最小限制的环境和良好的声学条件，促使其全面发展。学校教育除了做好学生的教育康复、评估工作，还要做好家长的培训以及与听力师的沟通等工作。一般来说，听障儿童听觉介入后的一段时间，需要在特校（机构）的特定声学环境中接受听觉训练，制订个别化的训练计划，持续开展听觉、言语、语言、认知与沟通等方面的训练。在特校（机构）训练中，通过专项技术进行言语矫治，解决构音问题。在学习活动中，培养良好的学习习惯等。

② 普幼融合教育。

语言是交际的工具，需要在特定的环境中实践。良好的学习与生活环境，可以让听障儿童置身于丰富的语言环境中，有更多的机会运用语言进行交际。幼儿园里同龄幼儿以及符合幼儿身心发展的环境，是听障儿童融合教育的最好学习场所。

《残疾人教育条例》《残疾人保障法》等文件的实施，促进了融合教育的发展，为残疾孩子提供了平等教育的环境。听障儿童植入人工耳蜗经过一段时间的训练后，掌握了听说能力，通过评估，各方面能力接近同龄儿童后，即可进入普幼进行融合教育。为了巩固康复效果、跟踪转衔情况，建议家长根据听障儿童的情况选择半日制融合或全日制融合。半日制融合即早上在普幼，下午在特校康复；全日制融合即除了每天一节（或每周三节）亲子同训，其他时间均在普幼学习。负责亲子课的教师要到听障儿童所在的幼儿园跟踪服务，与幼儿园的教师协同做好融合教育工作。

③ 家庭康复教育。

听障儿童家庭康复教育是指听障儿童家长自觉地、有意识地按照一定的社会要求和儿童身心发展的特点，通过自觉的言传身教和家庭生活实践，对听障儿童施以听觉、语言和全面发展教育的活动。随着早期干预技术的发展，听障儿童的康复模式正逐步从传统的治疗模式转向发展模式，从以机构为中心的模式向以家庭为中心的模式转变。在研究过程中，3岁前的听障儿童建议以家庭康复为主要模式，每周到学校上三节亲子课，其他时间在家庭生活中训练，通过日常交流习得听说能力，这样能充分发挥家长在听障儿童康复中的主导作用。由于每位家长的文化程度有差异，课题组教师对家长实施动态化的跟踪指导，定期上门指导家长制订家庭康复计划、做好家庭学习环境的布置、运用家庭资源进行康复训练等，解决家长在家庭康复中的困惑，并填写家庭跟踪指导手册。

提高家庭康复质量的关键在于学校是否为家长提供了科学、系统、有效的培训和指导。为了提高家长的康复知识与技能，课题组构建了同步式家长培训模式，通过集中培训、个别培训和信息网络培训三种形式，对家长进行态度、知识、技能的培训与指导，使家长学会充分利用家庭环境言传身教，通过语言传递、情感培育、行为训练等方式，教会听障儿童基本的生活知识和技能，使其养成良好的行为习惯，并开发智力和培养兴趣。目前，越来越多的家长开始重视家庭教育。

5. 特殊案例研究

在课题研究的对象中，有不同类型的多重障碍听障儿童，针对他们的特殊性，课题组通过积极行动支持家校协同的教育康复模式，对特殊案例进行干预与康复。

（1）脑白质脱髓鞘病变听障儿童案例研究。

有关医学报告显示，脑白质脱髓鞘病是一种大脑结构性改变，以中枢神经细胞的髓鞘损害为主要特征，病变累及专门发挥高级大脑功能的脑白质束，其临床表现为注意力不集中或健忘等。脑髓鞘化不良、脱髓鞘或者脑白质发育不良，会影响运动、听觉、语言等功能。其中一例研究对象存在该症状，表现为注意力不集中、目光呆滞、眼光无对视、理解记忆能力、运动与平衡能力发展滞后等症状。该听障儿童由于脑白质脱髓鞘病变，国家免费耳蜗项目评定无法通过，自费植入耳蜗。植入耳蜗半年后，进入我校进行康复教育。针对该儿童存在的问题，课题组与家长协同制订干预计划和个别化康复计划，采取行为干预与听觉语言训练齐头并进的方法实施教育。在康复教学中，选取直观、形象并和日常生活相联系的内容，以小步子、多循环的方法开展教学。如听觉训练，采用听声音放玩具的游戏训练听觉察知；听声音画画的方式分辨声音的大小、长短；听声音走直线的方法训练其接收辨别声音的快慢和提高其平衡能力；通过听话指图和完成指令，训练其听觉理解能力等。家庭康复要求家长每天在生活的每个细节中引导其聆听声音，培养其听觉习惯，并保持康复内容的连续性。通过对声音的强化与刺激，提高听障儿童的专注力及听觉理解能力。语言训练方面，结合认知训练，从听障儿童喜欢的物品入手，通过玩中学、玩中诱导发音，利用多媒体、图片、积木、绘本等对其进行认知和语言训练。在情绪行为方面，该听障儿童经常无意识地喃喃自语，目光无对视，表情贫乏，痛觉不明显，在没有灯的房间也没有惧怕的感觉，经常独处，不喜欢与同伴一起玩耍。针对存在的问题，教师与家长协商，增加了其小组训练时间并让其参与每天下午的语言表演社团活动。在小组活动中，加强对其合作能力与沟通方法的引导。除了母亲参与协同康复外，家庭其他成员也要协同参与其学习活动、社区各类活动等，培养其社会交往能力。因此，在家校协同关系中，教师与家长之间要消除消极的心理，树立信心，双方采用积极的干预策略和支持性资源，共同合作来帮助听障儿童解决问题。经过两年的训练，该听障儿童听觉能力达到一级水平，语言能力三级水平，同伴之间的交往能力增强，性格变得活泼开朗，认知、注意力等能力得以提高。结果显示，通过家校同步的科学、持续性训练，该听障儿童的听觉、认知、语言等能力进步明显。

（2）多重障碍的听障儿童案例研究。

儿童多动症又称儿童多动综合征，简称多动症，多发在学前阶段，活动量过多是其明显的特征。多动症儿童往往伴有注意力缺陷，容易受环境影响，难以集中或者集中的时间很短。在研究对象中，有两例多重障碍儿童，两人医学检查结果显示脑白质异常，髓鞘发育不良，伴随着多动和目光无对视。主要表现为行为莽撞、冒失、注意力分散、活动过多、精力旺盛，在教室里坐立不安，东张西望，不受控制。其中一人常用肢体招惹别人，不遵守课堂纪律和秩序，情绪不稳定，自我克制能力差，冲动等。另一人除了上述行为还喜欢爬窗户和躲在桌子底下，不听指令等。这些症状往往会导致其认知能力下降、社会交往障碍等问题，严重影响康复效果。

针对该类儿童问题，课题组召开专题会议。大家一致认为，若两人的行为问题得不到解决，将无法配合教学，无法服从指令，不仅影响课堂纪律，还导致其认知能力滞后。因此，行为干预是解决问题的关键。为了标本齐治，课题组制订方案，通过行为干预和康复训练相结合的方法，采用缩短课时、选择其感兴趣的玩教具、增加课堂的趣味性等策略，教会其功能性表达沟通，设立奖励机制，运用结构化的教学方法训练其自我控制能力，延长其安坐时间，提高其忍耐力。对于该类听障儿童的康复，必须持之以恒，坚持家庭教育和学校教育双管齐下、步调一致、合作干预，方能奏效。在干预过程中，其中一例听障儿童父母文化程度较高，家庭训练与学校步调一致，有明确的家庭康复方案，方法适当。父母与其建立了规则，完成任务给予奖励，否则对其进行惩罚。通过经常性的社区活动和多方式的潜能开发训练，该儿童各方面能力发展与同龄儿童达到一致，操作和短期记忆能力占优势，特别是空间思维及数学思维能力明显提高。如今，其忍耐力增强，安坐时间增长，能认真地上完一节课，社会交往能力发展良好。另一案例由于其父母的态度及家庭教育问题，行为问题只靠学校干预，家校无法同步，因此康复效果不明显。从评估结果可知，脑白质异常或髓鞘发育不良可能导致儿童注意力分散、多动或冲动等问题，可影响儿童的学习、社交能力的发展。而干预与训练的方法、家校协同的程度影响着儿童能力发展的速度。若家校步调一致，儿童行为问题能够及时得以矫正。

多重障碍听障儿童的康复教育是家长和教师最为棘手的问题。由于该内容是研究过程中出现的新问题，课题组缺乏问题行为等相关理论知识的指导，对其研究还不够深入，需在现有理论的指导下，持续干预与训练，不断总结经验，提高研究的可信度。

6. 解决学校康复教育和家庭康复教育的关系和分工问题

在家校协同过程中，课题组根据学校和家庭职能进行分工。学校要遵循全面康复的理念，有目的、有计划、有组织地对听障儿童实施教育康复，定期开展家长培训工作，与社区、普幼、听力师建立良好的关系，协同开展康复教育。家庭要与学校同步协调各方关系，协同学校制订家庭康复计划及内容，训练听障儿童的听觉言语及沟通交往能力，培养听障儿童的生活技能、知识和行为习惯，开发智力，促进其身体健康发展。家校是相互协力的合作伙伴关系。

（四）研究的中期总结工作

2018年1月5日，课题组召开了课题中期检查会议，市教育局教研室李智明老师、岭南师范学院教科院郑剑虹副院长、张敏婷博士及课题组成员参加了会议。郑剑虹院长针对课题研究做了专题讲座，课题主持人做了课题中期报告，评议专家通过听报告、查阅资料、与课题组成员交流等形式，比较全面地了解了课题的进展情况，肯定了课题的研究成果，对下一步的研究工作提出了建议。

1. 课题总体目标是谋求听障儿童人工耳蜗植入后家校协同康复教育的有效策略。在课题实施过程中，课题组要根据课题研究的阶段目标，开展丰富的研究活动，完成课题研究的阶段性任务。

2. 课题经过一年的研究，收集了问卷调查、案例分析、优秀课例、教师与家长及学生成长记录、校本教材等佐证材料，下一步要按照课题申报书的要求，将研究成果汇总，提炼成引导性论文，并在相关刊物上发表。

3. 课题采用“子课题并行研究”的方式开展研究，细致考查了学生在现行课程教学中的适应状况与存在的问题，深入探析适应性个性课程体系和“家校协同”康复教育策略，并不断实践、反思，探索出家校协同康复教育“亲子同训”课程模式，取得很好的成效。课题的研究成果最终应该服务于教育教学工作，所以学生层面的佐证材料应再充分些，这样才更具有说服力。因此，建议通过数据分析、列表格等形式，将研究对象的康复效果进行前后对比。

4. 课题组要充分挖掘课题中的子课题研究内容，将下一步的研究任务进行细化分工，强调协作研究，总结经验，丰富研究的佐证材料，进一步提高课题的实践应用价值。

5. 课题研究能够与教学实践相结合，探索家校协同康复教育的有效途径，形成家校协同康复教育的策略，提高教师的综合素养和业务能力。家庭康复指导和经验推广工作要扎实有效，可以通过培训、交流、学习，进一步提高家庭康复教育的质量和扩大成果推广的范畴。

6. 希望课题组通过康复教学的行动研究，积累实践策略和方法，建立人工耳蜗植入学生康复教育情境中的“家校协同”康复教育支持体系。

根据专家的意见，结合课题申报书和开题报告，课题组召开了会议，将后期的研究工作进行了详细的部署和适当调整。

第一，研究内容与计划的调整。

课题研究的内容按原计划进行，由于几例研究对象存在多重障碍或其他问题，而且问题比较棘手，目前的研究经验和成果较少。若能通过研究总结出该类植入耳蜗听障儿童的康复教育方法，课题研究的内容会更有深度和实践意义。因此，考虑到研究对象的特殊性、差异性，课题研究的内容增加了特殊案例的研究，即脑白质脱髓鞘病变听障儿童案例研究和多重障碍听障儿童案例的研究。原定结题时间为9月，考虑到研究报告和课题成果的整理印刷时间仓促，结题时间调整到2018年10月。

第二，课题组成员的分工细化。

课题后期的工作任务比较繁重，特别是各类资料的整理工作较多，课题组重新细化了成员的工作任务，具体情况如下：

表1-2-3　课题研究结题阶段分工情况表

姓名	课题研究的结题阶段分工情况
刘少敏	组织课题成员开展课题研究，撰写成果性论文、研究报告，开展课例、案例等实践研究
黄　岱	开展实践研究和撰写研究报告
陈雪颜	开展实践研究，撰写课例、案例、论文等，收集和整理课题相关资料
黄晓燕	开展实践研究，撰写课例、案例和研究经验总结等
宋新萍	开展实践研究，撰写课例、案例和研究经验总结等
梁琼零	开展实践研究，撰写课例、案例和研究经验总结等

续 表

姓名	课题研究的结题阶段分工情况
戴鼎鼎	开展实践研究，撰写课例、案例、研究经验总结和组织家校活动等
李徐来	开展实践研究，撰写课例、案例、研究经验总结和组织家校活动等
黄小玲	开展实践研究，撰写课例和研究经验总结等
梁家喜	实践研究，撰写课例、案例、研究经验总结、组织家校社团活动和整理编辑相关资料
陈小霞	实践研究，撰写课例、案例、研究经验总结、组织家校社团活动和整理编辑相关资料
张　蓉	开展实践研究，撰写课例、案例、研究经验总结、组织家校社团活动和整理相关资料

第三，课题组成员的调整。

由于课题组黄晓燕、黄小玲和曹林雅老师休产假，新入职的梁家喜、陈小霞和张蓉三名新教师接替她们的教学和研究工作，即课题组成员增加三人。

第四，总结课题研究经验，凝练研究成果。

为了实现课题研究的实践意义，下一阶段将进一步通过行动研究，积累经验，建立听障儿童人工耳蜗植入后康复教育情境中的家校协同康复教育支持体系，并将课题研究的经验进行提炼，汇总研究的成果，形成论文、研究报告或分类编辑成册。

第五，课题研究的推广工作。

课题经过研究，已积累了丰富的经验，下一步要将研究经验推广到低年级听障儿童的语言教学、启智部个别化教育和学校的德育工作中，使教研成果得以转化，家校合力教育常态化。

（五）研究的总结推广工作

课题经过两年的研究，总结了丰富的经验，探索和取得了家校协同康复教育的有效策略和研究成果。结题阶段将对前期工作进行梳理和汇总，做好课题研究资料的收集、整理和课题成果的推广等工作。

1. 总结课题研究经验

为了全面总结经验，系统梳理研究成果，做好结题材料的准备工作，课题组成员分工收集、汇总课题研究资料，撰写研究成果。在研究过程中，教师们记录了每一位研究对象的康复案例、康复随笔和评估报告，汇集了家校协同的教学课例、研究阶段性总结、教师与家长成长记录，完成了调查报告、论文、研究报告、课题结题报告的撰写。课题研究资料收集、整理后，进行汇编，并印刷成册。

2. 研究成果的推广

课题研究汇集了大量的研究成果，其中家校协同康复教育校本教材《听力语言康复训练》《康复案例》《优秀课例》等各一册。课题研究形成研究报告一篇，研究经验论文三篇。其中，陈雪颜撰写的论文《学龄前听障儿童助听后言语流畅性的特征及影响因素》于2018年3月在《湛江教育》01期发表，并在全国第十二届“当代杯”全国幼儿教师职业技能大赛论文评比中获特等奖；刘少敏撰写的课题研究论文《基于家校协同康复教育的听障儿童“亲子同训”探究》于2018年8月在《现代特殊教育》上发表，其论文《听障儿童家庭康复训练的实践探究》参加全国第十二届“当代杯”全国幼儿教师职业技能大赛论文评比获特等奖。

课题经过两年的研究，已形成了家校协同康复教育模式与策略。为了让更多的残疾儿童与家庭受益，进一步检验课题研究的成果，课题组开展了经验推广和转化工作。首先在学校德育工作、教学工作中推广，然后通过与省内兄弟学校和市内康复机构的交流活动，宣传和推广课题研究成果等，如在学校德育工作中重视家庭教育，成立家长学校，定期家访，开展家长培训、家长沙龙和亲子活动等；培智部开展语言康复训练、亲子教学、个别化训练、亲子运动会等；启聪部建立FM无线调频语训室，在低年级成立兴趣小组，开展语言康复训练；视障部根据课题研究的经验，开展在语文教学中融入语言表演的课题研究，成立语言表演社团活动，开展语言表演活动等。

九、研究的成果

（一）研究对象听觉语言康复效果明显（见表1-2-4）

表1-2-4　人工耳蜗植入听障儿童训练前后听觉语言评估结果比较表

姓名	入训年龄	语言能力训练效果前后比较（前/后）	听觉能力训练效果前后比较（前/后）	耳蜗植入时间与参训时间	耳蜗型号
周××	6	三级，2.3岁/一级，4岁以上	三级，70%/一级，98%	2015.6（2年）	奥地利0PUS2

续 表

姓名	入训年龄	语言能力训练效果前后比较（前/后）	听觉能力训练效果前后比较（前/后）	耳蜗植入时间与参训时间	耳蜗型号
梁××	4	三级，2岁/一级，4岁以上	三级，78%/一级，100%	2014.2（2年）	澳大利亚N5802
杨××	5	二级，3岁/一级，4岁以上	二级，86%/一级，98%	2012.12（2年）	澳大利亚N4
招××	4	三级，2.8岁/一级，4岁以上	三级，75%/一级，99%	2015.7（2年）	奥地利OPUS2
吴××	4	四级，1.9岁/二级，3.5岁	三级，73%/一级，93%	2015.7（2年）	奥地利0PUS2
周××	4	四级，1.9岁/二级，3.5岁	二级，82%/一级，98%	2015.9（2年）	澳大利亚四代Freedom
李××	3	未达级/四级，1岁	未达级/未达级，20%	2017.12（6个月）	奥地利SONATA
杜××	4	未达级/四级，1岁	未达级/四级，45%	2015.12（1年）	澳大利亚四代
徐××	4	未达级/三级，2.3岁	四级，44%/一级，94%	2015.7（2年）	澳大利亚五代81o
林××	6	四级，1岁/二级，3岁	四级，44%/二级，89%	2016.3（1年）	诺尔康NSP_60B
王××	5	四级，1岁/三级，2.5岁	四级，45%/二级，89%	2016.3（1年）	诺尔康NSP_60B
彭××	5	三级，2.1岁/二级，3.6岁	三级，72%/一级，97%	2016.3（1年）	诺尔康NSP_60B
邹××	4	三级，2岁/二级，3.5岁	四级，46%/一级，96%	2016.5（1年）	诺尔康NSP_60B
颜××	3	四级，1.6岁/一级，4岁	三级，78%/一级，98%	2015.9（2年）	澳大利亚四代Freedom4
洪××	3	未达级，0.5岁/三级，2.8岁	四级，46%/二级，83%	2016.3.19（1年）	诺尔康NSP_60B
吴××	2.8	未达级/未达级，0.2岁	未达级	2018.3（3个月）	奥地利OPUS2

续 表

姓名	入训年龄	语言能力训练效果前后比较（前/后）	听觉能力训练效果前后比较（前/后）	耳蜗植入时间与参训时间	耳蜗型号
黄××	4	未达级/未达级，0.8岁	未达级/四级，44.6	2018.2（6个月）	奥地利OPUS2
谢××	5	未达级/未达级，0.8岁	未达级/四级，44.6	2018.2（6个月）	奥地利OPUS2

结果显示，18名研究对象虽然植入耳蜗的时间及入训时间不同，但是经过康复训练，听觉语言能力有了明显的进步。研究结果显示，听障儿童植入耳蜗的年龄、训练时间的长短、性格特点、认知水平、家庭康复情况等与康复效果有着密切的关系。

（二）教师成绩突出

课题研究促进教师专业成长。课题组所在团队获市巾帼文明岗称号和学校先进科组；主持人获省级荣誉2项，参加市级宣讲活动4次；刘少敏和陈雪颜老师获省、市级优课，参加省、市级计算机软件课例比赛均获一等奖，获评审活动“优秀教师”称号；参加市级征文比赛2人获奖；1人课堂教学获市级奖励；10人参加第十二届“当代杯”全国幼儿教师职业技能大赛共24件作品获奖，其中特等奖2件、一等奖10件；10人参加各类学校教育教学比赛获奖多项。

（三）研究成果显著

表1-2-5　课题研究成果表

成果名称	数量
研究报告	1篇
结题报告	1篇
成功案例研究	1册
课例研究	1册
校本教材	1本
论文	3篇
成长记录	1册
教育随笔、康复小结	1册
家庭康复指导	每生每学期1本

十、研究的成效与影响

开展本课题研究，落实了全面康复的理念，改变了家长观念和学校传统教育方法，创新了教育模式，抓住了听障儿童听觉语言康复的“黄金干预期”，实现了学前残疾儿童抢救性工作的目标，为听障儿童早期康复开辟了一条科学有效的途径，对听障儿童的未来发展具有重要的意义。

（一）满足了听障儿童“共性”和“个性”需求，促进了听障儿童的全面发展

两年来，在课题组的引领下，听障儿童与同龄儿童一样接受了学前教育为基础的健康、社会、语言、科学与艺术学科集体教学，解决了其“共性”需求。同时，针对听障儿童的个体需求开设的听觉、言语、语言、沟通、交往以及言语矫治等内容的小组、个别化、亲子同训教学，满足了听障儿童“个性”发展的需求。在听障儿童的全面康复实践过程中，通过家校双方的合作，开展了丰富的语言表演、亲子活动、社会实践活动等，为听障儿童提供了丰富的资源和康复发展的平台，实现了听说先行，其他必需能力均衡发展的康复目标，为其今后参与融合教育提供了基础。

（二）促进了教师的专业成长

随着课题研究的推进，教师对听障儿童康复的各类课程有了更多的认识和体验，课堂教学质量不断提升。教师们不仅积极参与案例研究、课例研究、教学方法策略的研究，还自觉地学习专业的听力学和语言学及与听力语言康复教育相关的其他知识，对听障儿童的听觉语言和认知能力评估，言语矫治的方法和专业知识技能训练都有了实质性的提高。特别是通过开发校本教材，撰写案例、课例、研究心得，制作玩教具、课件等成果，促使教师教、研、做能力同步发展。

课题研究过程中，课题成员除了集中学习、实践研究，还多次外出学习培训，汲取经验，拓宽视野。通过多形式的实践研究，教师们更加专业和敬业，合作教研能力得到提升，理论和实践能力得到升华。

（三）构建了“家校协同”康复教育支持体系（见图1-2-7）

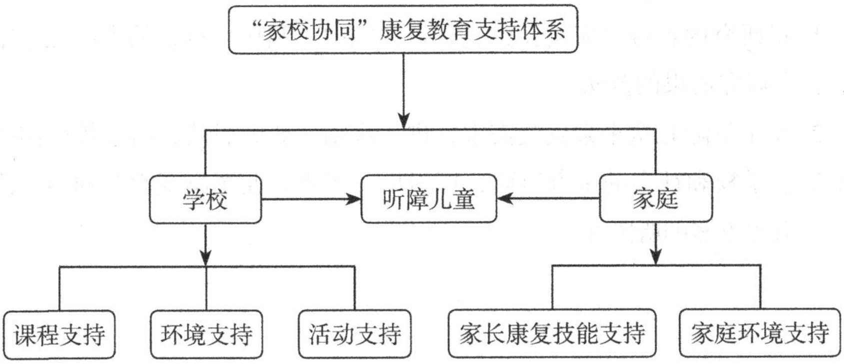

图1-2-7　“家校协同”康复教育支持体系

（四）对学校、家庭、社会产生了积极的影响

1. 课题的研究唤起家庭对教育的重视，改变了家庭成员观念、态度和知识能力，帮助家长克服情绪困扰，解除心理负担，使家长乐观地面对生活，对维护家庭和谐、减轻家庭负担具有重要的意义。通过家校协作，教师与家庭成员成为合作伙伴，让他们意识到教育孩子是双方共同的责任，是帮助孩子康复和成长的重要资源，彼此之间存在着“共生关系”。

2. 课题的研究，激励教师对特殊儿童康复的信心，在全校掀起研学结合的潮流，更多的教师积极申报课题，开展教育教学的研究。

3. 课题研究促进了家校关系的协调，拓宽了协同教育的内容和范畴，对学校其他部门开展德育及教育工作起到引领的作用，提高了学校的办学质量和知名度。通过课题研究，更多听障儿童得到科学有效的康复，平等地融入社会，落实了国家融合教育政策，体现了社会文明的进步，对推动和谐社会发展具有重要作用。

十一、研究存在问题与展望

（一）不足之处

在课题研究过程中，三名课题组成员怀孕休产假，新教师加入后，对课题研究比较生疏，影响了研究的进度。同时，原经过噪音处理的康复教室所在楼房全面装修，临时教室的声学环境不符合康复训练要求，对研究对象听能的训练和管理造成了一定的不良影响。另外，普幼融合教育以及听力师之间的协同需进一步加强。

（二）研究展望

1. 将研究内容融合应用在康复教育实践中，利用主持人的省级工作室平台，扩大研究成果的范畴。

2. 立足听障儿童未来发展需求，进一步拓宽研究思路，将家校协同拓展到家庭、学校和社会的多方协同，探索出开展听障儿童康复教育的多方协同策略，造福更多的听障儿童。

第三节　基于家校协同的学前听障儿童“亲子同训”

家校协同是家庭和学校构建合力教育的一条途径，“亲子同训”是促进家校协同教育康复的一条重要策略。在学前听障儿童康复训练过程中，只有家校双方深入合作、同步教育，方能达到预期的康复效果。学校从“亲子同训”入手，通过同步开展协同诊断评估、协同制订康复计划、协同康复训练等，探讨家校协同教育康复的科学化、同步化、深度化和常态化。

协同教育是指在现代教育观念的指导下，学校、家庭、社会等多方面教育资源、教育力量主动协调，积极合作，形成合力，对教育对象实施同步教育，以求教育效果最优化。家校协同教育属于协同教育系统中的一个分支，是指学校教育系统和家庭教育系统之间的相互联系与相互作用而产生的协同效应，包括家庭协同学校教育和学校协同家庭教育。“十二五”以来，我国开展了残疾儿童抢救性康复救助项目，出台了相关的康复训练文件政策，加快了我国康复事业的发展，学校或康复机构也逐渐意识到家庭康复的重要性，开始重视家校的沟通联系，并进行家庭康复任务的安排等。然而，许多听障儿童家庭只是被动地参与，与学校的教育未能达成同步。为了建立长效的家校协同康复体系，促使家校主动协调、同步发展、形成合力，我校开设了“亲子同训”课程，开展协同诊断评估、协同制订计划、协同进行康复训练等同步康复模式，促使家校协同康复科学化、深度化和常态化。

一、协同开展教育诊断评估，促使家校协同教育康复科学化

“十二五”以来，随着国家对残疾儿童抢救性康复项目的推进，听障儿童的康复状况不断改善。进行教育诊断评估是为了给特殊儿童提供最适合的

教育的基础，只有通过现状分析、找准起点、制订计划、定期监控、突破难点，学前听障儿童才能获得科学有效的康复训练。

为了给学前听障儿童开展康复训练提供科学依据，我校协同家长完成康复前期及阶段性的教育诊断评估，具体内容和流程分为以下几个方面：一是了解听障儿童的身心特点和家庭环境。入训前，要求家长提供孩子近期听力诊断、助听评估及体检报告，填写基本信息资料，包括儿童的生长发育史、性格特点、行为习惯、家庭状况及社区环境等。入训登记后，学校组织教师进行家访，对听障儿童的家庭状况、生活环境和社区环境等进行了解，分析把握听障儿童所处环境中的人、事、物与听障儿童康复的关系及影响。二是对听障儿童听觉语言、言语功能及学习能力的诊断评估。根据家长提供的资料，学校组织团队对听障儿童进行听力检测、听觉语言能力、言语功能及学习能力的诊断评估，了解其听力损失情况、听觉语言及发音状况。三是分析结果，明确教育的起点。诊断评估后，教师与家长协同分析结果，找出听障儿童学习的优势和弱势特质，有针对性地协同制订“亲子同训”康复计划。四是进行教育的安置。了解听障儿童的优弱势、潜能和障碍后，结合其年龄特点，与家长协商，做好教育安置工作。五是开展阶段性教育康复诊断评估。阶段性教育康复评估包含学期、学年及康复后的评估，即经过一学期的康复训练后，评估听障儿童听觉语言、言语功能及学习能力等方面是否有进步，家长是否已经掌握训练方法，“亲子同训”康复目标及家庭康复目标是否实现等。

二、协同制订“亲子同训”康复计划，促使家校协同教育康复同步化

个别化教育尊重每位儿童的学习起点、学习能力，有不同的学习目标、要求，允许儿童按照自己的学习速度前进，能满足听障儿童的个体差异。我校的“亲子同训”课程是在个别化课程的基础上开设的校本课程，需要教师、学生和家长三方密切互动，形成合力。因此，协同制订个别化“亲子同训”康复计划，确定符合学生实际的训练内容及策略，家校协同康复方能步调一致。

我校的“亲子同训”康复计划包含两套计划和三个方面内容。两套计划是指个别化教学计划和家庭康复计划，各自分为长期计划和短期计划。长期计划为年度计划，即一学年学生要学习的内容和达成的目标；短期计划为月计划，即每月分步落实长期计划的学习内容和目标。

三个方面内容是指康复训练内容、长期康复目标内容和短期康复目标内容。康复训练内容包含听觉、言语、语言、认知和沟通等领域知识；长期目标指家校希望从长期协同康复训练中获得的成果；短期目标指的是家校协同康复过程中要落实长期目标必须完成的阶段任务。我校康复计划制订的流程为：教师和家长协同制订康复计划—康复训练团队商议计划是否科学合理—教学部门审核—计划实施和效果反馈。在制订计划时，首先要求教师和家长协同做好学生目前的听力语言状况、学习能力水平分析等基础性工作；然后分析学生目前需要学习什么，未来需要学习什么，从学生原有基础出发，与各领域知识整合起来，满足学生不同领域发展的需求；最后协同确定康复的方式、过程和策略。因此，在制订康复计划时，要将学前听障儿童个体和基于康复标准的课程联系起来，同时要考虑到家庭康复活动或环境条件的支持，保证其经过一段时间的训练后，各方面能力均有明显的进步。

三、协同开展“亲子同训”教学，促使家校协同教育康复深度化

听障儿童听觉介入后，从言语的感知到言语的运用自如是一个漫长的过程，持续、有效、科学的康复训练可缩短其康复的时间，提高其康复的效果。然而，在这漫长的言语学习过程中，家庭是听障儿童的第一个环境，父母是其第一任老师。在父母与听障儿童亲密的接触中，听障儿童能以最自然的心境去学习。家长若能利用家庭丰富的日常生活用品创造良好的学习环境，让听障儿童自发主动地学习，养成独立思考、自我教育的良好品质，并结合学校或康复机构科学规范的训练，使其进一步掌握社会交往和沟通技巧，将会缩短听障儿童的康复时间，使其更快地融入主流社会。由此可见，家校的深度协同康复教育极其重要。

为了构建深度协同的家校康复模式，我校在“医教结合，全面康复”理念的指导下，以学前教育为基础，采用听觉口语法，开展由教师、学生和家长共同参与的“亲子同训”教学活动，以求康复质量最优化。首先，要求家长参与“亲子同训”课堂教学，与教师共同完成教学任务。课堂上，家长不仅要协同教师完成康复训练任务，还要运用教师的训练方法，对听障儿童进行训练，教师给予指导；课后，教师针对家长在训练时存在的问题及家庭康复训练方法和技巧给予指导，并在《家校协同康复一日教育康复效果记录

表》（见表1-3-1）上填写训练内容和训练要点，家长按要求进行家庭训练，并记录家庭康复情况、存在的问题和需求；最后，教师根据孩子的情况和家长的需求进行书面或当面指导。在协同开展“亲子同训”教学中，家校双方互相尊重、互相信任，建立了平等密切的合作关系，为听障儿童量身定制了康复计划，促使家校双方深度合作。

表1-3-1 日康复教育效果记录表（家校协同康复）

听障儿童姓名：吴×× 任课教师：刘少敏 日期：2018.3.16

康复内容		参与情况	康复情况	问题分析 所需要的指导及帮助	家庭康复指导
听觉康复	1. 音位对比：p—b 2. 听觉记忆：三项（三个名词） 第一组：盘子里放着苹果和葡萄。 第二组：水盆里放着苹果和葡萄。 第三组：盘子和水盆里都放着苹果	A	B	问题及分析： 今天在家里按照老师的教学内容进行听觉记忆三项（三个名词）和b-p的音位对比，能够很好完成。但按照老师的方法更换词语后就容易错误，这是为什么呢？ 所需要的指导和帮助： 怎样才能让孩子熟练地完成不同内容的听觉记忆呢	开展听觉记忆训练，一般选用孩子比较熟悉的词语（或物品），对于不熟悉的物品孩子还未建立概念，难以完成听觉记忆要求。您可以按照听觉记忆的训练方法，选用已学过的词语或孩子已掌握的词语进行训练，并逐渐增加难度，如按顺序听取（正序或倒序）等
言语矫治	1. 双唇力量：飞吻和夹饼干等 2. 双唇紧闭后爆破送气吹碎纸片。 3．p的构音训练（双音节词和三音节词） 4．p和b转换：如“瀑布、跑步”等	B	B	问题及分析： 双唇的力量进步很大，在家里给他夹饼干、棒棒糖等，p与单韵母相拼的单音节词语发音较好，但在词语中就容易用b替代。 所需的指导及帮助： p和b音的转换怎样训练	p用b替代，说明孩子还未完全掌握p音的爆破发音要领，p音还不够稳定。可通过游戏结合爆破送气吹纸片、蜡烛等方法训练。当孩子掌握了发音要领，结合韵母拼读训练，可以完成词语发音练习。在训练“p和b的转换”时，可以用纸片来提示，如“瀑布”，说“瀑”时纸片吹动，说“布”时纸片不动

续 表

康复 内容		参与 情况	康复 情况	问题分析 所需要的指导及帮助	家庭康复指导
语言及沟通康复	1. 复习《果园》，强化含有声母p的词语。 2. 学习儿歌《排排坐》 3. 沟通：表达自己的需求——“我要xx，给我xx”	A	A	问题及分析： 用老师提供的方法，一边玩游戏一边学儿歌，理解较好，能较快地学习儿歌内容；在沟通时，我让哥哥和他一起完成，他能够模仿哥哥完成，还不能主动表达，不过已有进步。 所需的指导及帮助： 如何培养孩子的主动表达习惯	让哥哥参与孩子的语言和沟通学习，非常好！主动表达习惯不是一朝一夕就能养成的，需要家庭所有成员共同参与。要利用一切语言学习机会，鼓励和引导孩子表达。您还可以让哥哥经常和孩子玩语言游戏、模仿类游戏，还可以让孩子参与社区的一些活动等
认知康复	对物品进行类别的概括——水果类	A	A	问题及分析： 我出示“水果”的词卡，然后买了不同的水果回家，让孩子学习，学完了就一起吃水果。 所需的指导及帮助： 类别认知学习还有哪些方法呢	使用实物学习，直观形象，能够准确地建立物品概念，但不是所有的东西都能买回家。您可以通过图卡、视频或带孩子到相关地方进行学习，如超市里的物品都是按照类别摆放，可以带孩子到不同的区域认识不同类别的物品等

家长签名：郑××× 教师签名：刘少敏

注：“参与情况”和“康复情况”均为家庭康复训练的表现。

A代表“较好完成”，B代表“基本完成”，C代表“存在一定困难”。

四、拓宽教育康复服务渠道，促使家校协同教育康复常态化

（一）开展家长培训

为了把家长培养成专业的“家庭教师”，我们通过专家讲座、校内培训等形式，组织家长学习康复理论、康复技巧及方法，提高家长的信心和康复能力。同时，加强实时指导，除进行当面指导和书面指导外，还加强网络交流和沟通，建立每日家庭康复视频交流制度，即家长将家庭训练的小视频发给教师，教师通过微信进行指导，通过信息交流、经验分享和答疑解惑，与

家长携手同行。

（二）组织丰富的活动

每学期组织一次亲子活动，开展一次社会实践活动，举办一次康复效果展示，家长和听障儿童共同完成一次语言表演活动，每月组织一次生日会等，使家校联系更加密切，亲子关系更加和谐。同时，开展多样的交流活动，如家长开放日活动、邀请家长听课和评课、进行个案研究交流、开展“我与孩子共成长”康复故事评比和家长经验分享会等。

（三）开展送教服务

在开展家校协同教育康复过程中，部分文化程度较低的家长虽能参与教学，但不能很好地利用家庭环境对听障儿童进行康复训练，存在方法单一、效果不明显问题，还有些家庭成员不重视听障儿童的家庭康复等。为了帮助家长更快成长，使其转变观念，我校安排相关教师定期送教上门，进行实地指导和交流，帮助家长解决困难，引导家长做好听障儿童的教育康复工作。

实践证明，“亲子同训”不仅让学前听障儿童实现了家庭康复与学校专业康复相结合的早期干预，而且推进了家庭教育康复的发展，提高了家校教育康复的水平，保证了听障儿童教育康复质量。

第四节　听障儿童家庭康复训练策略

0~6岁是听障儿童语言学习的最佳时期，尤其是0~3岁这个阶段的儿童大脑发育最快，是学习语言的关键期。然而，许多听障儿童家长对听障儿童康复工作的认知有误区。他们认为听障儿童长大了自然会说话，或者一味求医，错过最佳康复时间。甚至有的家长认为康复训练是教师的任务，不愿意配合学校教育或过分依赖教师等。这不仅降低了听障儿童教育康复的质量，还错过了听障儿童一生中的康复黄金时间。因此，在家庭中重视听障儿童的康复训练势在必行。

一、听障儿童家庭康复训练的优越性

家庭是儿童教育的重要场所，开展家庭康复训练是听障儿童康复工作的迫切要求。首先，家庭康复有利于听障儿童更好、更快地获取听力语言康复素材。由于听障儿童大部分时间和家人在一起，许多知识是从家人那里获得的。其次，家庭康复训练不受时间和空间的限制，就地取材，训练刺激量大，能最大限度地挖掘听障儿童“听”和“说”的潜能，如家长在吃饭、购物、逛公园、走亲访友时，看到什么教什么，想到什么讲什么，置学语言于现实生活中，使听障儿童自然而然地习得语言。再次是家庭康复能满足听障儿童的心理需要和学习需要。家庭康复教育能灵活选择康复训练的环境和方法，还能发挥亲属、邻居或社区的力量帮助听障儿童习得语言，形成“一对一”“二对一”甚至“多对一”的最优康复训练方式，使学校康复、家庭康复和社区康复力量有效整合。

二、听障儿童家庭康复训练的紧迫性

听障儿童教育康复讲究“三早”，即早发现、早干预、早训练。“三

早”原则是听障儿童康复的关键。在孩子成长的过程中，家长要关注孩子的身体健康状况，遵循“三早”原则，做好教育康复工作。具体流程：孩子出生后接受新生儿听力筛查，若不通过，家长要在42天内再次带孩子去医院复查。42天仍未通过，应在3~6月龄期间到上一级医院进行听力相关检查和诊断。需注意的是，有些孩子虽然出生后听力筛查通过，但也患有听力残疾，这可能是出生后因病或受伤致聋，家长若发现孩子对声音不敏感，可用击掌、敲击声、呼叫等声响进行测试。若孩子无反应，要及早到医院检查诊断。若确诊为听力障碍，要及早给孩子验配助听器或植入耳蜗，并进行听力语言康复训练。同时，家长要协同康复教师制订行之有效的家庭康复训练方案，明确康复训练的阶段性目标和具体措施，保证听障儿童康复效果达到最优。

三、听障儿童家庭康复训练的科学性

科学的康复训练是听障儿童教育康复质量的保证。家长要充分发挥周围环境的作用，对听障儿童进行以发展智力为主的听觉训练和言语语言训练，坚持让听障儿童在动中学语和在用中学语，进一步提高听障儿童的沟通交往能力，使听障儿童全面康复。

（一）创设家庭康复的物质环境

1. 创设聆听环境。在家庭生活中，随时随地可以聆听到不同的声响，家长要善于抓住生活中的小细节，帮助听障儿童学会聆听。养成聆听习惯是学习语言的前提条件，如引导听障儿童聆听家里的空调、电视机、音响等物品所发出的声响，聆听炒菜声、洗碗声、门铃声等；通过电脑或手机，经常播放各种声响、儿歌和故事，引导听障儿童反复辨听声音，学会留意生活中的声响，理解生活环境中有意义的声音。

2. 创设家庭“图书室”。一是与听障儿童一起给家里的家具、物品贴上名字、写上词句，如“电视机——一台电视机—我家有一台电视机”等。二是根据听障儿童的年龄、喜好购置书籍，或亲子合作自制图书，如“我家的物品、我的家人、我的画册”等。三是与孩子一起布置“家庭图书室”，让孩子随处可以看见书，并拥有自己的书柜甚至书房。图书应分类放置、定期更换，电脑、学习机、画笔等相关学习用品也要放在听障儿童随时可取用的地方。

培养良好的阅读习惯是丰富和发展听障儿童语言储备的重要渠道。当有了家庭小图书室，家人要陪孩子一起阅读，一起学习语言。在亲子阅读时，要避免其他干扰，如不要在旁边放置零食、玩具，更不要一边阅读一边看电视或玩手机，因为这些会让孩子无法集中注意力。

（二）营造家庭康复的心理环境

1. 接纳孩子。家长良好的心理状态直接影响着听障儿童的身心发展和康复效果。因此，家长要调整好情绪，正确看待孩子的听力障碍问题。

2. 主动配合学校教育，如配合教师做好听障儿童课堂行为习惯的养成教育，及时完成家庭康复作业，培养孩子良好的生活习惯等。

3. 鼓励孩子多交往，如送孩子上学时，引导孩子与家人、邻居或路人打招呼，让孩子邀请老师、同学到家里做客；接孩子回家时，教孩子主动与老师、同学道别；回到家里，主动与孩子沟通，询问其在学校的学习生活情况等；周末，带孩子到邻居家或公共场所，鼓励孩子大胆与人交流。

4. 激励孩子学说话的兴趣。听障儿童教育康复是一项长期而艰巨的任务，需要多方力量的整合，家长不能操之过急。在康复过程中，家庭要创造良好的学习环境，选择合适的方法，做到多鼓励、少指责，如建立奖励规则，通过情境演示或游戏激发孩子的学话兴趣，培养孩子想说、愿说、爱说、能说、会说的口语表达习惯。

（三）家庭康复训练与日常生活相融合

日常生活是语言产生的源泉，也是自然学说话的一种康复环境。平时，家长要善于利用日常生活中的各种场合和机会，因势利导，教听障儿童学说话。如吃饭时，让听障儿童认识饭桌上的餐具、菜名，叫家人吃饭；睡觉前，让听障儿童认识床上用品、衣物，理解和学说“脱衣服、穿衣服、叠好被子”等日常生活用语；洗漱时，学说“洗脸”“刷牙”；洗澡时，学说“洗澡”“用热水洗澡”；散步时、逛街时……这样经常性的生活语言训练，不仅有利于听障儿童学习语言和运用语言，对培养听障儿童生活自理能力、养成良好的文明行为习惯也非常有用。

（四）家庭成员人人参与教育康复

影响听障儿童康复成败的因素很多，包括听障儿童的本身条件、耳蜗或助听器的补偿效果、教师训练的指导思想与方法、家庭参与程度等。其中，家庭积极有效地参与康复训练，可以明显缩短听障儿童康复的时间，尤其是家庭成员人人参与的作用更大。因此，在听障儿童康复过程中，家庭成员要统一思想，齐心协力对孩子进行康复训练。

1. 家校同步康复。在学前康复训练期，家人不仅要当好康复教师的助手，还要与学校的教育同步。“学得慢，忘得快”是听障儿童学习语言的特点，若家长不及时巩固当天所学的字、词、句，第二天听障儿童大脑留下的记忆就大幅减少。那么，教师就要重新教，听障儿童要重新学，训练效果就事倍功半。因此，听障儿童家长要与康复教师建立密切的合作关系，及时了解孩子在校的康复情况，在家庭中指导听障儿童做好课前预习、课后巩固运用，使训练内容同步化。家人还要树立科学的康复意识，肩负起康复听障儿童的责任，经常用口语配合书面语与听障儿童交流，提高听障儿童语言交际能力。

2. 当好家庭指导教师。学龄教育期，家人要当好听障儿童康复的指导教师。学龄期是听障儿童早期康复的后续教育阶段，是听障儿童平等参与社会生活的关键时期，做好这项工作意义重大。听障儿童进入普通学校或特校后，家长应主动向教师提供听障儿童的相关资料，协商确定听障儿童的教育方式和提出所需的教育支持，做好教育转衔工作。家长还要继续培养听障儿童的阅读能力，扩大其知识面，丰富其词汇量，定期开展听觉与语言能力的评估等。

学习始于家庭，从孩子的婴儿期开始，终其一生。在家庭教育中，家长不仅是学习者、施教者，也是陪伴者和监督者。他们在听障儿童的学习与社会性发展方面扮演着重要的角色，是听障儿童人生路上最早和最重要的老师。因此，家长要善于整合多方资源，科学、持之以恒地开展家庭教育，这样才能帮助听障儿童获得有效的康复，及早回归主流社会。

第五节　构建学校、家庭和社会的和谐教育

和谐教育思想是特殊教育领域的一个发展趋势，是我国构建和谐社会的基本要求。全面康复是听障儿童回归社会的迫切需要，特殊教育学校（或康复机构）、家庭和社会的和谐教育是听障儿童全面康复的保证。在此基础上，针对听障儿童教育康复工作存在的问题，结合本校开展的和谐教育的探索与实践，提出了构建特教学校、家庭和社会和谐教育的基本思路、主要做法和措施，并总结了和谐教育取得的主要成效等。

为促使听障儿童回归主流社会，我校提出了“构建学校、家庭和社会的和谐教育，促进每个学生最大限度的发展”的教育思路，并提出了明确要求和制定了具体的实施措施。经过多年的实践，现已初步构建了特教学校、家庭和社会三方教育和谐的教育康复模式，建立了学前、义务教育到高中的教育康复体系，形成了“教育康复、职业培训、文化传承、特教科研、精品展示”五位一体的办学特色。

一、全面康复是听障儿童回归社会的迫切需要

社会是每个人生存发展、展露才华的舞台。向社会回归是每个人的权利，听障儿童也不例外，只不过由于听力障碍的影响，他们回归社会的路更坎坷、更艰辛、更漫长。为了实现残疾人享有平等机会重返社会的目标，采取医疗康复、教育康复、职业康复、社会康复领域中的多种康复手段，使残疾人达到在身体功能、心理、社会、职业和经济能力等各方面都获得最大限度的恢复的目的，这是全面康复的内涵。可以确定，全面康复对于听障儿童回归社会至关重要。

儿童少年阶段是残疾人全面康复的关键时期，对听障儿童而言，教育康复是实现全面康复的重要环节。教育康复是指通过教育与训练的手段，提高

功能障碍者的素质和能力，这些能力包括智力、日常生活的操作能力、职业技能以及适应社会的心理能力等。其含义包括对残疾者实施系统教育和采用普通教育与特殊教育手段两个方面，其基本内容包括使残疾人作为社会平等成员的全面发展（德、智、体、美、劳等方面）和使其参与社会生活必需的补偿两大部分。在听障儿童的医疗康复、职业康复、社会康复领域中也有一些教育训练手段，如听力语言训练、职业培训、社会实践活动等，这些都具有教育康复的性质。听障儿童将来能否参与社会生活，能否跟上社会前进的步伐，所受的教育是一个重要的条件。

随着社会的迅速发展，听障儿童要同健全人共享社会文明与进步，需要在身心、职业和社会生活上得到全面、整体的康复。在此意义上，全面康复不仅是听障儿童回归社会的需要，更是建设和谐社会的需要。

二、特教学校、家庭和社会和谐教育是听障儿童全面康复的重要保证

（一）全面康复需要学校教育的和谐

特殊教育学校是听障儿童全面康复的重要场所。长期以来，由于受到传统教育的影响，特教学校的教育一直以传授知识为主，忽视学生缺陷补偿、心理素质和其他能力的培养；部分教师因过多考虑听障儿童严重的生理缺陷，过低地估计他们的潜能，造成教育质量低下；学校教育过于封闭，缺乏家庭教育和社会教育力量的支持和参与，使得教育康复效果不够理想，特殊教育学校发展缓慢等问题。苏霍姆林斯基提出：“学校教育的理想是培养全面和谐发展的人，社会进步的积极参与者。”在教育新形势下，特殊教育学校要摆脱困境，必须抓住和谐教育的实质，充分发挥家庭和社会的教育力量，在全面康复理念下进行突破，使听障儿童和谐的发展，取得最大限度的全面康复。

（二）听障儿童全面康复要求家庭教育的和谐

随着国家对残疾儿童教育康复的投入，听障儿童康复事业迅速发展，家长参与营造良好的教育康复环境对促进听障儿童全面康复具有重要意义。家长参与又称家长参与学校教育、家校合作。在调查中发现，我校听障儿童家长参与教育康复方面存在很大的缺陷和矛盾。主要有：

1. 对听障儿童接纳和教养的态度影响康复效果。一般来说，家长发现自

己的孩子成了残疾人，他们悲痛、焦虑，这是可以理解的。但相当部分家长却表现出对听障儿童的失望、烦恼、无能为力，有的还不接纳听障儿童，将听障儿童托付给他人抚养或抛弃。家长这些消极心态容易使自己产生不良的家庭教养态度，主要表现为溺爱型、放任自流型、过分依赖学校或社会型。正是不良的家庭教养态度，使很多听障儿童错过早期康复的机会，得不到良好的教育，从而使听障儿童比健全儿童更容易形成不良行为和不良心理，使其回归主流社会面临重重困难。

2. 对听障儿童教育投入不足。不可否认，起初为了治愈听障儿童的残疾，家长花费了很多金钱。但发现听障儿童难以治愈后，多数家长认为听障儿童是“废人”，难成才，于是将教育投资侧重在健全孩子身上，造成重健全孩子教育轻听障儿童教育的局面。听障儿童全面康复需要比正常孩子投入得更多，如听障儿童需要配戴助听器或植入人工耳蜗才能有效地接受教育与康复训练；听障儿童不仅需要接受义务教育，也需要进行高中或大学教育，更需要早期教育。可惜，因家庭重视不够，听障儿童残余的听力功能得不到补偿即荒废了，或错过早期教育最佳时期而造成康复难度加大，有的连接受义务教育的机会都没有。

3. 参与学校教育不够。实践证明，家校合作有利于听障儿童更好的康复。但受到多种因素的影响，家庭很少参与学校教育活动，极少对听障儿童进行家庭康复训练。主要是家长推托不会教听障儿童、抽不出时间和精力、家境贫穷等。

（三）听障儿童全面康复呼唤社会教育的和谐

1. 听障儿童要求教育公平，教育公平是和谐社会的基础之一。要实现听障儿童全面康复，教育公平是一个重要的内容，没有教育和谐发展就无法实现听障儿童全面康复。当下特校发展过程中仍面临很多困难，与普幼、普校间还未形成协同教育的机制，缺乏融合教育的考评体制等，造成听障儿童在全面康复路上难以获得公平接受教育的机会。

2. 法律法规需要进一步落实。特殊教育的和谐发展离不开相关法律法规的规范与落实，既能保护听障儿童受教育权、康复权和合法权益，也使特殊教育的发展走上法治化和可持续发展的轨道。当前存在的主要问题是：按比例安排残疾人就业的规定等各种优惠措施、残疾儿童的融合教育政策未能很好地落实等。因此，特殊教育学校的发展需要政府各部门之间的协调，以及政策和法律法规的落实。

3. 教育环境需要不断完善，如为贫困听障儿童捐资助学，普通学校创造条件，接纳和帮助听障儿童接受融合教育，形成平等参与社会生活的良好氛围等。

三、构建特教学校、家庭和社会和谐教育的基本思路

“教育的协同作用”是终身教育总的指导原则。作为特殊教育学校，我们认真学习终身教育和素质教育理论，经过认真分析和研究后，明确提出“提高听障儿童素质，实现听障儿童全面康复，应该树立终身教育意识，创建特教学校教育、家庭教育和社会教育三方关系的和谐”，并形成了以下基本思路：

（一）以听障儿童全面康复为主线构建特教学校、家庭、社会和谐教育网络

听障儿童康复工作是一个系统的工程，需要医疗机构、教育、社会等方面的相互配合，需要特殊教育学校、家庭和社会教育力量的协作互动。因此，根据我国特殊教育改革与发展的主要任务，在教育体系上，我们在发展义务教育的同时，创办听力语言康复中心（幼教部），对听障儿童进行早期干预和早期教育；为适应普通高等院校特殊教育专业招生和义务教育后听障儿童就读高中的需要，创办特殊高中班；为适应市场的就业需要和听障儿童的特点，从一年级起开展劳技及职业教育，与福利企业合作建立学生实习、就业基地和职业继续教育。在教育模式上，改变单一、封闭的学校教育模式为开放、“网络化”的教育模式，以听障儿童全面康复为目标，将家庭教育和社会教育融合到学校教育，将家庭、社会教育力量引入特教学校，使特教学校教育、家庭教育和社会教育融为一体，形成合力。

（二）教育康复公平原则

坚持教育康复公平是实现听障儿童全面康复的基本途径，也是促进社会公平、维护社会稳定、构建和谐社会的重要内容。康复是残疾人就学、就业、全面参与社会生活的前提，是残疾人的迫切要求。根据残疾人“人人享有康复服务”的原则，我校实行全纳性教育，即学校无条件地、义务地、开放地接纳听障儿童入学，让听障儿童充分参与学校教育教学活动，引导听障儿童积极主动地学习，发展其潜能；与本地区普通学校相互协作开展听障儿

童的随班就读工作，与有关企业互相合作开展听障儿童职业教育；争取家庭支持，保障每个听障儿童“人人享有康复服务”，同健全孩子一样平等享有教育发展机会与充分享有教育资源的权利，使其个性与才能充分发展。

（三）特教学校、家庭和社会教育的整体优化

精心构建和认真组织协调，促进特教学校、家庭和社会教育的整体优化。一方面使特教学校教育能从家庭和社会中汲取养料，完善自身，另一方面又使特教学校教育能在社会教育和家庭教育中起到骨干作用。更确切地说，特教学校一方面肩负着社区康复这一社会教育力量的重担，另一方面又顺应特教学校社会化的发展趋势。残疾人社区康复是充分利用社区资源，动员社会力量，使残疾人在家庭和基层康复机构得到康复训练和服务的一种康复训练形式。因此，多方协力开展残疾人社区康复服务，是建设和谐社区，构建和谐社会和发展残疾人事业的主要内容与重任，也是实现残疾人“人人享有康复服务”目标的基础和关键。

四、特教学校、家庭和社会和谐教育的方法与策略

（一）获取政府和教育、残联等有关部门的支持

听障儿童全面康复是残疾人康复工作的一项重要内容。我校紧紧依靠市委市政府、教育、财政、人事、劳动保障、卫生和残联等有关部门和单位，积极向他们汇报特殊教育的状况，认真听取他们的意见，促使他们将特殊教育事业的发展纳入经济、社会和教育发展规划，建立融合早期教育、义务教育和高中教育于一体的听障儿童教育康复体系；积极争取市政府加大对特殊教育的投入，资助贫困听障儿童，努力改善办学条件；积极与地方残联合作，开展听障儿童学前康复训练；积极争取地方教育部门的支持，将发展特殊教育列入工作议事日程，推进特殊教育学校的发展和听障儿童在普通学校的随班就读工作，为听障儿童提供良好的教育康复环境。

（二）呼吁社会开展扶残助学活动

特殊教育事业是一项面向残疾人的社会福利事业，不仅需要政府、教育等各职能部门的重视和残疾人家庭与学校的努力，也需要社会力量的关注、参与和支持。我校90%以上的学生来自农村，家境普遍贫困，为使学生“进得来、留得住、学得好”，我校通过《湛江日报》《晚报》、校刊和网络等媒体广泛宣传学校的同时，积极与一些大学、中小学、部队、公安、企业协

会等单位及团体建立共建关系，积极联系社会各界扶残助学，如开展“手拉手”献爱心、“一对一”帮困、捐赠等活动，在社区吸收一批关注特殊教育的爱心人士担任校外辅导员或爱心老师，充实特殊教育师资队伍和教育资源。此外，还争取为听障毕业生提供就业支持。

（三）利于学生全面康复的和谐校园

学校是听障儿童成长、全面康复的主要教育环境，在整体教育网络中具有全面导向功能。创建和谐校园是构建和谐社会的基础性工程。我校在“创建和谐校园”方面注重教育安置方式的和谐、人际的和谐、课程设置的和谐、培养目标的和谐和教育教学方法的和谐，如根据听障儿童的年龄、听觉能力和语言康复效果，采取家庭康复训练、学前康复班、特校语言强化班或普通班、普通学校或幼儿园随班就读等安置方式；建立管理者与教师之间、教师之间、师生之间和生生之间的人际和谐；坚持育“德”课程、育“智”课程与育“体”课程的和谐，以及使用国家规定的特校教材、普通学校新课标教材和校本教材的和谐；关注学生身心的全面和谐发展和缺陷补偿的和谐开发；实行促使学生和谐康复的分类教学、分层教学、个别化教育和全纳性教育等教育教学方法。

（四）特教学校与家庭、社会的合作

家庭教育、社会教育对儿童社会化有重要作用。为保障特殊教育学校的教育和家庭教育、社会教育的和谐，我们不仅仅与家庭合作，还与社会合作。在与家庭的合作上，我校采取家长学校、家长会、亲子活动、亲子同训、家庭训练、走访训练等方式，深入挖掘家庭的教育资源，提高家长及其亲属的教育能力和教育价值观，建设和谐的家庭教育环境，使家庭成员都成为特殊教育者。在学校与社会合作上，除争取社会对我校提供相应的资源或经费支持外，还积极参与当地社会的各种活动和建设，同时发挥自己的专业优势，为本地区提供有关特殊教育和听障儿童的各种咨询或服务，如指导当地普通学校听障儿童少年随班就读工作、资源教室建设、培训普通学校特殊教育师资、组织特殊教育研究活动、提供听障儿童社区教育康复方面的咨询和服务等，还与医学工作人员或专家建立合作关系，对听障儿童进行听力检测、助听器验配、听力语言训练与言语矫治等。

（五）特殊教育科学研究带动多方教育力量的和谐

听障儿童教育是一项涉及医疗卫生、教育训练和劳动就业等诸多方面

的系统工程，特殊教育的研究自然也涉及多种领域、多重学科和多方力量。因此，我校特殊教育研究坚持走多学科齐头并进、“家校社”合作研究的发展道路。例如，我校“听障儿童语言康复的途径与方法的研究”课题，充分运用了康复医学、心理学、教育学和现代科技等学科，发挥了本校教师、家长、专家、义务支教志愿者、特校随班就读学校和社区等多方面的力量，在特殊教育学校内研究寻求听障儿童听力语言康复的途径和方法等。

（六）借鉴国内外特教学校、家庭、社会教育的成功经验

发达国家和国内示范特教学校在特教学校、家庭和社会和谐教育上都有自己的经验，在听障儿童教育康复方面也形成了一些各具特色的成功模式，如融合教育、“一体化教育”等。借鉴国内外听障儿童教育康复的经验，根据湛江的市情，我校提出了“构建学校、家庭与社会的和谐教育，促进每个学生最大限度的发展”的教育思路，进行和谐教育的探索。

五、特教学校、家庭和社会和谐教育的主要成效

特教学校、家庭和社会和谐教育是现代社会对特殊教育提出的历史使命，也是特教学校可持续发展、实现听障儿童全面康复的必由之路。我校在构建特教学校、家庭和社会和谐教育中取得了丰硕成果。主要有：

（一）促进了特殊教育观念的转变

培养听障儿童生存发展能力首先要树立康复意识，建立特教学校、家庭和社会和谐教育的观念，确立全面康复理念，着重提高听障儿童生活质量，培育其独立生活、学习和工作的能力，能在家庭和社会上过有意义的生活。通过实践，大家认识到特教学校、家庭和社会和谐教育的重要性和必要性，对听障儿童全面康复认识水平有了提高。因此，听障儿童全面康复工作不仅仅是特教学校的责任，还有家庭和社会的责任，听障儿童康复要由学校单方的教育转向学校、家庭、社会三方协作互动的、和谐的教育。这是现代特殊教育康复事业的根本性转变，是听障儿童生存发展的必备条件。我校已建立了融教育、康复、职教于一体的学前、小学、中学的教育康复体系，这不仅仅是一所学校办学规模的简单扩大，还体现听障儿童受教育的平等观，即从只有正常儿童享受到教育权利到让听障儿童也能平等接受教育。这是一个历史的发展过程，使湛江特殊教育开始迈入新的发展阶段。特教学校必然要摒弃传统的封闭式教育，必须依靠家庭和社会的教育力量，整合特殊教育人力

资源。和谐教育是在学校教育、家庭教育和社会教育三个层面上同时展开，不是只强调家庭和社会参与，而是在创建和谐学校教育的同时，创建和谐的家庭教育和和谐的社会教育，由此达成学校、家庭和社会三方教育的和谐。通过实践，将特教学校领导、教师引导到和谐教育上来，将家庭、社会教育力量融入到特教中来，协作互动，注重实效，创建和谐学校、和谐家庭和和谐社会。这是一项意义深远的特殊教育改革和思想观念的革命，是一项涉及个人、家庭、学校、社区和社会共同努力的系统工程，是所有听障儿童得以康复和融入社会的策略。

正是由于我校认识的提高和对和谐教育工作给予足够的重视，听障儿童家庭、政府有关部门和社会特殊教育观念才发生较大的转变。家庭变依靠学校、社会资助为家庭尽力投入，变依赖教师教育子女为家庭自觉行动。政府和有关部门加大对特教学校的支持力度，近年来，各任市委书记、市长多次带领市领导和有关部门到我校现场办公，为我校解决历史难题，如征地扩校、落实教师编制、加大校园建设和成立困难残疾学生专项助学基金等。社会各界也纷纷扶残助学，如开展共建活动、资助贫困学生、捐赠教学设备等，几十个单位和上千个个人踊跃捐款资助我校特困生和支持我校发展，初步形成了全社会理解、尊重、关心、帮助残疾人事业的良好氛围。

（二）促进了听障儿童全面康复工作的和谐发展

听障儿童全面康复工作是我国康复教育战线长期而艰巨的任务，也是当前残疾人工作的难点和热点问题。全面康复工作从何入手，和谐教育实践证明，“特教学校、家庭和社会”合力构建和谐教育是促进听障儿童全面康复的切入口和法宝。

听力语言康复是听障儿童全面康复的一个重要内容。本着“人人享有康复服务”的目标，我校坚持校内听力语言康复抓普及、抓质量，走向家庭和社区抓巩固，与家庭、社区密切合作，与普通幼儿园、小学相互衔接，综合而充分地利用各种教育资源，共同为听障儿童的康复和发展创造良好的受教育条件。目前，我校教师逐渐重视听障儿童的教育康复，教学中探索出学科融合听力语言训练教学法、“康复中心（或特教学校）集体教学+个别康复（或亲子同训）+家庭康复+社区康复指导”等康复模式，听力语言康复效果居全市前列。家庭重视听障儿童早期教育康复，舍得花钱为听障儿童验配助听器或植入人工耳蜗，积极配合学校开展亲子同训、家庭康复训练和随班就读工作，有的听障儿童家长还辞去工作陪孩子一起去学校进行康复训练或在家进行康复训练。国家政策支持特教听力语言康复工作，如拨款建设隔音教室、配备专门设备、为贫困听障儿童免费提供助听器或植入人工耳蜗、早期康复训练、动员社区支持听障儿童随班就读工作等。以上做法有效地提高了听障儿童听力语言康复效果，越来越多的听障儿童成功康复，康复效果得到社会的肯定，被认为是特教学校、家庭和社会三结合的听障儿童听力语言康复的新模式。

素质教育是以人为本的教育，是听障儿童全面康复的综合体现，积极探索现代特殊教育中的素质教育是听障儿童教育康复的根本任务，也是我国构建和谐社会的基本要求。我校借鉴普通学校的素质教育和国内外特教先进经验，结合学校实际，积极进行“特教学校、家庭和社会教育力量整合模式”“职教一体化模式”等教育教学模式的探索。建立起“开放、沟通、融合”的素质教育模式，改变了传统“封闭、隔离、回避”的教育模式，探索出特教学校、家庭和社会教育力量整合的“三育人”模式，即校内育人、家庭育人和社区（社会）育人。校内育人做到听障儿童自主教育、教工合力育人、校园文化育人；家庭育人是邀请家长来校协助教育，指导家长、亲属及其邻居（主要是普通学校就读的中小学生）与听障儿童沟通、共同学习或生活指导等；社区育人主要有共建、德育、服务、体验和资助等五大类，如与大、中、小学校和机关单位开展共建或联谊活动，组织听障儿童到社区德育基地开展德育活动，聘请校外辅导员、法制副校长、技校教师上职业教育课，定期组织其到附近工厂见习或实习，开展社会“献爱心”捐献活动，组织学生参加社区公益活动或各类体育艺术比赛等。这种教育模式不仅充实了特殊教育的内容，也丰富了听障儿童的精神生活，解决了他们的生活困难，更重要的是提高了他们的社会适应能力，增强了他们的自信心、自强心、感恩心。

为了使听障儿童毕业后能融入社会参加劳动或就业，我校积极探索“职教一体化模式”。我校设立了雕刻、修理、缝纫、工艺艺术等专业教室，配备了专用设备，采用现场教学方式，营造职业氛围，融理论教学、实践教学、技术应用与生产为一体；听障儿童根据家庭需要、工厂需求和兴趣爱好选择职业项目，做到“教、学、用”结合。这种模式培养了听障儿童的实际工作能力，使教学过程真正融入生产劳动和市场之中，提高了听障儿童的就业能力。

和谐教育是促进听障儿童全面康复的成功探索，使我校教育生机盎然，听障儿童潜能得到开发。我校在参加全省首次特教学校联考中，三年级语文、四年级数学联考成绩排在前列；听障儿童游泳、足球、田径等体育项目参加省级以上比赛荣获上百枚奖牌；听障儿童参加各类艺术比赛获奖几百次，并经常参加湛江市公益演出，深受社会好评。

（三）增强了特殊教育康复实力

随着特教学校、家庭和社会和谐教育的深入开展，我校入学听障儿童逐渐增多，现有学前至高中听障班26个、视障班10个、智障班16个，办学规模居全省特殊教育学校第二位；开设了听障儿童强化口语班，开发了5个职业教育专业，有一支普通学校随班就读指导团队；教学康复设备逐年增加，正筹建聋健融合幼儿园等，促进湛江特殊教育的深入发展。

教师是听障儿童全面康复的实现者。在学校发展过程中，教师队伍不断扩大，特教学校、家庭和社会和谐教育有力促进了教师专业能力与康复技能的发展。学校教师获得国家、省、市级先进荣誉100多人次，还有一批乐于在听障儿童语训康复、艺术、体育、职教等方面奉献爱心的校外特教志愿者，以及热心投入听障儿童康复工作的家长及其亲属。这样一支富有爱心和热情的特殊教育队伍，成为“家、校、社”和谐教育的中坚力量，有利于提高听障儿童的全面康复效果。

（四）催开了灿烂的特殊教育成果之花

和谐教育促进了特殊教育研究，学校营造了良好的特教科研氛围，取得了令人瞩目的教育成果：编写《语文》《学说话》《听力训练》《家校协同康复训练》等校本教材，汇编手语资料20多册，编写校本师资培养资料6册，创办了校刊《爱之光报》《特殊教育家教通讯》和听力语言康复杂志《湛江障碍儿童康复》。教研的发展较好地促进了我校听障儿童的康复和谐教育模式的建立，保证了教育康复质量的稳步提高，受到听障儿童和家长们的普遍欢迎，也得到了有关部门的充分肯定。教师围绕课题研究撰写的论文在全国各省市、校刊物发表、获奖的有100多篇，如《听障儿童愉快学说话的环境创设》《基于家校协同听障儿童人工耳蜗植入后“亲子同训”探究》发表在《现代特殊教育》杂志上。教师参加全国教师康复技能大赛和广东省第一、第二届特教学校语文、语训教师等学科教学技能大赛，课堂教学、多媒体教学课件、教学设计等有20多人次获奖。

特教学校、家庭和社会三个方面是相互补充、协作互动、协调一致的和谐教育，是一种整体教育网络。我校的“学校、家庭和社会的和谐教育”还处于实践阶段，需进一步开拓三方紧密合作、共同发展的空间，使和谐教育步入可持续发展阶段，形成良性循环，满足听障儿童身心全面发展和康复的需要。

第六节　康复案例——抢时间强训练

一、案例背景材料

（一）基本情况

华华，女，汉族，入训年龄5岁10个月，训练时间2年。2岁因发烧打针导致药物性耳聋，5岁才进行听觉干预，双耳佩戴助听器，临床诊断智商为110。她性格活泼开朗，喜欢与人交往，但注意力不易集中，做事粗心大意。

（二）听力学检查结果

1. 脑干诱发电位（ABR）

右耳阈值100dB HL，潜伏期为5个波段都未引出电位；左耳阈值80dB HL，潜伏期为1至4个波段未引出电位，第五个波段为0.49ms。

2. 纯音测听

左耳听力损失80dB，右耳听力损失100dB。

3. 助听器补偿效果

双耳佩戴助听器，左耳助听听阈为45dB HL，低、中、高频均能进入香蕉图；右耳助听听阈为55dB HL。

4. 入训前听觉语言情况

能感知声音存在，听觉的分辨、识别和理解能力还未建立，听觉能力不达级；会模仿2至3个字的叠音词，如爸爸、妈妈、抱抱我等，不会与人交流，语言清晰度较差，语言能力四级。

5. 家庭状况

华华一家有4口人。父亲是一名下岗工人，中学学历；母亲是一名会计，高中学历；弟弟未满周岁，患有先天性心脏病，家庭经济困难。华华2岁5个月时确诊为听力障碍，父母带她到全国各大医院求医问药，医生的治疗意见都是“早听觉介入，早接受康复训练”，可她父母无法面对现实，认为可以医治痊愈，直至花光了所有的积蓄，在华华5岁时才为她验配了助听器，并到私立康复机构训练了一个月后转至我校进行康复训练。家庭成员对华华的期望值较高，希望她能够回归普小随班就读。

二、案例康复目标

考虑到华华的年龄和助听器补偿效果问题，结合她入训前的学习能力评估和听觉语言评估结果，按照“听说先行，其他跟进”的原则为其拟定康复计划。经过个别化会议的讨论，参考了家长的意见，最终确定华华的长期康复目标为：

1. 建立聆听习惯，提高听觉能力。

2. 学会沟通与交往的技巧，养成运用语言主动交流的习惯。

3. 能结合图画理解读本内容，提高识字能力，养成阅读习惯。

4. 习得汉语拼音的发音和拼读方法，能听懂和使用普通话与人沟通，提高语言的清晰度。

5. 乐于参加各项活动，学会主动学习和探索，养成与人合作、分享的习惯。

6. 养成良好的学习习惯和生活习惯，能做自己力所能及的事情。

在总目标的基础上，我分别结合《幼儿园教育指导纲要（试行）》和听觉口语法的五大领域目标要求，确定个别化短期目标和月教学内容。

三、案例教育康复的安置模式

基于家长的期望值，考虑到华华的年龄问题，需加大训练的强度，采用不同的康复模式满足她的康复需求，如第一年采用“集体+亲子同训（每周5节）+小组训练（每周2节）”的教育康复模式，帮助她建立聆听习惯和解决其言语等问题。一年后，华华各方面能力发展迅速，学校调整了其康复的模式和时间，即“普幼+特校康复”模式，上午到普幼随班就读，下午在我校接受个别化康复训练。

四、案例康复的主要内容与方法

（一）循序渐进地开展训练

为了实现康复目标，学校根据华华的性格特点，通过情景教学、区角游戏、正规教学等形式，参照普通幼儿园教材和校本教材，将拼音（言语矫治）、词汇（主题形式）、句子（句式运用）、沟通（交往技巧）等内容联系起来，在认知的基础上开展听说训练，强化家庭康复和语言实践。

1. 分步开展听觉训练

入学评估结果显示，华华具备听觉察知能力，其他能力还未建立。因此，训练的内容从听觉分辨开始，训练初期给予其视觉提示或声学强调，待完成后撤销提示。听觉分辨从日常生活的声音开始，结合汉语拼音教学，过渡到语音差异分辨的训练。听觉识别与听觉分辨是联系比较紧密的两个阶段，听觉识别的内容和要求更高一些，包括更多的词语及语音训练，对语音的音色、音调等方面的要求更高。考虑到华华的年龄问题，当她建立了初步的听觉分辨能力后，将听觉分辨和听觉识别两项内容进行融合训练，提高其语音的识别率。听觉理解是听觉训练金字塔的顶端，训练内容和方式不能单一枯燥，要拓宽其听觉的渠道，在前面能力的基础上，融合各项内容开展听觉理解与听觉记忆训练。在训练过程中，根据听觉目标，精心选择音乐、故事、绘本等素材，灵活采用小品表演、游戏活动等形式，训练其听觉综合能力，而听觉技巧（如发展电话技巧及噪声环境下聆听技巧）的训练，则通过“亲子同训”课指导家长在家庭和社区环境中完成。

2. 加强发音训练

华华5岁10个月才开始训练，发音器官不够灵活，发音方法不正确，造成构音方面的问题。通过唇操、舌操、呼吸操等方法，训练其发音器官的灵活度；通过节奏、长短音配合腹式呼吸运动改善其发音时对气流的控制能力；结合兔子跳、开火车等游戏活动，让她在玩中学发音，逐渐提高构音器官的运动协调能力。

3. 学好汉语拼音

汉语拼音是语言学习的基础，也是语言学习的重要工具。汉语拼音包括23个声母、24个韵母和16个整体认读音节，按不同的规律进行排列组合，加上音调和轻声的各种变化，形成了上千个不同音韵的音节，构成了丰富多彩、奇妙无比的语言世界。汉语拼音是听障儿童学习说话的重要工具，他们一旦掌握了汉语拼音，就可以从单纯机械的模仿发音，发展到主动地、创造性地借助拼音学习说话、正音、辨音，甚至认字、阅读和交往，所以在学前康复阶段重视汉语拼音教学，对其未来的发展有着重要的意义。华华接近6岁，具备了通过正规训练学习汉语拼音和同步接受言语矫治的能力。根据华华性格活泼、具体形象思维占优势的特点，学校结合图片和归纳汉语拼音的规律进行教学，如在掌握6个单韵母a、o、e、i、u、ü的基础上，按照顺序逐一配对组合的方法，组成9个复韵母（ai\ao\ou\ei\iu\ie\ui\üe\er），再与n、ng组合成9个鼻韵母（5个前鼻韵母an\en\in\un\ün、4个后鼻韵母ang\ong\eng\ing），发音方法是前响后缓、逐渐过渡，气流不中断。通过学习，她理解了汉语拼音的拼读规律，能够根据组合记忆拼音，减轻了学习负担，在自主学习、自主发现中体验到学习的快乐，从而增强了学习汉语拼音的兴趣。

听障儿童学习汉语拼音需要结合词语训练巩固发音和练习拼读的方法。在拼音教学时，让她了解发音部位和发音方法后，通过大量的词语练习稳定其发音，如学习b时，按照“单音节-双音节-三音节”的顺序选择词语“笔、抱、爸爸、拜拜、背包、白布、萝卜、布娃娃、了不起、想办法”等进行训练。久而久之，她不仅掌握了发音和拼读的方法，积累了常见的词汇，还能运用拼音来矫正自己的发音，语言的清晰度得以改善。

4. 增加词汇量和强化句子训练

经过3个月的听觉言语训练与拼音教学，华华基本掌握了发音的技巧与汉语拼音的拼读方法，能通过拼音自主学习发音。除了平舌音与翘舌音、前鼻韵母和后鼻韵母容易混淆外，其他音节发音清晰度较好。于是，在进一步稳定发音的同时，通过主题教学的形式，加大词汇的学习力度。在学习过程中，她逐渐养成自主拼读音节学习词语的习惯。

在句子训练方面，主要采用递进式的学习方法，逐步增加句子的长度和难度，如“吃饭—我吃饭—我和爸爸吃饭——我和爸爸在家里吃饭”。句式训练能够帮助听障儿童更好地理解语言和组织语言，在教学中，教师将6个常用的问题“谁、什么、哪里、做什么、为什么、怎么样”融合在句子中，以情景主题的形式分步学习，再综合运用，训练其举一反三运用语言的能力。

5. 情景中学习沟通的技巧

为了训练华华的沟通交往能力，提高其学习兴趣，主要通过创设情境，让她在愉快的情境中习得语言。

首先，重视真实的情境学习。如教“认识学校”时，先准备好词语卡和相机，边带领她参观学校各场室及校园内的物品，边让她拍下来。参观校园后，引导她将自己拍摄的图片结合词卡进一步强化学习，并以交流的方式运用6个常用的问题与其进行沟通；在学“购物”时，在课堂中创设购物的情境，练习对话，然后与家长带她到学校附近的超市进行实地教学，指导她认识商品、学习购物、学会与售货员交流。在真人、真事、真景下进行教学，她的学习兴趣更高，能较快掌握学习的内容。

其次，在课堂上创设有趣的情景游戏。如教“取帽子”时，制作一棵大树放在教室里，让她和小朋友分别戴着小猴、小象、小兔和长颈鹿的头饰，听着音乐，边表演边复述故事内容。还可以通过“打电话”“请客”等角色游戏，进行对话训练等。华华在快乐的角色扮演游戏中获得较高的学习效率，较快地掌握沟通的技巧，养成聆听习惯。

再次，在一日活动中引导她理解语言和运用语言进行交往。如每天来校、放学回家时，引导华华学习理解“早晨”“中午”“下午”等关于时间的词语，理解问话“谁送你来学校”“早饭吃什么”，并引导其回答这些问题；有好心人看望她时，教她学说“谢谢”；她不小心撞倒同学时，教她说“对不起”等。关注她生活中的每个细节，善于抓住随机性的情境进行教学，增强她的感性认识，发展她的语言能力成为常态化的教学方式。

6. 重视阅读和日记训练

阅读是获取知识的重要手段和有效途径。华华性格比较外向，做事马虎，安坐时间不长。教师通过创设图书角，选用低龄段绘本，陪着她阅读，组织“我是小小朗读者”活动让她表现。当她对阅读产生兴趣后，鼓励她阅读不同年龄段的绘本，参加读书会活动等。

经过一年的康复，接近7岁的华华进入普幼学前班随班就读，每天下午回校接受个别化康复训练。为了做好幼小衔接，在抓口语训练的同时，教师也重视其书面语表达能力的培养。期初，在训练中要求她用一两句话简单记录发生的事情，不会写的字可以用拼音代替。接着，从一个主题入手，指导她在一周内完成一个内容，如学写“做家务”这一主题，要求家长在家指导她做家务并让她说说做家务的经过，再将所说的话写在日记本上。经过两个月的主题训练，教师指导她联系实际记录每天发生的事情，并在语言活动课上与同学们交流，激励她多说多写。

（二）加强家庭康复指导

华华的家庭辅导主要由她母亲负责，母亲对她寄予深切的希望。由于家庭经济困难，原验配的助听器补偿效果不理想，母亲筹款为她更换了助听器。

为了保持康复训练的连续性，促使家校协同进行康复教育，通过定期召开家长会，指导家长掌握家庭康复训练方法，如家庭听觉训练、语言训练、家庭学习辅导，以及巩固语言、拓展语言的实践训练方法等。她的母亲参与家庭教育康复的积极性非常高，能定期与教师共同拟订家庭训练计划，积极开展康复活动。如学习了“蔬菜”后，母亲带她到菜市场买菜，认识不同蔬菜名称，回家后和她一起做饭，拓展学习的内容，使所学知识得以内化。每天上学、放学的路上，她母亲坚持做到“路边听说训练”，指导她叙述所见所闻。母亲还经常带她到外面与正常孩子一起活动，培养她沟通交往的能力。在她母亲的带动下，全家人都参与到华华的康复训练中来，华华的语言表达能力不断提高。

五、案例的康复效果

经过两年的康复训练，华华的听觉、语言能力均达二级，养成了主动与人沟通的习惯，回归普小随班就读。由于助听补偿效果问题，二年级时，华华申请了人工耳蜗资助，植入耳蜗后继续随班就读。

六、案例启示

听障儿童康复训练是帮助听障儿童走出无声世界、重获语言能力的途径。面对错过黄金干预期或年龄偏大的听障儿童，要在找准起点的基础上，家庭和学校齐心协力，精心设计康复方案，选择合适的康复策略，抢时间、强训练，方可使听障儿童获得最大限度的康复。

听障儿童康复是一项涉及多学科和多领域的工作，对教师提出了更高的要求。首先，教师既要掌握特殊教育技能，也要掌握康复技能；其次，教师要善于学习听力学、语言学和病理学等方面的知识，运用科学的方法开展康复训练、处理语言教学和听力技术等方面的问题；再次，教师要根据每个学生具体情况和康复需求，量身定制个别化康复计划，选择听障儿童最近发展区的教学内容和教学方法，循序渐进地开展教育康复活动，促进学生的全面发展；最后，教师要与家长保持密切的联系，互相沟通，共同构建家校康复平台。合力的教育康复是听障儿童听力语言康复的保障。

听障儿童早期康复不仅是一项抢救性工作，也是一项长期而艰苦的工作。教育康复路上，教师与家长要与爱同行，与专业为伴，用耐心、恒心、爱心和科学的教育康复方法，最大限度地促进听障儿童形成和发展有声语言，帮助他们回归主流社会，成为“残而有为”的社会新人。

第七节 “适合的教育”才是最好的教育

初次与多多相遇，是在一个闷热的夜晚。那天我正在值日，一位中年男子背着未满周岁的孩子来学校咨询。看着面无表情，对声响玩具毫无反应的孩子，我心里不禁“咯噔”了一下。果然，家长介绍说孩子患有极重度先天性听力障碍，耳部CT显示还伴随脑白质异常。为了让多多的听力能早受到干预，早康复，我为他申请了助听器和国家人工耳蜗救助项目。2岁时，多多植入人工耳蜗，按规定安排在定点机构进行听力语言的康复训练。可他在定点机构训练不到一个月的时间就换了三位老师，其他老师听说要上他的课都“闻风丧胆”。家长无奈，申请让多多转回我校进行训练。

虽然从相关书籍中了解到脑白质异常患者常伴随着注意力不集中、自控能力差等症状，但多多的症状并未引起我的“担忧”。开学第一天，家长带着刚满3岁的多多再次来到学校。一年多不见，他已长高了许多。一见到我，多多就热情地跑过来抱着我，在我的脸上亲了一口，用含糊的声音说了声“老师好”。我摸着黏黏的口水，愣了一下，还没来得及享受这突如其来的幸福，手臂就钻心地疼，他竟然在我手臂上咬了一口！他父亲生气地打了他，他母亲不停地向我道歉，而他则怯怯地拉着我的手，指着不远处的玩具。原来他想玩玩具，他只是用“咬”的方式来表达自己的需求而已！看着满脸泪水的他，我觉得又可笑又可气。

有了这次“遭遇”，我开始忐忑不安。果然，不到两天，老师和孩子们开始投诉他的种种“劣迹”：坐不住、不听指令、搞破坏、抢东西、打人、咬人……虽万分无奈，我还是主动承担了他的个别化教学，并要求家长进入课堂协助教育。经过几天的观察，我发现多多不会管理自己的情绪，只会用自己最习惯的本能方式来发泄，缺乏沟通的方法，轮替、等待和服从意识淡薄。家长虽在课堂协同教育，但无法控制他的行为，遇到问题就打骂，严重地影响了课堂秩序。怎么办？如何才能矫正他的行为，又不影响其他孩子的学习？我开始查阅脑白质异常和多动症的相关资料，与家长分析孩子存在的问题，并将原集体课程调整为个别化“亲子同训”课，共同制订家校一致的康复目标和任务，协同开展康复训练。在亲子课中，我采用结构化教学法，结合“玩中学”的教学方式组织教学，若其完成任务便给予奖励，不完成任务便给予没收强化物的“惩罚”。也许是亲子课的干扰因素少，也许是家校一致的教育康复起了作用，也许是教育方法符合他的兴趣，两个月后，多多开始听从指令，安坐时间逐渐增长，在家长的协助下基本可以完成课堂教学任务。于是，我安排了小组康复课程，训练他与人相处的能力，培养他等待和轮替的习惯。一个月后，我制订了学习任务单，尝试让多多参与集体活动，训练他的沟通交往能力。多多回归集体课堂后，虽然有点“兴奋”，但基本能听从老师的指令和小朋友们一起玩游戏，偶尔也会“故伎重演”。针对多多在集体课中存在的问题，我利用亲子课进行干预，家长在家庭康复中进行巩固。通过“亲子同训+集体教学+家庭康复”的康复模式，我找到了教育的切入点，慢慢地矫正了多多的问题行为。

“适合的教育”才是最好的教育。发现差异，尊重差异，为听障儿童“量身定制”教育方案，让每个听障儿童都能接受公平而有质量的、适合自己的教育，听障儿童才能创造精彩的人生，教育才能迎来更加美好的未来！

第八节　课例《声母 j 的应用》

<table>
<tr><td>学科</td><td>听力语言康复</td><td>课型</td><td>个别化康复训练</td></tr>
<tr><td>授课者</td><td>刘少敏</td><td>单位</td><td>湛江市特殊教育学校</td></tr>
<tr><td colspan="4">一、训练对象基本情况</td></tr>
<tr><td colspan="4">陈xx，小名豆豆，5岁11个月，左耳听损114dB，右耳听损71dB，右耳助听补偿效果最适。已在我校接受训练2年，今年9月进入普通幼儿园大大班，现在我校接受每周两次的个别化听觉言语康复训练。
目前听觉语言情况：
听觉：短文理解阶段。
言语：正在进行声母第三、四阶段已构音节连续发音应用训练，个别声母发音不稳定。
语言：情景语言描述阶段。</td></tr>
<tr><td colspan="4">二、训练目标</td></tr>
<tr><td colspan="4">1. 听觉目标：能辨识含有声母j的词语和针对短文回答问题。
2. 言语目标：提高j在句子中的连续语音清晰度。
3. 语言目标：完成短文理解，能模仿短文，运用含有声母j的词语进行情景语言描述。
4. 认知目标：能够对物品进行分类，并能与商店相配对。</td></tr>
<tr><td colspan="3">三、训练内容</td><td>设计意图</td></tr>
<tr><td colspan="3">听觉训练：对含有声母j的词语“饺子、煎饼、鸡蛋、豆浆、香蕉、桔子、文具盒、胶水、剪刀”进行辨识并针对短文回答问题。
言语训练：音节jiao、jian、jiang、ji、jie、ju、jiu、jin、jia在句子中的应用。
语言训练：模拟早餐店、水果店和文具店场景，进行情景语言描述，并完成目标词语的应用。
认知训练：将“饺子、煎饼、鸡蛋、豆浆、香蕉、桔子、文具盒、胶水、剪刀”进行分类，并与商店相配对。</td><td>由于患儿已掌握j的发音，但不够稳定，特别在句子中错误较多。患儿的听觉理解能力和语言表达的连贯性较弱，需提高听觉理解和语言表达能力。</td></tr>
</table>

续 表

四、训练过程	设计意图
（一） 听觉训练 1. 开放式回答熟悉的问题。 2. 听觉识别——前测。 出示一个装有饺子、煎饼、鸡蛋、豆浆、香蕉、桔子、文具盒、胶水、剪刀的篮子，进行听觉记忆训练。 （要求听障儿童发j音时，舌尖抵住下门齿，舌面前部紧贴硬腭。练习j音，学小鸡唱歌，小鸡叽叽叽——重读训练） （二） 认知训练 1. 物品分类。 出示“食品、水果、文具”三个盒子，请患儿把同类的物品放在相应盒子里，要求边分类边用“什么是什么类的”的句式说话。 2. 物品与商店的配对。 指导听障儿童进行物品和商店的配对，了解相应的物品应到相应的商店购买。	1.检查助听设备，进行听觉理解训练。 2.用含有声母j词语，检测j的发音情况和听觉识别情况。 3.强调j的发音方法，通过重读训练，巩固j的发音。 4.完成含有声母j的词语的听觉识别后，对物品进行分类，训练其认知能力，为学习短文做准备。
（三） 短文学习《去早餐店》（自编教材） 今天早上，舅舅和舅妈带姐姐去早餐店吃早餐。舅舅吃了一笼饺子，舅妈吃了一个煎饼，姐姐吃了一碗鸡蛋面条。 1. 闭合式听觉描述，理解短文内容。 2. 回答问题，检测带有j的词语。（后测） （1）谁去吃早餐？（舅舅、舅妈和姐姐） （2）他们什么时候去吃早餐？（今天早上） （3）他们吃了什么？（舅舅吃了饺子，舅妈吃了煎饼，姐姐吃了鸡蛋面条） 3.闭合式短文复述。	5.由于听障儿童j的发音已习得，但在句子中不稳定。因此，选用含有7个带有声母j词语的短文进行听觉理解训练，稳定j音，提高其j音在句子中的清晰度。同时，通过看图进行短文复述，训练听障儿童的语言组织能力和记忆力。
（四）情景短文描述——后测 1. 创设水果店的情景，模仿短文《去早餐店》，根据提供的目标词语（香蕉、桔子）进行沟通和短文描述。 2. 创设文具店场景，模仿短文《去早餐店》，根据提供的目标词语（文具盒、剪刀、胶水）进行沟通和短文描述。	6.通过情景语言沟通，提高听障儿童的沟通交往能力。同时，采用相同的语言描述方法，训练其语言组织能力和提高其语言理解能力。
（五）强化语言训练 1. 朗诵含有较多j音儿歌《七加一》。 七加一，七减一， 加完减完等于几？ 七加一，七减一， 加完减完还是七。 2. 沟通：以师生互相问答形式朗诵儿歌。	7.通过儿歌强化训练和进一步巩固j音，扩大j的应用范围，提高听障儿童的语言连贯性和表达能力。

续表

五、家庭作业	设计意图
1. 进行舌尖抵抗运动，连续发带有j的词语。 2. 请家长带听障儿童到早餐店、水果店或文具店等地方进行饮食、购物体验，然后进行沟通和语言描述训练。	1. 由于听障儿童j的发音已习得，但不稳定，通过舌尖的抵抗运动，提高舌尖肌力。 2. 通过实践，提高沟通交往和语言表达能力。

六、反思
本节课选择的内容符合听障儿童的语言认知特点。通过大量含有声母j的词语、句子、短文和儿歌对其进行听觉、言语、语言和认知训练，从易到难，逐一落实康复目标。听障儿童在动态的情景课堂中，完成各项目标训练，巩固了j的发音，扩大了j的应用范围，使其学会了用相同的方法进行情景语言描述，达到预期效果。

第二章

学龄前听障儿童教育康复实践

导读：0~6岁是儿童听觉语言发展的关键期，也是听障儿童的“黄金干预期”。通过早诊断、早干预、早康复，听障儿童如能在黄金时期内获得有效的康复，将影响其一生的发展。家校共同创造良好的康复环境，建立早期教育康复工作机制，关注听障儿童的社会性发展，科学开展听觉言语与沟通交往等内容的训练，为其全面发展奠基。

第一节　学前听障儿童绘本阅读教学实践研究

一、课题研究的价值

（一）研究背景及意义

《幼儿园教育指导纲要》（试行）中指出：“引导幼儿接触优秀的儿童文学作品，使之感受语言的丰富和优美，并通过多种活动帮助幼儿加深对作品的体验和理解。利用图书、绘画和其他多种形式，引发幼儿对书籍和书写的兴趣，培养前阅读和前书写技能。”幼儿绘本阅读是落实该目标的最好渠道。同时，绘本对幼儿的发展具有独特的本体价值和教育价值。北京师范大学的康长运教授对此作了系统研究，最后得出结论：绘本阅读对幼儿观察力、想象力、探究、理解、情绪情感、审美能力的发展均有良好的促进作用。3~6岁的幼儿，正处于具体形象思维阶段，是一种表象思维。而绘本以图画为主，文字为辅，以画传达故事情节的特点，更能激发幼儿的兴趣，符合幼儿早期阅读的特点与习惯，让幼儿感受到阅读的乐趣。绘本作者用幼儿可以解读的词汇，熟悉的句式结构，生活化的语言将主题很好的涵盖进去，使幼儿易于接受。儿童从直观化的绘本中吸收、转化着绘本的观点，无形中培养着自己阅读能力。同时可以借助优秀幼儿绘本培养幼儿的艺术审美能力，激发幼儿的想象力，丰富的题材对幼儿的行为习惯、情感态度也会起到潜移默化的作用。但人们对于绘本的了解程度还不是很乐观，需要更好地进行推广。

随着科学技术的发展，国家对学前残疾儿童康复救助工作极为重视，为0至6岁听障儿童提供人工耳蜗、助听器和康复训练项目救助，越来越多的听障儿童成功康复，回归社会。但是，听障儿童由于听觉障碍，导致其语言的滞后问题比较突出。因此，学前听障儿童康复主要任务是开展听说训练，而绘本阅读对语言的积累和实践、认知与社会性发展等方面具有举足轻重的作用。进行绘本阅读研究，可以提高听障儿童的语言康复效果，对其参与融合教育及习惯的养成具有重要的意义。

（二）研究现状

目前，关于学前儿童绘本阅读方面的研究，主要集中在国外及我国台湾地区，国外对于绘本阅读的理论研究比较系统和深入。其中，当代图画书理论界的领军人物为加拿大学者佩里·诺德曼，他的重要著作《图画的语言：儿童图画书的艺术》被誉为图画书界最具权威价值的理论基础；台湾地区资深的阅读与写作研究者、教育专家林美琴在其著作《绘本有什么了不起》中也为初次接触绘本或对绘本了解不深的绘本阅读者提供了提升阅读能力切合可行的途径和方法。近十年来，国内相关学者或一线教师开始关注绘本阅读教学并着手研究，但其对绘本的关注与国外研究不同，主要表现在对绘本阅读的研究数量相对较少、程度较浅，对于儿童绘本的研究主要以经验总结为主，缺乏系统理论研究。在研究范围上，我国研究者更多对从儿童文学的角度、教育的角度、艺术的角度和出版审美的角度等展开研究，缺乏对儿童绘本阅读教学的关注。在研究方法上多采用量的研究方法，缺乏对绘本阅读实践层面的探讨。在研究地域上存在发展不平衡现象，主要集中在东部沿海和其他经济相对发达的地区。在文献的检索过程中发现，关于学前听障儿童绘本阅读教学方面的研究较少，相关文献或理论专著更加缺少。因此，在国内外研究现状的基础上，根据《3–6岁儿童学习与发展指南》和听障儿童全面康复的目标，结合本地区绘本阅读发展未完善、绘本阅读教学缺乏计划性和系统性的实际，对学前听障儿童绘本阅读教学进行深入的调查和研究。

二、课题研究内容

（一）研究目标

1. 总体目标：探求学前听障儿童绘本阅读教学有效策略。

2. 阶段目标：

第一阶段，调查与分析学前听障儿童绘本阅读教学存在的问题，制订可行性方案。

第二阶段，开展绘本阅读主题活动，探索在绘本阅读教学活动中对学前听障儿童进行有效教育康复的策略。

第三阶段，形成学前听障儿童绘本阅读教学的有效策略，并进行推广。

（二）研究内容

1. 开发学前听障儿童绘本阅读课程资源

王悦娟在《回归童心的美术教育》中提出："幼儿绘画是展现孩子丰富内心世界的窗口、抒发情感的渠道、思维活动的载体、童趣故事的图示。"因此，教师在选择绘本时，首先需要从学前听障儿童心理特点着手，寻找与幼儿绘画趣味相近的、符合幼儿不同年龄段与智力发展水平的绘本。其次，绘本的选择要多元化。关注幼儿各个领域的发展，让幼儿在阅读中了解关于自然、科技、人文、历史、卫生健康等方面的知识，促进幼儿的全面发展。另外，需要使其关注优秀的经典绘本故事，激发幼儿对中国传统文化的兴趣，萌发其民族自豪感。通过挖掘、筛选、整理优秀健康的绘本内容，对学前听障儿童课程资源进行整合，以满足学生的学习需求。

2. 探索绘本阅读教学活动的实践策略

开展有效的绘本阅读教学，可以促进幼儿观察力、想象力、探究、理解、情绪情感、审美能力的发展。因此，通过绘本阅读课程设置、多元阅读活动和绘本阅读教学的设计，使绘本阅读课成为听障儿童康复训练的延伸。

在绘本阅读教学时，要对活动目标、过程和阅读方式进行研究与探索。要求教学目标不仅要关注绘本阅读对听障儿童语言发展的价值，更要关注绘本的多元价值特点，在不同领域促进听障儿童的发展。在听障儿童阅读绘本认知过程的四个环节中，观察是听障儿童阅读绘本的基础，如何激发听障儿童的兴趣，选择适合的活动方式，发挥其想象力，将绘本内容让听障儿童内化于心，外化于言，是课题研究需要突破的内容。因此，构建科学有效的阅读教学模式，通过绘本阅读活动，让听障儿童成为活动的主体，激发听障儿童自主阅读的兴趣，改变传统枯燥的讲解与说教，寻求有趣的阅读教学方式，培养听障儿童的"悦读"习惯。同时，紧抓听障儿童的认知过程与特点，精心设计活动方案，让听障儿童在绘本阅读中获得最大限度的发展。

绘本阅读涉及的要素有图画、文字、符号、阅读兴趣、阅读习惯、阅读能力等。而故事教学与讲述教学，更多的是关注听障儿童语言口头表达能力的发展。在研究过程中，可区别绘本阅读和故事教学的异同，寻求绘本阅读的最佳策略。同时，通过教学探索多种阅读方式，让听障儿童理解绘本内容，培养其阅读的兴趣，使其养成自主阅读的能力。

3. 探索绘本阅读教学与家校协同教育康复深度融合的策略，形成学前教育康复特色课程

“十二五”以来，我国开展了残疾儿童抢救性康复救助项目，出台了相关的康复训练政策文件，加快了我国康复事业的发展，学校和康复机构也逐渐意识到家庭康复的重要性，开始重视家校的沟通联系，并开始进行家庭康复任务的安排等。然而，许多听障儿童家庭只是被动地参与，与学校的教育未能达成同步。探索绘本阅读教学与家校协同教育康复融合的策略，通过开展亲子阅读活动、亲子共同创编绘本和创建家校绘本共享资源库等研究，进一步完善家校协同康复体系，促进家校主动协调，同步发展，形成合力。同时，绘本教学合作研究使家长由被动转为主动，能更好地促进家校协同康复科学化、深度化和常态化。同时，为学前听障儿童康复领域提供阅读教学经验，形成学前教育康复特色课程，填补听障儿童阅读资源及策略的空缺。

4. 探索绘本阅读教学对学前听障儿童全面康复的影响

学前听障儿童是指0至6岁的聋幼儿。0~6岁是残疾儿童黄金干预期，早期康复效果影响着残疾儿童人生的发展。学前听障儿童全面教育康复模式是指建立以学前教育为基础，以听力干预、听觉言语训练、言语矫治等专项技术为支撑的听障儿童全面康复模式。学前教育通过全方位教育活动为听障儿童全面发展奠定基础，并通过语言教学和同伴、师生丰富的交流活动提高听障儿童的语言交流能力；听力干预、听觉言语训练、言语矫治等着力发展听障儿童的听、说能力，改善功能障碍，为实施学前教育奠定基础。学前听障儿童与普通儿童相比，其语言、社会性、思维认知较弱。而绘本画面色彩丰富，内容简单重复，适合作为学前听障康复教材。另外，学前听障儿童全面康复要求康复教师以学前教育为基础，把学前教育五大领域同教育康复模式深度融合，开展绘本阅读教学活动，既可以保证教育内容的全面性，又可以发挥绘本在各个领域教育的多元作用，促使学前听障儿童在语言、情感社会性、思维认知、审美等方面得到和谐、整体的发展。

三、课题研究价值

在听障儿童学前教育阶段整合多方资源开展绘本阅读教学，落实学前康复听说先行，其他能力跟进的要求，拓展语言训练的渠道，为听障儿童前阅读能力、听说表达能力、思维、想象力和社会性发展能力的培养提供参考价值。

绘本阅读资源开发将为学前康复领域提供阅读教学经验，填补听障儿童阅读资源及策略的空缺。

绘本阅读教学需要教师或家长、幼儿、文本三者间的互动，在动态活动过程中，融合小组、个别化、亲子等形式的绘本阅读活动，对开发阅读教学课程体系具有实际的应用价值。

四、课题研究的思路和方法

（一）研究思路

首先，在听障儿童全面康复目标的指引下，对学前听障儿童绘本阅读状况进行调查研究，分析其原因，创设绘本阅读教学环境。

其次，根据学前听障儿童年龄、语言发展情况及绘本阅读存在的问题，开发绘本阅读教学资源。

最后，探索适合学前听障儿童绘本阅读教学的方法与策略，形成学前听障儿童教育康复特色课程。

（二）研究方法

1. 文献查阅法。通过查阅相关著作和学术期刊、网上电子检索的方法收集国内外与本研究相关或相近的研究成果，为本研究提供理论基础。

2. 问卷调查法。编制“学前听障儿童绘本阅读现状调查问卷”，让家长及教师填写问卷，进行数据分析。

3. 访谈法。对教师及家长进行访谈，收集其对绘本阅读教学的认识与想法。

4. 观察法。采用自然观察法记录绘本阅读教学活动的情况，了解教师在绘本教学中对绘本的理解与把握，以及阅读绘本教学对学前听障儿童的影响。

5. 案例研究法。通过跟踪记录学前听障儿童个案绘本阅读情况分析材料，寻找教育的策略。

6. 经验总结法。通过实践研究，发挥教师和家庭成员的作用，开发阅读教学资源，收集绘本阅读教学开展的有效做法，形成经验和成果。

五、课题研究计划

本项目研究时间为2年（2019年9月–2021年12月），研究计划安排为：

（一）课题准备阶段（2019年9月–2020年1月）

1. 查阅书籍和文献资料，学习有关绘本阅读教学方面的资料，了解目前听障儿童开展绘本阅读教学的现状。

2. 成立课题组，组织学习，整理相关信息，撰写课题立项。

3. 制订课题计划，确定研究小组成员及分工。

4. 课题组成员进行绘本阅读教学的学习和教学方法的探讨。

5. 收集资料，进行文本资料、网络资料的挖掘和筛选。

6. 举行开题报告会，完成开题报告及研究方案的撰写工作。

（二）课题实施阶段（2020年2月–2021年7月）

1. 专家论证后，修改课题研究方案，根据研究目标和内容开展课题研究，定期开展培训和研讨。

2. 课题研究对象的调查与分析。进行家长和听障儿童对绘本阅读教学认知和态度的调查，了解听障儿童在家庭中、在幼儿园中进行绘本阅读的状况。

3. 根据调查结果调整活动方案，并就方案的可行性和需要修改的地方做研讨。

4. 按照制定的方案进行实际操作，同时进行教育活动课例研究。

5. 创设富有绘本阅读氛围的环境，布置绘本阅读区域，开设绘本阅读教学课程。

6. 开展各种绘本阅读主题活动，根据不同内容设计活动方案和组织形式。按照方案将绘本阅读教学融入听障儿童的一日生活中，融入幼儿园区域活动中。

7. 探索如何在绘本阅读教学活动中对听障儿童进行有效教育康复的手段与方法。

8. 建立课题组月交流制度，以教研组为单位，对研究内容进行专题研讨，并根据研讨结果在实施过程中不断调整方案，完成活动设计、活动观察、教学反思、教育论文。形成、完善修订、过程性研究成果。

9. 定期跟踪检查、评估，撰写案例分析和小结反思。

10. 完成中期成果报告、学前听障儿童绘本阅读教学论文。

（三）课题总结阶段（2021年8月-2021年12月）

1. 整理成果资料，分析相关数据。

2. 汇编成果集：《学前听障儿童绘本阅读教学实践研究教学设计汇编》《学前听障儿童绘本阅读教学实践研究案例集》。

3. 撰写课题结题报告，聘请专家进行课题评审鉴定。

4. 开展课题组研究成果交流活动，在学校内、湛江市内乃至广东省内总结推广研究成果。

（四）经费安排（见表2-1-1）

表2-1-1 课题经费安排表

序号	经费开支科目	金额（元）
1	资料费	1000
2	调研差旅费	5000
3	小型会议费	500
4	咨询费	3000
5	印刷费	500
6	其他	
合计		10000元

注：课题经费除了省下拨的专用经费外，广东省特殊教育刘少敏名师工作室及学校对课题研究在所需经费方面也给予大力支持，以保证课题的正常开展。

六、课题成员分工（见表2-1-2）

表2-1-2 课题成员分工表

姓名	课题研究的分工情况
刘少敏	组织课题组开展课题研究；撰写课题申报书、开题报告、中期报告、论文，开展实践研究等
梁家喜	撰写材料、论文；调查分析绘本阅读教学存在的问题，撰写方案；开展实践研究
林雨晴	整理资料；开展调查研究，撰写调查报告；开展实践研究、课例和个案分析等
陈小霞	整理资料，撰写论文；开展实践研究、课例和个案分析等
张　蓉	整理资料；开展实践研究、课例和个案分析等
戴鼎鼎	开展实践研究、课例和个案分析等
李徐来	开展实践研究、课例和个案分析等

七、课题的预期价值和成果

（一）预期价值

1. 在听障儿童学前教育阶段整合多方资源开展绘本阅读教学，落实学前康复听说先行，其他能力跟进的要求，拓展语言训练的渠道，为听障儿童前阅读能力、前听说表达能力、思维、想象力和社会性发展能力的培养提供研究参考价值。

2. 绘本阅读资源开发将为学前康复领域提供阅读教学经验，填补听障儿童阅读资源及策略的空缺。

3. 绘本阅读教学需要教师或家长、听障儿童、文本三者间的互动，在动态活动中，融合小组、个别化、亲子等形式的绘本阅读活动，对开发阅读教学课程的体系具有实际的应用价值。

（二）预期成果（见表2-1-3）

表2-1-3　课题预期成果表

	成果名称	成果形式	完成时间
阶段成果	《学前听障儿童绘本阅读教学实践研究教学设计汇编》	教学设计	2019.9–2021.9
	《学前听障儿童绘本阅读教学实践研究案例集》	教育案例	
	学前听障儿童绘本阅读教学论文	论文	2020.10–2021.12
	学前听障儿童绘本阅读教学实践研究报告	研究报告	2021.8–2021.12
最终成果	学前听障儿童绘本阅读教学实践研究报告	研究报告	2021.12
	学前听障儿童绘本阅读教学实践研究论文	论文	2021.12

第二节　创设听障儿童快乐学说话的环境

正常幼儿能自然地学会说话，因为他们出生后便处于口语交流的环境中。虽然听障儿童因听力缺陷无法自然地学会说话，但如果得到合适的早期干预，处于适宜的语言学习环境中，他们也能像正常幼儿那样自然而然地、愉快地学习说话。在长期的听障儿童康复工作中，我校康复中心重视为听障儿童创设愉快的学说话环境，取得了良好的效果。

一、康复中心日常生活中的学说话环境

首先，康复中心作为听障儿童学习生活的场所，在环境布置上要贴近幼儿生活，便于听障儿童在充满生活情趣的环境中自由、愉快地进行各种活动。所以，优化环境对听障儿童学话有重要的作用。其次，由于听障儿童具体形象思维占优势，只有使学说话同生活环境相匹配，才能取得良好的效果。因此，我们充分地利用了自身优势，为听障儿童创设了学说话环境。

（一）布置富有情趣的物质环境

将《学说话》和《咿呀学语》中的图画浓缩成两版2×5平方米墙壁画，供听障儿童平时复习与预习；与听障儿童合作布置读书角、自然角、游戏角，重大节日带听障儿童去买材料画画、做手工布置教室，给周围物品配上词语或句子卡，给教室的自然角、学校植物园的各种花卉用拼音词卡标上名称，为各种活动场所贴上礼貌用语词句等。同时，还设置了“我的话”展示板，引导听障儿童在上面写字、写词语或句子，或将自己的心里话画成图画贴在上面。听障儿童在真实的语言学习环境中天天看、天天学，日积月累，易于习得语言。

（二）创建自主学说话的乐园

爱玩是幼儿的天性。充分利用听障儿童爱玩的特点，为其创建学说话

乐园。乐园可设置在活动室或专用教室，园内配有各种幼儿书籍、词卡、电脑、打击乐器、声响玩具或区角活动材料，每天下午活动时间开放，听障儿童可与家长在乐园里玩（听话）或进行亲子互动学说话。愉快的学说话乐园为听障儿童提供了良好的学习环境，他们在玩中习得了交往的技巧，建立起亲密的伙伴关系和亲子关系。

（三）在生活中营造积极的学说话氛围

教师充分发挥主导作用，把听障儿童当成学习的主人，引导听障儿童主动学说话，如教听障儿童认读名字，在盥洗、进餐、睡觉等一日生活的各个环节，引导听障儿童学习语言，并适当地将口语和书面语结合起来。进餐时，开展餐饮报告员活动——根据词卡（配图），猜一猜每天的饭菜名称，然后进行认读，并贴在“每周食谱”栏中加以巩固；睡觉前告知并出示“安静睡觉，不影响别人”的句卡提醒听障儿童等。有时还把词句卡贴在相应的物品上，根据听障儿童的学习进度由词到句不断更换，由浅入深地进行语言训练，如“门—开门—我开门—我轻轻地开门”等。听障儿童在耳濡目染中对汉字产生兴趣，为其日后学习书面语言打下基础。

二、康复中心教育康复活动中的学说话环境

《幼儿园教育指导纲要》中指出，语言能力是在运用的过程中发展起来的，发展幼儿语言的关键是创设一个能使他们想说、敢说、喜欢说、有机会说，并能得到积极应答的环境。在教育康复活动中重视环境建设，让听障儿童在轻松和谐的环境中，不断地运用语言和发展语言。

（一）创设愉快的游戏环境

游戏是幼儿主要的活动和学习形式。在语训活动中，通过游戏的形式，采取灵活多样的方法，让听障儿童在玩中学，寓口语训练于游戏中，如在区角游戏中，布置“我的家”“爱华超市”“医院”“菜市场”等不同的区角，区角内的物品标上拼音词语提示，钱币用数字表示面额，听障儿童在区角内轮换扮演角色，边玩边学习语言。复习与巩固语言也可通过游戏的形式进行，如学习了主题“我喜欢的蔬菜”后，可通过“小厨师”游戏巩固语言，即两名听障儿童穿上厨师服、戴上厨师帽扮演厨师，其余听障儿童戴上不同蔬菜的头饰、胸前贴上“菜名”（卡片）坐于两旁，各自做菜名介绍。随后，“小厨师”拿着菜单随鼓声去“采购”（根据菜单摘下小朋友胸前的

卡片）。鼓声一停，相互评价哪个“小厨师”买得最快、最正确。接着，“小厨师”根据菜单，说出要炒的菜的名称（如西红柿炒蛋），随即戴着西红柿和戴着鸡蛋头饰的听障儿童手拉手转圈，大家边说菜名边做炒菜的动作。听障儿童在愉快的游戏活动中，不断地参与和互动，语训效果尤为显著。

（二）构建多媒体教学环境

借助丰富的媒体形式，实现传统电教与多媒体的有机结合，能更好地利用听障儿童的残余听力，使听障儿童在语训游戏和语训活动中，充分发挥主观能动性，更快地进入有声世界。为此，在语训康复教学中，我们不仅使用录像机、电视机等传统电教媒体，还利用平板电脑和多媒体平台辅助教学，如拍摄日常生活视频，或制作动画课件，用于个别化训练；用摄像机拍摄听障儿童在校园的生活，或户外的情景（如商店、公园、动物园、市场等）作为校本语训电子教材。图文并茂的训练内容，吸引了听障儿童的注意力，有效地调动了听障儿童学说话的积极性，弥补了听障儿童学习语言受活动空间限制的缺憾，优化了康复训练效果。

（三）创设语言展示的环境

一是定期开展语言才能展示活动，如每天早晨安排一节日常会话活动课，每周进行一次听力语言展示会，每月进行一次语言戏剧活动，让听障儿童讲故事给同伴听，每月举行一次才能展示会等；二是创造机会让听障儿童展示语言才能，如国旗下的讲话、节日晚会或共建联欢会的诗歌朗诵、学期末听障儿童康复效果汇报会以及“我会说话了”的录音或录像汇报等。这些活动大大调动了听障儿童学说话的积极性，促进其口语表达习惯的养成。

（四）创设和谐轻松的心理环境

美国哈佛大学的心理学家怀特说：“在促进幼儿早期教育方面，最有效的做法是创设良好的环境。”在听障儿童的教育康复中，不仅要创建良好的物质环境，还要创设轻松、和谐的心理环境。平等和谐的师幼关系，能够更好地促进听障儿童的身心健康发展。因此，教师要做到平等地爱每一个听障儿童，尊重每一个听障儿童，赏识每一个听障儿童。

三、家庭教育康复中的学说话环境

家长是听障儿童的第一任老师，是听障儿童学习说话的好帮手。我们通过家长培训和上门指导，帮助听障儿童家长创设家庭语训环境，如指导家长给家里的物品贴上名字，教听障儿童认读；准备一些词卡与听障儿童玩亲子游戏或情景会话，将学说话融于浓浓亲情；指导家庭成员积极参与，与听障儿童一起收集其喜爱的食品包装盒、图画、小卡片、饮料瓶等，制作成美观的玩具或剪贴本，使听障儿童在玩玩、认认、剪剪、贴贴中主动交流，愉快地认读汉字，体验成功的快乐。此外，还指导家长善于抓住契机，如在观光、散步、远足、游玩、购物等生活情景中，引导听障儿童认读商店的招牌、马路的路牌，学习新语言，运用学过的语言。

四、融合教育中的学说话环境

为了让听障儿童适应主流社会的口语交际，形成社区听障儿童教育康复的氛围，除了发挥语训老师和听障儿童亲人的作用外，我们还重视创设聋健融合的交际环境。一方面，开办聋健融合幼儿园，定期让听障儿童与正常幼儿一起学习、活动；另一方面，聘请大、中专学校青年志愿者当“爱心老师”，实行每周星期日“爱心老师”来校为听障儿童服务制度，如玩游戏、“一对一”教听障儿童学说话等。他们有时带听障儿童认识校内的事物，有时带听障儿童到校外去体验生活，如购物、乘车、观察等，这些活动深受听障儿童喜爱，能有效提高听障儿童的口语交际能力；第三是针对听障儿童家长大多数文化水平不高或工作忙的问题，聘请听障儿童邻居的中小学生当“爱心小老师”，指导他们协助听障儿童家长教听障儿童学说话，带听障儿童到普通学校开展活动等。这些活动有效地推动了听障儿童社区教育康复氛围的形成，“爱心老师”也成为听障儿童康复师资队伍中的一支重要的力量。

通过创设良好的学说话环境，听障儿童对学说话产生了极大的兴趣，提高了语训效果，挖掘了听障儿童的潜能，培养了听障儿童自主习语的能力，为听障儿童全面康复打下了坚实的基础。

第三节　特校康复中心如何培养听障儿童的口语表达习惯

良好的口语表达习惯能唤醒听障儿童进行自觉的口语交往，并逐步内化为口语能力，促使听障儿童学用内部言语进行思考。在听障儿童的康复实践中，针对特殊教育学校内设的听力语言康复中心听障儿童学习语言的实际，采用克服口语表达心理障碍，诱导听障儿童“开金口”；运用多种口语训练方法，教懂听障儿童“会开口”；创设快乐口语交际情境，激发听障儿童“乐开口”；整合学校家庭社会资源，引导听障儿童“常开口”等方法，培养听障儿童的口语表达习惯。

“最大限度地开发和利用听障儿童的残余听力，提高语言交往能力，促其全面康复，尽量减轻残疾所带来的影响”是听障儿童语言康复教育的目的。口语表达习惯是一种高度自觉的口语交际行为，是交际动力的一种定型。良好的口语表达习惯能唤醒听障儿童进行自觉的口语交往，并逐步内化为口语能力，促使听障儿童学用内部言语进行思考。简栋梁教授曾多次论述听障儿童口语表达习惯的意义与要求，如“让听障儿童形成口语表达的习惯，利于语言的输出与输入，使他们无论是接收或表达，都遵循着规范的语法结构，使交流更加通畅”“口语是书面语的基础，听障儿童早期干预的首要目标，就是要突出口语关，形成用口语表达的习惯”等。由此可见，在听障儿童康复工作中培养听障儿童口语表达习惯是至关重要的。

一、克服口语表达心理障碍，诱导听障儿童“开金口”

（一）真爱启音

初入学的听障儿童因听力损失、语言基础薄弱、家长不良心理因素等的影响，其心理往往表现为性情冷淡、孤僻、陌生、畏惧，不敢交际，也不会交际。教育家苏霍姆林斯基说：“在每个孩子心中最隐秘的一角，都有一根独特的琴弦，拨动它就会发出特有的音响，要使孩子的心同我讲的话发生共鸣，我自身就需要同孩子的心弦对准音调。”因此，在康复教学中，要对听障儿童付出真爱，让听障儿童在一种轻松、愉快的氛围中开口学说话。

我校康复中心创办初期实行寄宿制，由于听障儿童年龄小，常常不适应学校生活，需要教师在生活中多关爱他们，如热情迎接每一个听障儿童的到来，热心帮助他们收拾行李，教他们洗漱，和他们一起吃饭、一起游戏，并用听障儿童能够接受的语言、表情、动作等告知听障儿童“老师爱你”“老师喜欢你”，以“情”感人，使听障儿童对老师产生信任。其次是教师在教学活动中多赏识听障儿童，常说“你真棒”“你说得好”等鼓励性语言，在赏识中让听障儿童体验成功的喜悦和说话的乐趣。再次是鼓励听障儿童多交往，如康复初期，鼓励听障儿童模仿教师的话语向老师、家长或小朋友问好等，帮助他们克服自卑、恐惧心理，树立自信，使他们尽快适应康复中心的学说话环境。

（二）动机引发

口语动机是直接推动听障儿童进行口语表达的内部动力，也是形成口语表达习惯的重要前提。引发初入学听障儿童的口语动机，可以凭借以下方式实现：一是通过礼貌用语、情景对话、角色扮演等方式激发其口语表达的欲望，如在游戏中互换角色，开展接力赛等形式进行训练，既保证每个听障儿童都有表现的机会，又能让听障儿童学会听（看）懂他人的话，激发听障儿童口语学习兴趣，唤起其口语学习动机。二是利用各种活动增强听障儿童的自信心。在活动中，鼓励听障儿童与人交往，激发其语言表达的欲望，如利用双休日开展志愿者联谊活动，志愿者代表在活动前对听障儿童们说：“谁开口说话，就让谁参加游戏。”动机由需要产生，此时听障儿童口语表达的欲望一下子调动起来。爱玩是孩子们的天性，只要开口说无论正确与否都可以参加游戏活动，听障儿童便乐此不疲，积极主动地在口语学习活动中聆听、思考、表达。由此可见，想方设法激发听障儿童的口语动机，增强其说话的欲望，是培养其口语表达习惯的前提。

（三）示范引导

示范是“做出某种可供学习的典范”，也就是做个样子给别人看看。对于初入学的听障儿童，口语示范起到关键性的作用。原因有两个：一是由于听力语言缺陷，听障儿童不了解口语的作用，不会讲口语，也就不会使用口语进行交往。二是心理学研究表明，模仿是儿童的天性。在学习中，由于听障儿童知识、经验的贫乏以及语言的缺陷，模仿就成了他们的心理需要。可以说，听障儿童的口语习得是从模仿开始的。教学中，通过教师或家长对不同场景语言的示范，如生活对话场景、多媒体对话情景、现场对话等，引导听障儿童模仿场景内容进行学习。这样学说话，简单易懂，直观又有趣，听障儿童兴趣盎然。

（四）唤醒自觉

口语表达的习惯是一种高度自觉的口语交际行为，本身包含着自觉的心理因素。唤醒听障儿童口语交际的自觉性，增强其形成口语表达习惯的心理动力极其重要。教学中，一方面要关注听障儿童口语表达意识的培养，帮助他们用口语表达需要，如要喝水，要求学说“我要喝水”才能给他倒水；排队开饭，要求学说“请开饭”才能给他打饭等。教师要坚持每天要求听障儿童在学习与生活中运用口语，使他们有意识地学用口语表达需求。另一方面要增强听障儿童语言表达的主动性。经常鼓励他们见到任何人都要开口问候，有什么事都要学用口语向老师或家长说，及时帮助听障儿童克服说话被动问题和羞怯心理，鼓励和强化听障儿童自觉使用口语进行表达。

二、运用多种口语训练方法，教懂听障儿童“会开口”

（一）看（听）指导训练法

《聋教育教师培训教材》中提及“当听觉受损的孩子戴上助听器后，他开始像初生婴儿（指听觉年龄）一样，除了要慢慢学会听声音和明白声音的意义外，还要通过听和读语来认知和学习语言”。所以，教师或家长必须重视通过“看（看话、读语）”“听”结合，指导听障儿童开口说话。看（听）训练一般采用以下几种形式：

1. 看（听）辨别词语

主要有“先看后听”“看听结合”“听辨为主”三种方法。例如，收集听障儿童容易学说的词语（单音节词或叠音词）及图片（或物品），在听障儿童模仿教师学说词语和认识图片或物品的基础上，让听障儿童先看话找出词语，再通过听话将词语（词卡）放在对应的图片或物品下面等。

2. 看（听）辨别句子

主要训练方法："看（听）话指出句子""看（听）话排列句子""看（听）话补充句子"等。句子训练可以从短到长、由易到难，如看话辨别"老师好""我爱妈妈"，看话将"爸爸""送""我""上学"四个词语排列成句子，听话将"我爱吃（　）"句子补充完整等。

除了以上两种，还可以通过看（听）找情景图或判断词语与句子对错等方法开展训练。每一项内容都要在理解的基础上进行听的训练，让学生看得懂、听得明白、说得清楚。

（二）范句模仿训练法

听障儿童组织语言能力差，掌握范句就能举一反三，掌握范句越多，语言表达也就越自如。训练时，教师出示范句教听障儿童学说话，然后启发听障儿童进行模仿，如学习了范句"老师教我说话"，听障儿童依照这种句式说出了"妈妈教我说话""爸爸教我写字"等。范句模仿训练也要从易到难，随着听障儿童词汇量的增多，逐渐加大训练的难度。也可以结合范句指导听障儿童总结句式，然后再进行仿说训练，如上所述的范句可以引导听障儿童总结出句式"谁教谁做什么"，然后由扶到放，逐步扩展，让听障儿童自由地按照句式仿说。通过练习，听障儿童能熟练掌握句式特点，自如地运用句式进行说话。因此，掌握的范句越多，语言表达也就越自如。

（三）填空补充训练法

填空法补充，就是根据训练内容，教师组织好一个词语、一句话或一段话，其中留有空白，让听障儿童补充完整后再表达出来的方法，如看图选择词语"跑步""做操"填空：哥哥（　）；又如填空：妈妈到（　）买（　）。听障儿童有的填"跑步""商店"与"笔"；有的填"做操""菜市场"与"菜"等，可借助图片、多媒体课件指导听障儿童完成这类练习，训练时尽可能启发听障儿童按照自己的想象和亲身经历去填空补充。听障儿童有意注意和组织语言能力较差，采取填空补充练习说话，既能激发其说话的兴趣，又能使他们言之有序、言之有物。

（四）词句扩展训练法

词句扩展训练，教师引用一个词或简短的句子作为扩展点，指导听障儿童将词语或简短的句子扩展成词组或比较长的一句话。词句扩展，是为了让听障儿童加深对词句意义的理解，扩展思路借以提高说话能力，如教校本教材《吃饭》这一课时，借助家庭吃饭的情景图，以吃为扩展点，引导听障儿童分别说出“吃饭”“我吃饭”“我和爸爸、妈妈吃饭”“晚上，我和爸爸、妈妈在家里吃饭”等。词句拓展训练，不仅可以丰富听障儿童的语言材料，有助于训练听障儿童学会说一句“四素”（时、地、人、事）完整的话，即“什么时候”“哪里”“谁”“做什么”句式，也有助于培养听障儿童讲述所见所闻的好习惯。

三、创设快乐口语交际情境，激发听障儿童“乐开口”

（一）布置富有情趣的物质环境

布置物质环境是在听障儿童的学习生活环境中布置一些墙面和实物操作的口语学习环境，如将所学的词语、句子或绘本内容，分类浓缩成两版2×5平方米墙壁画，供听障儿童平时复习与预习；用一些词句卡、物品与听障儿童合作布置口语角，模拟商场或家庭，让听障儿童在平时互动中练习口语；将每名听障儿童的名字、家庭成员和教师的称呼，贴在显眼的墙上，让他们学会在师生、同伴、家庭中用最简单、基本的口语互相问候或交流；重大节日带听障儿童去买材料画画、做手工布置教室，给周围事物配上词语和句子卡，如教室的自然角、学校植物园的各种花卉的名称拼音词语卡，礼貌用语词句卡出现在有关场所等。同时还设置“我的话”展示板，让听障儿童在上面排列句子或写字、写词语和句子，或让其将自己的心里话画成图画贴在上面。听障儿童在富有情趣、直观的口语环境中天天看、天天学，日积月累，在耳濡目染中感受相关的知识和信息，在潜移默化中体会语言的魅力，从而激发出他们口语学习的欲望，使其形成乐于开口说话的习惯。

（二）创造和谐宽松的心理环境

在听障儿童对口语学习的重要性产生一定心理认同的基础上，教师还要努力为听障儿童创设和谐宽松的心理环境。在教学过程中，教师要态度亲切，能接纳听障儿童的情绪，多示范、多鼓励听障儿童说话，要让他们把话说完。在师生互动的过程中，教师的一个眼神、一句话语、一个小小的动作，都要体现对听障儿童的尊重和爱护，让他们相信“老师喜欢我”。教师的信任和鼓励，将大大激发听障儿童学习口语的主动性。

（三）创设合理有趣的口语情境

合理有趣的口语情境，能有效地激发听障儿童想说、敢说、喜欢说和有机会说的兴趣。在教学中，可以采取以下方法：

1. 走进真实的生活情境

真实的情境能吸引听障儿童的注意力，易于理解语言和激发语言表达的兴趣，如语言活动“我认识的蔬菜”。教师带领听障儿童到学校的菜园，指着相应的蔬菜提问“这是什么菜”“这是什么瓜”等，听障儿童在真实的环境中易于习得语言。接着，教师指导听障儿童一边学种菜，一边与同伴交谈，如“你在做什么”“我在种菜”等。听障儿童在实践中亲身体验口语交流的乐趣，加强了情感交流，促进语言表达能力的发展。

2. 编排口语表演情景剧

口语情景剧表演是一种以听障儿童为主体的教学方法，能够很好地改善课堂气氛，提高学生学习的积极性和主动性，促进学生口语交际能力的发展。情景剧主要有示范性对话练习、即兴表演、小型戏剧表演三种表演形式，如学习校本教材《做客》时，教师将课堂布置成“家”的情景，与听障儿童分别扮演妈妈、姐姐、弟弟和客人，进行示范性对话练习；接着指导听障儿童从模仿对话到自己组织语言即兴表演，表演后由大家评议。通过情景表演，提高了听障儿童的语言表达能力。

3. 开展常态化口语活动

听障儿童喜欢在活动中学说话，根据他们的兴趣特点，教师可以每天开展口语训练活动，如每天早晨一节“我会说”日常会话活动课，每天下午一节“我和爸妈（或其他亲人）说话”亲子会话活动，每周一次“看谁说得多”（在模拟的生活情境中）口语比赛活动等，还可以利用国旗下的讲话、小朋友生日会、每周志愿者手拉手活动等训练听障儿童的口语。日积月累的常态化口语训练活动，调动了听障儿童学说话的积极性，促进其口语表达习惯的养成。

四、整合学校、家庭和社会资源，引导听障儿童“常开口”

（一）创造校园“人人爱说话”的口语环境

实践证明，听障儿童对口语交往的成就感和认同感是培养其口语表达习惯的真正源泉。在我从事听障儿童康复教学初期，发现因受特教学校高年级听障儿童手语交流的影响，康复中心的部分听障儿童在日常生活中不但不习惯口语交流，也不喜欢用口语交流，甚至课后也不愿意开口。因此，需要训练听障儿童的口语表达技能和创造良好的口语环境，才能不断激发听障儿童学习的动机。

1. 优化口语环境

要求全校教职工和听障儿童都讲普通话。要求教职工与听障儿童、听障儿童之间见面时打招呼；将形成和发展听障儿童的语言能力列入教职工的岗位职责，要求无论在课内、课外及日常生活中，每位教职工要有意识地发展听障儿童的听觉语言，并用语言与他们沟通；校园内设置每周日常用语对话提示牌，每班教室门口挂有“我的话”小白板；每日安排一定时间的口语早读课或播放口语对话视频；在班级设立口语角，并进行各种形式的竞赛，如看（听）话、背诵课文、情景对话比赛等；通过全校的上下联动，在学校、班级中营造听障儿童人人争先学说话、处处开口说话的浓厚氛围。

2. 创建融合幼儿园

为了培养听障儿童口语表达的习惯，促使其更好地回归主流社会，我校创建了“聋健融合幼儿园”，实行听力语言康复中心与聋健融合幼儿园合作教学模式，每天把经过早期听力语言康复训练的听障儿童安置到幼儿园中与普通儿童一起学习与活动，让听障儿童在正常的教育环境中接受教育。早期的融合教育环境，拓宽了听障儿童交往的渠道，促使他们学会交往、学会合作、学会生活、学会学习。

3. 设立口语强化班

为了更好地巩固与发展受训听障儿童的语言能力，解决部分未能回到普通学校或幼儿园就读的受训听障儿童的后续语言教育问题，我校听障部设立了多个口语强化班，使用校本教材或普通学校教材，还开设了口语会话课、个别辅导课、语言矫治课和口语实践活动课等学说话课程，实行以口语为主的教学，并将口语强化班纳入听力语言康复中心管理。平时，开展口语强化班听障儿童与学前听障儿童结对子互助学说话活动，让口语强化班听障儿童当学前听障儿童的榜样和教师的助手。实验结果表明，口语强化班的听障儿童看话能力、会话能力与书面表达能力进步明显。在口语强化班的影响下，康复中心听障儿童与听障部大部分听障儿童逐步由“要我学说话”转变为“我要学说话”，并养成了“能说的话用口语说，不会说的话学着说”的口语表达习惯。

（二）营造“全家一起学”的家庭康复氛围

形成和发展听障儿童的语言能力是一个长期、艰苦的过程，需要家庭成员的积极参与和协力合作。良好的家庭环境、融洽的家庭关系、浓厚的学习氛围是听障儿童口语习惯养成的关键。由于部分听障儿童家庭成员教育水平不高，对康复知识了解有限，或家庭不配合，导致听障儿童口语表达习惯难以养成。我校通过家长培训和上门指导，帮助听障儿童家庭创设家庭康复环境，凝聚家庭教育力量开展家庭康复训练。

1. 亲子同训

亲子同训是指教师、家长（或其他家人）和听障儿童共同参与教育康复活动，协同制订个别化计划，合力完成教育康复任务的一种教育形式。根据听障儿童的需求，可分为每天1小时的亲子同训、每周或每月数次的亲子同训等。在训练过程中，要求家长参与亲子同训课堂教学，与教师共同完成教学任务。课堂上，家长不仅要协同教师完成康复训练任务，还要运用教师的训练方法，对孩子进行训练；课后，教师针对家长在训练时存在的问题及家庭康复训练方法和技巧给予指导。亲子同训不仅让家长掌握了康复技巧，更重要的是学前听障儿童能获得家庭康复与学校专业康复相结合的早期干预，康复效果较为显著。

2. 家校（康复中心）共建

家庭和学校（康复中心）作为听障儿童康复教育的两种主要力量，应形成合力，相互支持和配合，才能取得最佳的康复效果。为加强家庭康复力度，让家长或其他亲属能主动参与听障儿童的康复教育活动，我们在重视亲子同训的基础上，着力建立家校（康复中心）共建关系。主要做法如下：

（1）建立听障儿童家长资源中心。例如，开放学校资源教室，让家长随时进入资源教室同孩子在玩中、做中学说话；倡导家长尽自己所能，以义工的身份到康复中心协助教学；举办不同主题类型的康复活动（如亲子说话比赛、郊游、参观等），拓宽亲子沟通渠道。

（2）上门提供康复服务。例如，每周一次就近上门对听障儿童及其家庭成员提供康复训练指导服务；每学期一次到贫困听障儿童家庭慰问并提供康复服务等。在服务过程中，教师手把手教会家长如何教孩子学说话，如何将康复训练融入日常生活中，并协助家长创设家庭康复环境，拟订家庭康复计划，解答家长在家庭训练中存在的种种问题等。同时，鼓励听障儿童家庭所有成员、亲戚朋友主动参与家庭康复训练，主动同孩子沟通。

我校康复中心的大多数听障儿童通过早期科学系统的康复训练，养成了良好的口语交往习惯，缩短了与普通幼儿发展的差距，进入普通幼儿园或普通学校随班就读。

3. 营造“我同你说话”的社会环境

和谐平等的社会环境是听障儿童养成口语表达习惯的重要因素。除了发挥学校和家庭教育康复力量的作用外，还应重视营造聋健融合的社会环境。

（1）定期组织社会交往活动。注重听障儿童口语的运用和交往体验，要求家长多带听障儿童去观光、散步、游玩、购物等，鼓励听障儿童使用口语同健听人交往。学校可以每周组织一次社会实践活动，发展听障儿童的口语交往能力，如到附近的超市购物、到菜市场买菜，结合教师节、母亲节、“六一”儿童节等节日，开展节日主题语言活动等。

（2）发挥大学生义工的作用。吸收大学青年志愿者到校当听障儿童康复义工，坚持每周一次到校为听障儿童提供康复服务，如青年志愿者义工“一对一”或“二对一”教听障儿童学说话，或带听障儿童认识校内的事物，或到校外体验生活（如乘车、认识商店和花草树木等），这些活动深受听障儿童喜爱，能有效提高其口语交际能力。

（3）开展特校与普校、普幼共建活动。例如，定期组织听障儿童到社区普通小学与健听孩子联谊，分小组进行口语交流活动；与社区幼儿园建立共建关系，每月安排一天时间到幼儿园同健听孩子一起学习生活，让听障儿童在生活中体验与他人交往的乐趣，为其今后融入主流社会奠定基础。

（4）建立结对子帮扶长效机制。主要是针对听障儿童家长大多数文化程度低或工作忙的问题，聘请听障儿童邻居家的中小学生当“爱心小老师”，指导他们协助听障儿童家长教听障儿童学说话、复习和完成家庭康复训练作业，或带听障儿童到普通学校参加社交活动等。这些机制有效地推动了听障儿童社区教育康复氛围的形成，“爱心老师”也成为听障儿童康复师资队伍中一支重要的力量。

听障儿童教育康复是一个漫长而艰辛的过程，儿童口语表达习惯的养成不是一朝一夕的事情。在康复过程中，学校要整合教育资源，创设良好的康复环境，多渠道、全方位地思考康复策略，帮助听障儿童养成良好的口语表达习惯。

第四节　学前听障儿童康复训练的实践与思考

学前听障儿童康复工作，主要是听力补偿和听觉言语功能康复训练。心理学研究证明，3～6岁是幼儿语言发展的最佳时期，这一时期的语言学习在大脑皮层的烙印最为深刻，学习的效果也最佳。儿童早期的语言发展十分迅速，正常儿童到了5岁，基本语言系统就已完善，可以在社会环境中进行基本的语言交际。而听障儿童因为听觉障碍导致其不同程度的语言障碍，严重影响他们的沟通交往和自身的发展。因此，形成和发展听障儿童的有声语言是学前康复工作的重要任务。

怎样才能有效地形成和发展听障儿童的有声语言？在康复教学中，依据语言学习的规律，重视听障儿童听力补偿，整合多方资源，有计划、有目标地开展听觉语言康复训练，方可取得良好的康复效果。

一、坚持现代化的康复理念

我国学前听障儿童康复事业的发展，与听障儿童听力补偿技术的发展程度有着紧密的联系。全数字助听器和人工耳蜗植入手术的出现，给听障儿童带来了福音，解决了听障儿童“听”的问题。各种语言训练仪器的相继问世，如启聪博士、言语矫治仪等，有力地支持了听障儿童的听觉训练和语言训练，促进了听障儿童的交往方式由手语交往向口语交往的转化。多媒体技术的发展给听障儿童康复训练注入了新的活力。因此，在学前听障儿童康复训练中，应改变以往传统的“老太太教说话”模式，努力将传统、有效的教学方法、技术与现代教育康复理念、教学手段相结合，以提高听障儿童听说能力，尤其是语言沟通和交往能力。

1. 尽早进行听力补偿，又称助听。听力补偿效果极大地影响着语言康复效果。关注听障儿童的听力补偿，对有残余听力的儿童选配适合的助听器，家庭经济较好的极重度听障儿童建议及早植入人工耳蜗。到目前为止，我校康复中心受训的一百多名听障儿童都配戴了助听器或植入人工耳蜗，听力补偿效果良好。

2. 配备现代技术设备设施辅助教学。我校早在2003年就逐步引进了听力检测、耳膜制作、言语矫治、多媒体教学平台等设备和技术，建立了测听室、耳膜制作室、多功能言语康复室、个别训练室等专用辅助教室，为听障儿童的康复训练提供了优良的康复环境和人本化的服务。

3. 创编适合学前听障儿童发展的康复教材。目前我国还没有一套教材能体现现代儿童发展观、康复观、学习观、课程观和教育观。中国残联1993年版的《学说话》《听力训练》教材内容陈旧，已不适合听障儿童语言发展的需要。为改变这种现状，我校融入现代康复的新理念，吸取幼儿园课程和国内先进听障儿童康复自编教材的优点，创编了一套符合本市实际、较为完整的听障儿童康复教材，并配置电子教材。该教材在使用过程中根据听障儿童的实际不断地调整与更新，并在此教材基础上，于2017年编写了家校协同康复训练校本教材。

此外，我校建立了听障儿童康复档案“一案两存”制度，即电子档案和纸质档案各一份。该制度用于记录每个听障儿童的基本信息、听力状况、助听器补偿效果、语言发展情况，储存听障儿童每个阶段个别训练、听觉与语言评估录像，以及教师电子备课教案等。这些资料既有利于全程跟踪听障儿童康复的进展，及时调整康复训练内容和方法，又能让家长及时了解孩子的康复情况，激发家长对孩子康复的信心。

二、采取情景教学法进行康复训练

情景是指对学习新知识和新能力产生影响的各种情况，既包括听障儿童内部的情况，也包括听障儿童外部的情况，情景不是固定不变的。情景教学是利用或创造事件的场合，进行教育康复训练活动的一种教学方法。康复训练中，遵循儿童语言发育的规律，在情景教学中给予听障儿童全身心的感受和体验，有效地帮助听障儿童学用语言进行交往。

1. 进入真实的情景。例如，教听障儿童认识学校，可准备好词语卡，带领听障儿童边认识学校的花草树木、各类功能室及物品，边教听障儿童学习语言边教育听障儿童爱校、爱护公物；教听障儿童了解菜市场时，可约家长带听障儿童到菜市场进行实地教学，认识各种蔬菜、鱼、肉等，学习买菜；为了给听障儿童创造语言沟通的机会，联系大学生志愿者、附近中小学或幼儿园的小朋友定期开展融合活动，组织听障儿童外出游览、参观等。这种在真事、真景下进行的教学，听障儿童通过自我体验，学习兴趣高，容易理解和内化语言，康复教育效果好。

2. 模拟具体的情景。教师可以在课堂上创设情景，也可以在游戏活动中进行，如在教“取帽子”时，教师用卡纸制作了一棵大树放在教室里，让小朋友分别戴着小猴、小象、小兔和长颈鹿的头饰，听着音乐，一边表演一边复述故事内容，听障儿童在快乐的角色扮演游戏中很快学会语言沟通技巧，同时提高了倾听能力、表演能力，学习效率高。平时，注意收集日常生活中用完了的物品，如牙膏壳、香皂盒、洗发水瓶等，放进模拟的小商店里，经常让听障儿童到“小商店”里认识物品，学习购物，学会生活。还可制作多媒体课件，利用丰富多彩的故事动画，激发听障儿童学说话的欲望。

3. 充分利用生活的情景。利用一日活动的各个环节，丰富听障儿童的生活经验，帮助听障儿童理解、表达、运用语言，如早晨来校时，让听障儿童学习理解有关“早晨”“学校”等概念，理解问话“谁送你来学校”“早饭吃什么”，并引导他回答问题。善于抓住随机性的情景进行教学，如当听障儿童不小心碰倒同学的时候，教育他说“对不起”；得到别人帮助时，教他学说“谢谢”等。关注生活中的每个细节，增强听障儿童的感性认识，发展他们的语言能力。

三、加强阅读与交往能力培养

由于听力障碍，学前听障儿童通过听觉系统所得到的语言信息比正常孩子少得多，语言、认知、逻辑思维以及抽象思维等方面的发展相对滞后。因此，听障儿童学前阅读，不仅是听障儿童从书面语中获得含义、发展思维、培养情感的一种心理过程，也是他们开始接触书面语的行为表现，更是积累语言材料的必要途径。教学中，可通过以下方式培养听障儿童的阅读能力：一是教师或家长演示阅读，如教师指认图片教听障儿童听发音阅读，帮助听障儿童把具体形象的图画与抽象的词语联系起来，使听障儿童在获得图画、手语（自然手语）信息的基础上，进一步学习书面语；二是布置阅读环境，如在教室的墙上、黑板上和宿舍里都张贴图文并茂的与教学有关的文字，放置不同年龄段的儿童绘本，让他们在区角活动时间去阅读，培养阅读习惯。三是师生或亲子阅读活动，如每天利用十分钟时间，与听障儿童一起比赛复述学过的绘本故事，每天要求家长与听障儿童一起阅读，每月组织一次亲子故事比赛活动等。这些做法较好地培养了听障儿童的阅读习惯，使他们初步学会了一些阅读的方法，对他们的表达能力和思维能力发展起到积极的作用。通过训练，他们不仅开始喜欢向老师借书看，还和同伴们交换图书阅读，班级中课外阅读的氛围越来越浓。

由于听障儿童语言发展迟缓，他们在社会交往中显得格外吃力，大多有胆怯、退缩心理。交往能力是人的基本素质之一。为让听障儿童真正融入主流社会，在教学中要着力培养听障儿童的语言交往能力。主要做法是：第一，培养听障儿童交往的意识，如通过“打电话”“请客”等角色扮演游戏，进行对话训练；第二，培养听障儿童交往的技能，如教给听障儿童礼貌用语，让其见到同伴主动打招呼说“你好”，离开学校说“老师再见”，借别人的书说“请借给我看看好吗”等；第三，为听障儿童提供语言交流的机会，如集体教学活动中让听障儿童自由讨论后大胆发表自己的见解，每天下午组织听障儿童与学校幼儿园的小朋友一起上课、一起游戏；第四，带听障儿童走出户外进行现场交流教学等。这些训练活动，增强了听障儿童交往的勇气，帮助他们养成与人进行口语交流的习惯，甚至有个别听障儿童学会向老师表达自己的思想感情，具备了一定的交际能力。

四、有针对性进行言语矫治

人类的语言活动是通过发音器官来实现的。发音器官包括动力器官、振动器官和构音器官。动力器官包括肺和呼吸肌群，主要对发出气流进行调节，关系到语言的运用和音量的大小。振动器官主要是声带，能够产生声音。构音器官包括共鸣器官和咬字器官，它在语音形成中发挥共鸣和控制语言清晰度作用。部分听障儿童发音器官长时间得不到锻炼，舌头都开始僵化，连一个很简单的“b”都不会说，又因缺少听觉的反馈，不能及时地矫正自己的发音，发音说话中有许多缺陷，例如发音不到位、音量小、缺少声调的变化、停顿不得当、有时发假音、冒高调等，语言的清晰度比较差，严重影响了他们与人交流的质量。

教学中，要对听障儿童语言中存在的异常问题进行生理病理机制的分析，并有针对性地进行矫治，才能取得较好的康复效果。下面介绍几种常用的方法：

1. 阿克森疗法。主要是通过改善气流控制，提高声门的伯努利效应。如在腹式呼吸的基础上，以慢节律唱各种元音（如a–a–a–），然后加快节律（a、a、a……），如此慢、快节律反复交替进行训练。

2. 哈欠叹息法。松弛呼吸，将声带张得最大，咽缩肌放松并且收缩舌骨上时，肌肉能产生吸气式哈欠，呼气叹息将声道打开，咽部扩得很大，使咽部膨胀，如发i、a，听上去不费力。

3. 发音练习法。通过看、闻、摸等方法，坚持每天练习唇操、舌操、呼吸操等，提高发音器官的灵活度；开展拼音拼读、说话停顿与重读训练，提高发音的质量，如教鼻音m、n时，让听障儿童摸着鼻子感觉鼻腔的振动，学习句子时划出停顿的位置等。

针对听障儿童的需求，坚持采用适合的言语矫治法进行训练，可有效改变听障儿童的语言清晰度，使其不仅“听得明白”，而且“说得清楚”。

五、融合家庭康复、社区康复，建立康复系统

听障儿童康复是一项系统工程，唯有将学校、家庭和社区的教育康复合力，才能更好地提高听障儿童听觉语言康复效果。为此，在加强学校康复训练的同时，要努力将康复训练融入家庭和社区。

（一）创设家庭康复的环境

1. 指导家长给家里的物品标签，每天教听障儿童学说话，认读词语卡片，玩亲子游戏等，将家庭康复训练寓于浓浓的亲情之中。

2. 让全体家庭成员参与学校康复训练，如每学期和家长拟订听障儿童听力语言康复个别训练计划一次；每月开展一次家长会，让家长了解听障儿童的听力状况和助听器补偿的效果，学习使用助听器与进行家庭康复训练的方法；家长每周至少一次到学校听课，参加亲子同训；家长每天完成教师布置的家庭康复训练作业，复习和巩固听障儿童学过的内容等。

3. 创设丰富的生活情景，促进听障儿童语言交际能力的发展。家长善于利用观光、散步、购物等生活情景，教听障儿童认读商店的招牌、路牌，引

导听障儿童说说他们的感受和见闻等。

此外，还可借助学校的《特教通讯》，鼓励家长投稿，总结家庭康复经验，提高听障儿童家长的积极性和家庭康复水平。通过交流与宣传，“路边说话训练”“倾听孩子的说话”等家庭康复经验得到推广。

（二）营造社区康复氛围

1. 建立“爱心老师”队伍。一是结合大、中学志愿者活动，实行每周日“爱心老师”到校为听障儿童进行康复服务，如“一对一”教听障儿童学说话、“结对子”到校外体验生活等。这些活动深受听障儿童喜爱，使其口语交往能力提高很快。二是针对听障儿童家长大多数文化程度不高或工作忙问题，请其邻居的中小学生当“爱心小老师”，指导听障儿童完成家庭康复训练作业，带听障儿童到普通学校去开展活动等，这不仅有利于提高听障儿童语言交往能力，也有利于培养其健康心理。

2. 加强康复的后续教育。后续教育是学前听障儿童教育康复的一个重要阶段，其任务是巩固好学前听障儿童听觉言语能力，把他们的语言习得方法由特殊途径引导到自然习得的途径，使他们能与普通儿童融为一体，接受平等教育。也就是说，要将学前康复成功的听障儿童送进普通学校或普通幼儿园随班就读。

为保障听障儿童能成功随班就读，特校老师需提供以下的支持与指导：一是主动联系普通学校或幼儿园，让康复的听障儿童就近入学；二是定期到普通学校或幼儿园指导教师做好听障儿童教育康复工作，当他们的巡回指导教师；三是每年组织一次随班就读学校经验交流会，资助贫困随读生，表彰优秀的教师和随班就读听障儿童等；四是免费为随班就读听障儿童进行听力语言效果跟踪评估，建立随班就读听障儿童成长档案，定期到随班就读家庭指导家长进行家庭康复工作和听障儿童心理疏导工作，巩固听障儿童听觉语言康复成果，让随班就读听障儿童安心就读。其中市十小陈丽娜因学习成绩优秀，像正常孩子一样在学校里健康快乐地学习生活，被湛江电视台第一视线进行了专题报道，产生了良好的社会影响。

总之，学前听障儿童康复训练，是帮助听障儿童走出无声世界的途径。在进行听觉语言康复训练时，教师和家长不仅需要有耐心、恒心和爱心，而且需要有科学的教育康复方法，才能最大限度地形成和发展听障儿童的有声语言，保障听障儿童回归主流社会，成为“残而有为”的社会新人。

第五节　音乐在听障儿童语训中的作用

音乐是一种声音的艺术。它是通过音响、节奏、旋律塑造艺术形象，表达人的思想感情和反映社会的现实生活。音乐对唤起和发展听障儿童听觉、促进其语言和非言语中枢的活动具有重要的意义，是听障儿童听力训练的重要组成部分。听障儿童由于听力障碍，对音乐的理解、辨别和表达能力都远不如正常儿童，但音乐教育可以通过多种器官的综合训练来提高听障儿童对声音的辨别能力和发音准确程度，是听障儿童语训的重要内容之一。

一、音乐促进听障儿童语言的发展

音乐与语言的发声原理和构成要素具有共通性，都是表达情感和思想交流的方式。音乐可以帮助听障儿童拓宽语言学习的渠道，获取新的语言信息，其节奏、呼吸、旋律以及音频的变化适用于解决听障儿童发音障碍问题。

（一）在言语矫治中融入音乐，提高训练效果

听障儿童由于听力障碍，导致其语言发展迟缓，并存在不同程度的构音障碍或嗓音障碍等问题，需要言语矫治的介入。听障儿童对枯燥的言语矫治活动比较抗拒，为了提高训练效率，可将音乐游戏活动融入言语矫治教学中，提高听障儿童学习的兴趣，如进行呼吸与放松训练时，让听障儿童跟着音乐学小鸟飞行动作，听音乐配合肢体动作做舌操训练和唱音练习，让听障儿童吹喇叭或口风琴练习气流的控制等。在言语矫治中融入音乐活动，改变了传统的康复模式，提高听障儿童学习的效率。

（二）在语言训练中融入音乐，提高语言表达能力

听障儿童学习语言不像正常儿童那么流畅，存在呼吸方法和气流控制等方面的问题，说话不会正确停顿。由于音乐中的节奏感和停顿明显，若在语

训中渗透音乐教育可以提高听障儿童对语音的控制，改善其发音的功能。在音乐中，歌曲旋律的变化对语言抑扬顿挫的习得具有促进作用。在教学计划中，安排每周学唱一首简单的幼儿歌曲，配合舞蹈动作表演，让听障儿童感受音乐带来的快乐，提高听障儿童语言表达的连贯性。当然，若助听补偿效果不理想，对歌曲的旋律难以把握，唱歌对他们来说也是一件困难的事情。另外，使用快板说唱儿歌和古诗词，或通过拍手、跺脚等控制节奏也是很好的训练方法。

（三）在听觉训练中融入音乐，提高听觉理解能力

听障儿童学习语言的目的是运用语言进行交往。听障儿童要参与社会活动首先要听懂别人的话。助听补偿效果不理想或刚进行听力干预的听障儿童需要结合口形才能听懂别人的语言，或只习惯听教师和家长的语言，他们的听觉理解能力较弱，不能及时做出反馈。听障儿童的听觉理解与记忆能力影响着其语言的发展，引导听障儿童听到声音做出反应是训练听觉理解的基本内容。在训练过程中，若在听觉理解的基础上加入音乐活动，则有助于听障儿童更好地掌握方法，如听到音乐响起“拍手”、音乐停止“坐好”，听到歌曲中出现动物的词语“拍手”、出现水果的词语就“跺脚”等。还可以听儿歌或童谣，让听障儿童以接龙的形式学唱儿歌，有意识地发展其听觉理解能力。

二、音乐激发了听障儿童学习语言的兴趣

俗话说：兴趣是最好的老师。嬉戏是每个孩子的天性，听障儿童也不例外。长时间的康复训练，若不讲究方法，听障儿童会感到枯燥无味，容易疲劳，对学习产生厌恶感。设计简单、节奏感和趣味性强的音乐游戏活动，能让听障儿童在愉快的活动中不知不觉地学会语言。因此，在集体训练中，教师要灵活处理教学内容，设计丰富的音乐游戏活动，让每个听障儿童都参与其中。如在故事教学《小兔和小鸟》时，设计音乐情景剧，让听障儿童扮演小兔、小鸟、大树等，听障儿童边听着音乐边表演，在音乐与语言融合的实践活动中理解故事内容，学会复述故事情节。

三、音乐提高了听障儿童的听觉能力

听障儿童由于听力的损失，对有声世界感到陌生，即使已经进行了听

力干预，开始也不会聆听声音，需要通过系统、有规律、有步骤的训练，才能逐渐学会聆听。听觉感知是最基础的听觉能力，也是听觉训练的起始阶段，通过不同声音的刺激，让听障儿童感知声音的有无，培养其聆听声音的意识。在教学中，让听障儿童听一些乐器声、动物叫声、儿歌等，唤起对声音的注意和兴趣，感受有声世界的精彩和奇妙，激发对有声世界的向往和探索。在选择声音时需注意，不要给听障儿童放太强烈的音乐声，如交响乐和爵士鼓等，避免听障儿童对声音产生厌恶。

听障儿童听觉能力的发展具有阶段性，各个阶段目标是相互联系，螺旋上升的。在训练过程中，可以通过组织活动完成几个阶段的听觉训练，如使用打击乐器，配合“什么乐器在唱歌”的音乐，教师与听障儿童一起拿着相同的乐器，按节奏敲打乐器，感知不同的乐器声，分辨声音的大小等。然后，让听障儿童聆听乐器声，从多张图片中选出相应的乐器图片，也可以让听障儿童听多媒体的声音同时敲打相应的乐器等。生动有趣的音乐活动，能较好地培养听障儿童的听觉能力。

四、音乐促进听障儿童身心的发展

听障儿童由于年龄小，一般比较好动，上课注意力不集中，不能长时间参与课堂教学。在教学中，教师可以常渗透一些音乐游戏或律动，让他们边玩边学语言，如在主题教学“劳动”时，根据教学内容改编成歌曲，结合音乐活动进行教学。听障儿童不仅学习了语言，而且在音乐活动中养成爱劳动的习惯。同时，定期让听障儿童欣赏一些简单的歌曲，可以培养听障儿童对音乐的兴趣，增强对音乐的感受力、理解力，进而陶冶情操。若有条件可以让听障儿童学习一门乐器，如葫芦丝、钢琴等。学习音乐可以改善听障儿童发音的问题，提高自信心，为其身心健康发展奠定基础。

在语训中渗透音乐教育，不仅可以提高听障儿童对声音的分辨能力，改善发音的质量，而且对开发听障儿童的智力、思维和想象能力也有一定的帮助。因此，我们要在各学科教学和家庭教育中广泛地渗透音乐教育，促使听障儿童身心全面发展。

第六节　听障儿童语言康复教学

通过系统、科学的教育康复，使听障儿童的听觉语言得到发展，顺利回归普校或普幼学习，是每一位特殊教育工作者和听障儿童家长的愿望。在教学中，根据听障儿童的个体需求，遵循教育康复的原则，运用多种训练手段，多方协同、持之以恒地开展康复训练，听障儿童将得到有效的康复。

一、重视听觉与发音训练，提高发音质量

（一）充分利用听障儿童的残余听力

1. 选择合适的助听设备

配戴助听器或植入人工耳蜗的目的是让听障儿童能充分利用残余听力或重建听力，并借此学习语言。当听障儿童经过全面的检查评估，确诊为听力障碍后，要根据其听力损失情况，选择助听设备，及早进行听力干预。然而，有些家长错误地认为助听器就是一件商品，效果都一样，在没有经过任何检查程序的情况下，便随便买一台给听障儿童戴上，并且认为戴上助听器后听障儿童即可听到声音、学会说话。其实，助听设备的选择有规范而严格的流程，若选用不合适，将对听障儿童的听力再次造成损伤。助听器有不同的类型，其性能及功率也有异，要根据儿童的听力状况科学选配。一般来说，听障儿童年龄小，耳道未发育定型，且运动多，自我保护意识差，所以不建议选配耳道式或耳内式助听器，选择耳背式助听器比较适宜。另外，助听器的最大功率输出要满足听障儿童听力损失的需要。若听力损失在90dB以上，则建议植入人工耳蜗。人工耳蜗有不同的品牌，家长可根据家庭经济情况和实际需求选择。做好听力干预后要定期进行助听效果评估，使助听设备处于最优状态。因此，要及时选择合适的助听设备，解决好“听”的问题，只有听得到、听得清，具备足够的听觉经验，才能更好地开展“说”的训练。

2. 循序渐进地开展听觉训练

听力干预与听觉能力是两个不同的概念，听力干预是听觉发展的前提和基础。由于家长对听力障碍认识不足，或受传统概念的影响，认为听障儿童接受听力干预后，听说通道已经打开，即可聆听声音，自然习得语言。然而，听觉训练是一个漫长的过程，听觉能力需要进行有目的、有计划的训练才可逐渐形成。听觉能力发展包含听觉察知、听觉分辨、听觉识别、听觉理解四个阶段，训练内容由易到难，螺旋上升，但又相互联系。听觉训练初期，可以使用锣、鼓、铃等乐器训练“听声放物”，让听障儿童感知声音的有无，然后辨别声音的长短、大小；听觉的分辨和识别训练可以同时进行，通过播放动物叫声或不同的语音让听障儿童“听声指图”，分辨出声音异同，让听障儿童将声音与图片相对应；听觉理解是理解声音的意义，并给予回馈，让听障儿童“听指令”完成任务，是检验其听觉理解能力的策略之一。同时，训练听障儿童的听觉记忆与听觉反馈能力有助于提高其语言的理解能力和清晰度。

（二）重视发音器官的训练

1. 掌握口部训练操的方法。口部训练操是提高发音器官灵活控制能力的一种方法，包含声带放松训练、构音器官训练和面部放松训练等内容。课间时间，教师可以带领听障儿童听音乐做口部训练操，在课堂上或在家庭中教师和家长也可根据听障儿童存在的发音障碍问题，加强相应部位的训练，让听障儿童了解发音的部位，掌握发音的方法，提高发音器官的灵活度。如果听障儿童对舌头的控制能力比较弱，则须训练舌头的抵抗能力。

2. 掌握正确的呼吸方法。呼吸训练是为了加强支配自己呼吸肌肉的能力，以控制呼吸、发声、共鸣器官的活动。在练习腹式呼吸时，可让听障儿童平躺下来，在肚子上放一本薄薄的书，让听障儿童观察自己肚子在呼气和吸气时的变化。然后，让听障儿童将手放在肚子上，感受“吸气时肚子鼓起来，呼气时肚子扁下去”的变化。通过观察与感受，听障儿童能较快掌握正确的呼吸方法。训练听障儿童缓慢呼气和调节呼气力度可采用吹纸条、吹气球、吹泡泡等方法，训练用力呼气可采用吹蜡烛、纸青蛙等方法。听障儿童掌握了正确的呼吸方法后，可结合呼气练习发长短音或含有声母h的相关音节。若在个别化训练课中，教师可根据教学需求使用言语矫治训练仪等专项设备或工具，进行言语评估与训练。

（三）掌握好发音训练的特点

1. 由易到难，循序渐进。听障儿童学习发音的顺序有别于汉语拼音的排列顺序，教师要充分了解每个语音的发音特点，做到容易发的音先教，难发的音后教，如学韵母，先教单韵母a、o、e、i、u、ü，后教两个元音构成的复韵母ai、ei、ao、ou等，并在音素的学习中穿插音节、字词、短语的学习。声母的学习可根据其发展顺序进行教学，如学习第一阶段的声母b、m、d、h时，可结合词语进行教学，按照“单音节词—叠音词—双音节词前—双音节后—三音节词前—三音节词后—三音节词中”的顺序，由易到难指导听障儿童习得发音。随后，学习短语和句子，稳定声母的发音，提高语言的清晰度。

2. 适当采用模仿和机械法。教师在教发音时，先要了解发音部位和特征，并加以示范。听障儿童则要利用自己的感觉能力，寻找发音部位，模仿发音。听障儿童习得一个声母的发音，需要经历一段时间，有时可能需要一年甚至更长时间才能诱导出发音。因此，教师在教学中要充分运用各种方法，利用各类辅助用具、康复专用设备，坚持听觉优先的策略，持之以恒地训练，才能慢慢地引导出正确的发音。当听障儿童掌握了发音的方法，其发音的清晰度将明显提高。而机械法则要借助一定的外力控制听障儿童的发音器官进行发音，这种方法可用于纠正听障儿童发音错误。

3. 重视发音反馈。由于助听器和人工耳蜗都是特殊的电子助听设备，通过放大声音或声电转换刺激听觉神经而获得听觉能力。因此，听障儿童自己发出的语音与其听到的语音是有差别的。教师要及时将发音状况反馈给听障儿童，让他们能及时了解自己的发音情况。当发音准确时，以点头、微笑、表扬等方式给予其肯定和鼓励；当发现发音错误，要及时纠正，分析错误原因，进一步示范正确的发音动作，让其准确掌握发音部位与方法，并模仿练习，或通过言语矫治活动，诱导出准确的语音。听障儿童发音常出现替代、遗漏、歪曲等现象，如将“白兔”说成“白肚”、“姑姑”说成“嘟嘟”等，教师要及时给予提示与纠正，引导其利用听觉，学会对自己的声音进行监控，养成自我调整发音的习惯。

二、提高语言水平，培养语言交往能力

学前语言康复不仅要让听障儿童学会语言，更重要的是学以致用，提高语言交往能力，为今后学习、生活打下基础。而掌握丰富的日常用词和句

型，对培养良好的语言交流能力至关重要。

（一）注重词语和句型训练

在词语教学时，遵循儿童语言发展理解先于表达的规律，以主题教学的形式，通过图片加实物学习词语的命名，让其了解词语的读音及含义。教动词时，通过示范动作、图片及多媒体进行教学，如“走、跑、跳”；教句型时，则采用情境表演形式，让听障儿童能举一反三地运用句型进行沟通与交流，如句型“我和老师在跑步”“××和××在走路”等。

（二）创设语言交流环境

为了让听障儿童理解语言，增强对语言的应用能力，可围绕主题，采用情景游戏、图片、活动等形式，培养听障儿童的语言交流能力。教学主题可根据季节、节日或身边发生的事拟定，如幼儿园、商店、超市、菜市场、马路上、动物园等均可作为主题。主题训练内容力求具体、直观，并具有操作性，如开展“菜市场”主题教学时，先制订计划，准备好有关图片及词卡，让听障儿童通过图片初步认识常见蔬菜、肉类、鱼类的名称及特征，如蔬菜、猪肉、牛肉、鱼等。当对市场有了初步感性认识后，组织听障儿童到菜市场，有目的地让他们认识各类物品，并运用所学的问句进行沟通与交流，如“这是什么地方“市场里有什么”“这是什么”“白菜多少钱一斤”等。通过边看边交流，提高听障儿童的学习效率，让所学语言鲜活起来。当然，家庭康复训练也要同步，家长要带孩子到菜市场进一步实践与学习，不断地重复以养成运用语言进行交往的习惯。

（三）持之以恒，勤学苦练

语言康复训练除了方法得当外，还要反复练习，才能熟能生巧。听障儿童每发一个音，每学一个词、一个句型，都要不断地重复练习，往往要经过一段时间才能真正习得。为此，语言训练要重视学习的连贯性和反复性。听障儿童语言的学习，是一个漫长的过程，需不厌其烦、持之以恒地付出艰辛的努力方可成功。

听障儿童由于听力残疾，若得不到及时的康复介入，其社会行为的发展将受到影响，家长要克服心理压力，承担起孩子教育康复的重任，随时随地利用各种场景对其进行康复教育。在教学中，教师要耐心地指导，细心地发现听障儿童语言发展存在的问题，将拳拳的爱心投入到教育康复工作中，帮助听障儿童习得语言，养成良好的行为与学习习惯，促进身心健康发展。

第七节 发展听障儿童语言的方法与策略

语言是人类交流的工具，具有增进记忆的潜能。心理学家研究证明："3~6岁是幼儿语言发展的最佳时期，这一时期的语言学习在大脑皮层的烙印最为深刻，学习的效果也最佳。"听障儿童也是如此。针对在训听障儿童语言发展迟缓、直观形象思维占优势、抽象逻辑思维落后的特点，我校试图探索科学有效的康复策略，促使听障儿童语言与认知等能力均衡发展。

一、运用信息技术辅助教学和管理

我国听障儿童康复事业起步较晚，缺乏理论与技术的指导，很长一段时间以传统的"老太太教说话"模式进行教学，限制了听障儿童潜能的开发。21世纪是信息教育时代，现代化的教学模式走进课堂，如何因人而异，开展个别化教育日趋紧迫，特别是听障儿童教育康复更加需要现代科学技术的支持。运用多媒体及专用康复设备辅助康复训练，通过文字、图片、动画、声音将教学内容呈现出来，把听障儿童带进直观、生动、丰富的语言场景，解决了传统康复手段难以表达的抽象问题，营造了轻松、愉快的学习环境，激发了听障儿童学习语言的兴趣。

运用信息技术进行教学管理，可以提高工作效率，有利于教学档案的快速建立保存，如建立听障儿童教育康复电子档案、教学设备管理档案、教师教学档案、教师个人成长档案等。特别是听障儿童教育康复电子档案记录了每个听障儿童的基本信息、听力状况、助听补偿效果、阶段性康复录像、各领域评估效果等，便于教师了解听障儿童每一阶段的学习情况和康复效果，适时调整教学计划并进行教育的安置。

教育康复现代化不仅仅是教育康复手段的现代化，更重要的是教育康复思想、教育内容、教育方法、教育评价以及教育康复管理模式的现代化。因此，学校通过外出培训、校本研修、网络研修和专项康复技术考核培训等方法，转变教师观念，提高教师运用现代化信息技术进行教学的能力。学校还通过购置专业书籍、组织教师阅读、学习运用教育康复理论指导教学实践，以及开展多媒体课件、多媒体与教育康复融合的课堂教学比赛类活动等，提高教师信息技术的应用能力，促使教学与管理现代化。

二、创设情景，为听障儿童提供语言的机会

由于听障儿童年龄小，注意力容易分散，课堂上教师要注意教学活动形式的变化，气氛活跃的课堂能充分调动听障儿童学习的兴趣。因此，在教学中采取情景、游戏、活动等教学方法，让听障儿童在玩中学、做中学，实现听障儿童从“要我学”到“我要学”的转变，提高学习的兴趣和效率。角色扮演游戏表演是听障儿童喜欢的活动形式之一，情景剧《七个小矮人》是他们喜欢的剧本。活动前，教师与听障儿童一起阅读绘本，一起制作道具、布置场景；活动时，教师指导听障儿童按角色进行表演；活动后，教师让听障儿童相互评价，评选出语言表达及表演出色的听障儿童。在教学活动中，听障儿童若能积极参与每一个环节，语言能力与沟通交往能力将得到很好的锻炼。另外，还可以收集一些物品进行“废物利用”，如将牙膏壳、香皂盒、洗发水瓶、饮料瓶等布置成小商店，进行买卖物品的情境教学，提高听障儿童的语言实践能力。

三、培养听障儿童的阅读和交往习惯

阅读教学是培养听障儿童读书看报的能力和认真阅读的习惯。阅读能力，主要指边读、边想象、边思考，从而准确迅速地理解阅读材料的能力。听障儿童缺乏足够的听觉反馈，语言贫乏，阅读能力较差。培养听障儿童的阅读习惯，可以通过创设环境，让他们在潜移默化中爱上阅读。如在教室、宿舍设置阅读区域，布置朗读角，放置幼儿绘本、故事画报、教学内容卡片与课本，安排区角活动时间或在课余时间自主阅读等。刚开始，听障儿童阅读时间会比较短暂，可以用沙漏或闹钟计算时间，随后逐渐延长阅读时间。课后，布置亲子阅读作业，家校协同培养听障儿童的阅读习惯。

听障儿童由于语言发展迟缓，在社会交往中往往表现出社交技能贫乏，方法简单等社交问题，有的胆怯、退缩，有的攻击性强、好胜。一些听障儿

童在回归主流社会后常常会被同伴忽视或排斥，造成强烈的挫折感和焦虑感，对别人特别敏感，怕受到同伴嘲笑而很少说话或拒绝说话，从而进一步加重了障碍程度。因此，要教给听障儿童社交策略，使他们的社会行为向积极的方向发展。一是引导家长为听障儿童提供与其他孩子共同活动的机会，如带听障儿童外出与邻居的孩子玩；二是为听障儿童创造与同伴交往的机会，如教《小鸡和小鸭》时，进行角色扮演，或在美术课上让他们共同完成一幅画；三是引导听障儿童学会与正常孩子交往，如参与融合教学，与幼儿园的小朋友一起活动、一起上课等。

四、重视听障儿童的语言矫治

听障儿童由于听力干预不及时或干预效果不佳等原因，存在不同程度的言语障碍问题，严重阻碍了他们融入主流社会。语言障碍主要表现为构音方法与发声障碍。主要原因是我校的听障儿童大多来自农村，家长缺少“早发现、早诊断、早干预”意识，使听障儿童语言得不到及时开发，发音器官得不到训练。有些听障儿童舌肌僵硬，转动不灵活，再加上缺少听觉的反馈，不能及时地矫正自己的发音，造成其发音的缺陷，如发音不到位、音量小、缺少声调的变化、停顿不得当，有时发假音、冒高调等。面对这些问题，我们开展个别化教学，通过评估，找出每个听障儿童发音存在的问题，制定言语矫治方案，使用口部训练器、言语矫治仪、听觉训练与评估仪等设备，采用缺陷补偿、多种感官参与的方法，让听障儿童了解完整、准确的发音过程，使其养成正确的发音习惯。

五、整合多方资源开展教育康复

听障儿童教育康复需要多方力量的支持与合作，单纯的封闭式教育不能满足听障儿童康复教育的需求，限制了听障儿童各方面的发展。只有学校、家庭和社会力量有机结合起来，才能更好地提高康复的效果。

1. 家校资源整合。家长作为听障儿童的启蒙老师，与他们朝夕相处，便于随机教学。家庭又是听障儿童最好的、最自然的语言训练场所，家长可以随时随地利用家庭物品进行教学。教师要帮助家长建立起养育和教育听障儿童的责任意识，不能完全依赖学校教育。为了帮助家长提高自身的修养和能力，学校通过组织家长培训、家长交流会、康复知识考核等，给家长提供听障儿童康复指导资料和介绍康复书籍，让家长自学康复教育的基本知识。培训后，每一位家长均要参加康复知识考核，考核的内容涉及听障儿童的听力情况、助听器的补偿效果、助听器的使用、家庭康复方法与注意事项、家庭教养方式、如何制订家庭康复计划等。初期，教师要协同家长共同制订家庭康复计划，待家长掌握方法后，家长可根据听障儿童的康复目标，自行制订和调整计划内容。另外，建议家长给听障儿童提供和创造足够的机会去接触和认识社会，多带听障儿童到公共场所参加活动，鼓励听障儿童与周围的人交往。在交往过程中，培养听障儿童的社会交往能力，帮助他们克服交往困难，促进自我意识和社会意识的发展，弥补学校康复教育的不足。

总之，家长在家庭教育中要始终保持积极、乐观的态度引导听障儿童学习，保证为听障儿童提供足够的玩具，每天要有固定的时间与听障儿童一起沟通与活动。

2. 加强随班就读的指导。康复后的听障儿童进入普校（幼）随班就读，康复教师要与普校（幼）教师建立良好的关系，做好普特衔接工作，定期进行后续跟踪教育和指导，如指导普校（幼）教师掌握助听设备的使用和保护方法、听障儿童学习的特点和教学环境建设等，同时要做好听障儿童心理疏导工作，这样才能巩固康复的效果。也可每月到随班就读听障儿童的学校进行交流和指导、听障儿童每周回校接受一小时的后续康复训练等。

3. 整合社会资源。社会环境是复杂的，听障儿童作为社会中人，需通过学习掌握社会知识与技能，获得社会经验。因此，听障儿童要走出校门，走向大自然，走入社会的各个场所或领域，在人与人的交往中，形成正确的社交行为，如与爱心园所约定进行每周交流学习，每学期组织春游和秋游活动，并拍摄录像，进行主题教学等，为听障儿童提供更广阔学习环境。

发展听障儿童的语言能力，就要尊重听障儿童的特点，了解听障儿童的个体差异，创设活泼生动的语言环境，抓住每一个让听障儿童学习语言的机会，整合家庭、学校和社会的力量，扎实有效地发展听障儿童的语言。

第八节　听障儿童的发音训练

一、发音与口语发展的关系

口语就是日常口头交流、口说耳听的语言，是语言最基本的形式。口语表达障碍是听障儿童的主要缺陷之一，主要表现在语句表达不通顺、与人进行口语交流有困难、语言理解能力弱等，造成这些的主要原因有语言环境问题、助听补偿效果不理想、接受听觉语言康复时间较晚或缺少正确发音指导等。个别听障儿童因缺少科学的发音训练，未掌握发音要领，常出现构音问题，严重影响了口语的发展。由此可见，只有正确掌握发音的部位和方法，准确发好每个语音，才能促进听障儿童口语的发展。

二、听障儿童发音障碍的表现及其原因

发音障碍是常见的言语障碍问题，是听障儿童口语障碍中一个较为突出的问题。大部分听障儿童发音器官都正常，只是因长期不使用或使用不全面，导致发音器官不灵活，发音存在障碍。常见的发音障碍有以下几种表现：

1. 语言呼吸功能失调。由于听障儿童长期不发声，在发音时，不善于控制和协调自己的呼吸，说话呼吸短促，一字一呼，发多音节时中气不足，不会控制音量，在说话过程中不善于停顿或换气。

2. 构音障碍。听障儿童常见的构音问题表现为“替代、歪曲、遗漏、添加、声调异常”等，如把“大”说成“爸”，把“好”说成“袄”等。听障儿童由于构音器官不灵活，发音器官之间无法快速转换或不能产生共鸣，造成构音障碍的问题。另外，听障儿童常出现第二和第三声发音的声调异常现象。

3. 机能性失音或声音异常。有些听障儿童因身体或心理原因造成失音或

音质流畅性障碍，如声音嘶哑、声音模糊不清、不清晰等。

三、听障儿童发音障碍的检测与反馈

矫治听障儿童的发音障碍问题，首先要找出发音障碍的主要问题发生在哪里，或哪些音出现了问题，错误走向如何。教师和家长要在日常生活中善于观察和记录听障儿童发音状况，评估和分析其发音问题。以下几种方法可检测听障儿童的发音状况。

1. 利用普通话音节表（抽查部分音节即可）和四个声调（阴平、阳平、上声、去声）检测听障儿童是否存在发音障碍。一般有以下几个方面的发音问题：

（1）发音异常。例如，边音i发成非边音，送气和不送气的塞音或塞擦音混淆，舌根音k发成舌尖中音t，鼻音韵尾遗漏，卷舌元音忽略卷舌过程等。

（2）音位错误。发音不稳定，导致有些音节发音正确，有些错误，如发g的音节“哥哥”时，g的音位正确，但发“姑姑”或其他音节时，音位又不正确。又如t，在开口呼与合口呼音节中发音正确，而对齐齿音节中发音错误等。

（3）系统性错误。语音有严格的系统性，如普通话的塞音、塞擦音有不送气与送气音，它们之间有严格的对应关系。若听障儿童不会发送气塞音、塞擦音，那么相应的音节可能都失去送气。

2. 利用听觉反馈能力检测发音，包括对别人的发音分辨能力和对他自己发音的分辨能力。

3. 康复专用设备测试。泰亿格的言语矫治仪可以对听障儿童的发音问题进行科学的评估和训练。该训练软件趣味性强，符合学前听障儿童的年龄特点。

四、发音训练目的与内容

（一）发音训练的目的

发音训练，又称语言技能训练，是听障儿童学会发音的基础。教师有目的、有计划地对听障儿童进行发音训练，使其掌握发音的方法与技巧，为说话训练和语言能力发展打好基础。对听障儿童进行言语技能训练的目的是锻炼发音器官，训练发音器官的协调性，使其克服错误的发音习惯，掌握正确的发音要领，尽可能地做到发音正确、吐字清晰。

（二）发音训练的内容

语言技能训练分一般性训练和针对性训练。一般性训练根据发音的一般规律进行训练；针对性训练则是根据儿童的发音问题和不良习惯开展的训练，具有言语矫治功能。发音训练内容包括语言呼吸功能训练、呼吸功能训练、嗓音训练、构音器官的功能训练、发音训练等。

五、发音训练的方法

语言是由发音器官协同运动产生的，存在语言障碍的听障儿童由于发音器官缺乏锻炼，造成构音器官运动不协调、发音部位或发音方法不正确，影响了其发音的准确性。科学开展发音训练对提高发音训练的有效性极其重要。

（一）科学开展发音训练

1. 言语呼吸训练

目的是帮助听障儿童学会控制气流，根据发音需要恰当地运用气流。训练方法如下：

（1）深呼吸训练，如闻自己喜欢的气味，引导听障儿童进行深呼吸等。

（2）蓄气训练，如深吸一口气后吹气球、吹蜡烛等。

（3）调节言语呼吸，如吹羽毛、吹喇叭、唱音练习、低声说话、耳语或说多个音节，还可根据音量的大小或按节拍进行训练等。

2. 嗓音训练

目的是诱导听障儿童自然发音，消除发音紧张，使发音尽可能正常、自如、响亮。嗓音训练主要是使用元音进行拟声训练（如让听障儿童戴着猫的头饰，发“喵喵”的声音）、唱音训练和声调训练等，还可以利用声控玩具辅助训练听障儿童对声音的控制和音量的调节能力。

3. 构音训练

构音器官包括唇、齿、舌、腭等部位。多数听障儿童舌的运动不够灵活，可以采用舔棒棒糖的方法，进行舌上下左右的运动。唇部运动可以通过模仿大老虎“嗷嗷嗷”的叫声或采用亲吻、夹饼干、嘟嘴等方法，训练唇的力量。软腭训练则可选用打哈欠、咳嗽、咽口水的方法。

（二）充分利用多种感官辅助训练

为了提高听障儿童发音训练的效率，教师要充分利用听障儿童视觉、触觉和动觉优势，以补偿其听觉缺陷，帮助他们养成正确的发音习惯。

1. 发挥视觉优势。视觉是听障儿童学习语言的重要途径。听障儿童借助视觉可以看说话者发音时的动作、表情和说话时的情景，也叫看话；还可以利用镜子模仿发音或正音，看发音图或手指指示学发音等。训练时，要让听障儿童看清发音的部位与口形。因此，要求训练环境光线充足，教师口齿清晰、语言缓慢，呈现发音动作时避免过分夸张，口部最好在儿童视平线上下位置。

2. 借助触觉感知发音。让听障儿童用手触摸其他人的发音器官在发音时的振动或感受气流的变化，用以调节或控制自己的发音，掌握发音要领，如用手感受清音和浊音喉部振动与否，发m、n音时，用手感受鼻翼振动等。

3. 借助动觉体验发音。体验自己发音说话的动作，感受发音器官运动的过程，这对听障儿童控制和调节发音器官的运动具有重要的作用。

听障儿童的发音训练是发展口语的基础。在训练过程中，教师要依据听障儿童的年龄特点和发音存在的问题，采用形式多样的方法，提高其发音的质量。

第九节　听障儿童康复训练的辅助方法

正常儿童通过听觉渠道可以自然习得语言，并通过听觉反馈学会自我调节发音。然而，听障儿童受听力损失程度、听力干预的时间与效果影响，言语与语言发展存在较大的差异。在听障儿童教育康复实践过程中，发现绝大多数的听障儿童存在言语问题，需要运用康复辅助方法，进行循序渐进的训练，才能帮助他们更好地理解和掌握发音。

一、呼吸训练

（一）生理性呼吸训练

目的是增加听障儿童的肺活量，扩大音域，使听障儿童的呼吸肌肉群得到锻炼，3~6岁是锻炼的重要时期。训练时，首先指导听障儿童用鼻子吸气（尽量吸足气），再慢慢呼出（或从口呼出）。然后运用以下方法进行训练：

1. 吹纸青蛙或吹棉花球

方法：两人或分小组，分别坐在桌子的对面对着吹桌面的纸青蛙或棉花球，看谁能最先把它吹到对方面前。

2. 吹鸡毛

方法：将鸡毛抛在空中，让听障儿童互相吹，看谁吹得高。

3. 吹蜡烛

方法：听障儿童站在蜡烛前或距离蜡烛半米，向点燃着的蜡烛（一支或数支）吹，看谁能吹灭。也可以缓缓吹，但不要吹灭。听障儿童与蜡烛的距离以及蜡烛的数量可根据训练的目标决定。

4. 吹气球

方法：每人发一个气球，看谁吹得大。

5. 深呼吸

（1）侧卧呼吸；（2）让听障儿童趴在地毯上，用前臂与膝盖支撑身体，自然地进行深呼吸；（3）俯卧深呼吸；（4）仰卧深呼吸，在听障儿童腹部放几本书，使其呼吸时可以看到书的起伏；（5）端坐深呼吸；（6）站立深呼吸；（7）做扩胸运动时深呼吸。

（二）语言呼吸训练

听障儿童在言语状态下呼吸频率值均高于正常儿童，导致在言语状态下言语动力源不能为发音提供足够的呼吸支持，不能为正确发音提供强有力的气息，从而导致其呼吸器官、发音器官及构音器官不能很好地进行协调。因此，重视呼吸训练，提高听障儿童在语言时呼吸的控制能力，可使其说话清晰流利、准确响亮。

言语时呼吸需要快吸慢呼，可以通过限时呼吸方法开展训练，即教师限定听障儿童呼与吸的时程，通过数数或拍节奏提示，以连续发短音为主，短音数目从少到多，发音从单一到多音，再训练换气，如深吸一口气，呼气连续发a—a—a...教师数数控制时长；或吸一口气数几个数，然后换气重复数数，也可选一些词语进行训练，注意保持呼吸与发声的协调。

二、口部操训练

语音质量的优劣，与舌、唇等运动密切相关。口部操训练可以提高人发音时舌、唇等器官运动的灵活度与协调能力。

口部操可以参考汉语拼音音素、音节的发音，以动作分解的方式进行训练，如复韵母ai的发音，从圆唇过渡到扁唇动作；发音节ba时，由双唇闭合转变到圆唇的动作。练习时，可结合游戏法进行训练。

（1）张嘴运动。张嘴，下颌向下运动，或模仿狮子张开嘴的样子。

（2）发la音（舌部运动）。两人拉手做拉大锯动作。

（3）伸舌运动。伸舌做扮鬼脸动作。

（4）抵齿运动。将舌尖抵住上齿龈；将舌尖抵住下齿龈，并将舌体置于口腔外。

（5）舌左右运动。练习时，从慢到快进行，可将棒棒糖置于左右嘴角位置，用舌舔；也可在嘴角涂上蜂蜜，通过舌的左右运动舔蜂蜜。

（6）卷舌运动。舌头往后卷，舌尖尽量抵向咽喉部。

（7）舌根运动。含一口水，仰头漱口，发go、go——音。

（8）用舌尖清洁牙齿，由内向外，有一定的力度，加强舌的力量训练。

（9）弹舌运动。

（10）舌环口运动。

（11）上下唇运动。做噘嘴练习；做张嘴闭嘴动作，只动下唇，不动上唇；下唇左右运动。

（12）兔子嘴运动。即向内吸住两颊部肌肉，使嘴呈兔子嘴状。

（13）缩唇——圆唇运动。

（14）清嗓子咳嗽。

（15）唇齿接触。

（16）软腭运动。用力叹气；反复发单韵母a音；反复发爆破音与开元音pa、ta，鼻音与元音ma、mi。

三、发音训练

（一）声带与共鸣腔训练

听障儿童的发音常存在发尖音、易嘶哑或失音等问题，可加强声带与共鸣腔训练。

（1）连续用不同的强度发单韵母a、o、e等元音。

（2）深吸气，鼓腮，维持数秒，然后把气呼出。

（3）用塑料管子置于口中吹气。

（4）发双唇音及摩擦音。

（5）吹泡泡。

（6）升调、降调、打嘟音等方式进行打嘟练习。

（二）嗓音练习

1. 拟声练习

（1）边做开火车的游戏，边发火车的气笛声uuu——。

（2）学动物叫声，让听障儿童看动物图片，模仿动物叫声，如小鸡ji、ji、ji，小鸭ga、ga、ga，小猫miao、miao、miao，小狗wang、wang、wang。

2. 唱音练习

即训练听障儿童一口气连续发出几个音节。如：

（1）长音，如a——a——pa——pa——。

（2）短音，如i-i-i、mo-mo-mo-。

（3）短音、长音相间，如先长后短ba——ba-ba-、先短后长mie-mie-mie——。

（4）强弱音，如强音dada——、弱音wuwu——。

由强到弱，如mamama——、由弱到强bububu——。

强弱相间，如1（强）2（弱）345678

（5）元音轮替练习，如a——o-a-o-a-o，i-u-e-i-u-e。

（6）四声练习，如bā bá bǎ bà。

（7）韵律练习，如ba ba ba / bo bo bo / baba bobo / ba bo / bo-/。

四、面部表情模仿训练

1. 模仿高兴、悲伤、惊吓、愤怒、疲倦、好奇、害羞等面部表情。

2. 皱额头、眨眼、皱鼻子、嘴角向两边拉、尽情地微笑、作藐视状、鼓起腮帮吹气等。

五、放松运动

听障儿童有时因发音不够准确或语言缺乏，导致情绪紧张，可通过放松运动调整情绪。

（1）下肢放松：从远端开始做脚趾屈曲、膝关节伸直等动作。

（2）收腹深呼吸，放松胸腹背部肌肉。

（3）手握拳，双臂向前伸直平举。

（4）肩颈、头部放松：耸肩；头向下垂，缓缓后仰，向两侧做顺时针，逆时针旋转。

（5）坐着双手垂于膝上，分别做颈、胸、腰、腿的放松运动。

第十节　学前听障儿童教育康复与多元智能的整合

美国心理学家霍华德·加德纳提出的多元智能理论，在学前教育阶段得到广泛运用。加德纳认为，人类至少有八种认识世界的智力方式，即语言智能、逻辑—数学智能、空间智能、身体—运动智能、音乐智能、人际关系智能、自我认识智能和自然观察智能。在学前听障儿童教育康复中，教师或家长更多关注的是听障儿童的听觉与语言发展，注重单纯的听说训练，忽视了听障儿童其他能力的培养，造成听障儿童与同龄普通儿童学习能力及认知水平之间的差距，影响其参与随班就读的效果。多元智能教育与学前听障儿童康复教学整合，旨在将多元智能理论贯穿于学前听障儿童教学全过程，通过多元化的方法和多方资源的整合，促使听障儿童能力全面均衡发展。

一、设置多元智能课程

在多元智能理论中，加德纳认为空间智能、逻辑–数学智能、身体–运动智能和自然观察者智能，可以视为与“物体相关”的智能范畴，而语言智能和音乐智能属于与“物体无关”的智能，人际关系智能和自我认识智能是“与人有关”的智能。开发听障儿童的潜能，课程安排可以采用主题教学的方式，将艺术融合到其他课程中，并在原有课程的基础上，新增识字、听力游戏、律动、趣味数学、美工和会话等课程。这些课程有助于开发听障儿童的智能，培养其动手、动口、动脑的能力，促进其主动参与社会生活，学会与人沟通。

二、探索多元智能课堂教学模式

特校的康复班多数采用集体教学的模式。为了照顾听障儿童的个别差异，可通过小组、个别化、聋健融合教育和亲子同训模式开展训练，并根据每个听障儿童的实际情况制订训练计划和训练内容，使每个听障儿童均获得个性化的发展。

三、创新多元智能听力语言康复整合式教学

（一）音乐、运动智能与听障儿童听力语言康复的整合教学

音乐对儿童早期的发展具有重要的影响。3～6岁是儿童对声音和音调敏感性发展的关键期。而运动智能联系“身”和“心”，能促使儿童的身心协调得以完美的展现。因此，在听障儿童听力语言康复课堂教学中，我们融入音乐运动智能进行教学，如在语言节奏训练时，配合动作，让听障儿童感受语言的韵律感或运用戏剧表演课文的内容。对于听力补偿效果较好的儿童，则教他们学习聆听儿歌和学唱简单的儿歌。多元智能与听力语言康复整合式教学，不仅让听障儿童养成良好的聆听习惯，还能促使他们的语言更加流畅。

（二）空间智能与听障儿童听力语言康复的整合教学

听障儿童由于听力损失，视觉和触觉比较敏感，充分运用其它感官的作用，可补偿听障儿童的听力缺陷。具体的做法有：（1）让他们通过画笔，把课文内容展现出来。例如，教《小刺猬》的故事时，引导听障儿童根据自己的想法把故事内容画出来。这样不但培养了他们的空间智能，而且也发展了其语言。（2）有些听障儿童对美术很感兴趣，而且很有天赋。在美术课中，把他们的作品展示出来，引导其对自己的作品进行叙述和评价。这样可有效地提高听障儿童的自信心，促进其认知、想象、思维和创造能力的发展。

（三）数学智能与听障儿童听力语言康复的整合教学

训练听障儿童的逻辑思维能力，培养其发现问题和解决问题的能力，对促进语言思维的发展和智力发展都有帮助。数学数字、数学术语和应用题等都是语言材料。通过学习数学，听障儿童能够理解语言的意义，发展语言思维。我们把抽象的数学融合在有趣的游戏活动中，使听障儿童学会数数、简单的加减计算和认识图形等。在认识图形时，结合生活实际，让听障儿童动手拼一拼、画一画，再找一找、说一说周围物体的形状。

四、开展综合主题教育

所谓综合主题教育，就是从听障儿童实际出发，在一个阶段中，围绕一

个主题内容，让听障儿童通过充分观察、思考、动手操作和实践活动，获得最佳的整体性训练效果。主题教学的内容包括故事、看图说话、动物主题、物品主题、主题对话等，每周或每月围绕一个主题进行教学。主题内容与听障儿童的生活实际相联系，由浅入深，循序渐进。在主题教育活动中，听障儿童通过共同的操作与交往活动，听觉、语言和认知能力得到发展。

听障儿童听力语言康复是我国抢救性“三项康复”工程之一。在康复训练中，要尊重听障儿童的个体差异，为听障儿童提供多种多样的智能活动机会，培养个性特长，促其全面发展。

第十一节　课例《鸡妈妈的蛋》

【教材分析】

《鸡妈妈的蛋》是听障儿童早期教育康复校本教材《快乐学说话》第十课的内容。本课内容是根据听障儿童听力语言训练教材《学说话》第三册第一课改编的。本课从听障儿童的日常生活入手，通过情景教学，在生动活泼的氛围中训练听障儿童学会聆听、学会说话和沟通，促进其生活常识、听觉语言能力和思维能力的和谐发展。

【受训听障儿童分析】

1. 小垒：7岁，左耳90分贝，右耳90分贝，已训一年，助听补偿效果适合，有构音方面的问题。

2. 小婕：6岁，左耳80分贝，右耳100分贝，已训八个月，助听补偿效果适合，发音较清晰，主动交往能力强。

3. 小智：左耳95分贝，右耳85分贝，已训六个月，助听补偿效果较适合，语言理解能力较强，但存在构音方面的问题。

【教学目标】

1. 理解并学说词语“母鸡、鸡蛋”和句子“母鸡下蛋”“母鸡孵蛋”“小鸡从蛋里出来了”，会用“喜欢”说句子，运用所学词句进行沟通。

2. 会辨听所学的词语、句子以及母鸡、公鸡和小鸡的叫声。

3. 初步了解母鸡下蛋、孵蛋的生活常识，激发听障儿童爱护小动物的情感。

【教学重难点】

理解所学词语和句子，并能正确、流利地表达出来。

【教学方式】

小组训练。

【教学安排】

一课时。

【课前准备】

多媒体课件，本课教学内容配套的卡片、图片、实物和道具等。

【教学过程】

（一）在音乐律动中进行语言技能训练

1. 语音训练

师：听录音，一边做动作，一边学发音。（同时检测听障儿童助听器状况）

（1）韵律训练

××× | ××× || ××× | ××× ||

（公鸡）喔喔　喔　喔喔　喔（小鸡）叽叽　叽　叽　叽叽

××× | ××× || ××× | ××× ||

（母鸡）咯咯　哒 咯咯　哒　咯咯　哒 咯咯　哒

（2）唱音训练。

an、an、an；àn、àn、àn àn

（3）言语训练。

蛋蛋　吃蛋蛋　我吃蛋蛋

2. 呼吸训练

师：听歌曲《大公鸡》，学老师动作，做呼吸练习。

设计意图：受训的三名听障儿童呼吸控制、声调和停顿均有障碍，在轻松愉快的音乐律动中进行语言技能训练，培养他们聆听习惯，促使其灵活运用发音器官，为学习本课内容做好准备。

（二）在情境中学习语言

1. 认识“鸡的一家”

（1）播放多媒体课件“鸡的一家”，并出示图片。问：“谁知道图上有哪些动物？”

（2）指导听障儿童观看课件及图片，按照句式“我知道，它是____。”回答。

（3）根据听障儿童的回答，依次在小黑板上贴出“公鸡——鸡爸爸、母鸡——鸡妈妈、小鸡——鸡宝宝”的图片和词卡，厘清“鸡的一家”的关系。

2. 辨听叫声

（1）播放多媒体课件，出现“公鸡、小鸡在草地上边叫边觅食，母鸡在窝里叫”的画面，指导观看及聆听“公鸡、母鸡和小鸡”的叫声。

（2）请听障儿童分别模仿听到的叫声，如公鸡（喔喔喔）、母鸡（咯咯嗒）、小鸡（叽叽叽）。

（3）辨别叫声。聆听声音，找出相应的图片并模仿叫声。

3. 学说词句

（1）出示“鸡蛋”图片，问：“这是什么？”引导听障儿童说话，根据其发音情况指导“dàn”的发音。

（2）指着“鸡的一家”图片，问：“这是谁的蛋？”引导听障儿童说出“鸡妈妈的蛋”，从而引出课题。

（3）出示煮熟了的鸡蛋，让听障儿童摸一摸，拨开蛋壳品尝，学用句式“我喜欢吃鸡蛋”说话并沟通。（可引导听障儿童根据生活经验说句子，如“我喜欢吃煎鸡蛋”等）

设计意图：利用听障儿童爱玩、好吃的心理特点，通过让他们触摸、品尝等体验，促进其正确理解语义，激发其说话的兴趣。

（4）观看“母鸡下蛋”的动画，引导听障儿童聆听课件中人物的对话。（画面上有一位小弟弟问妈妈：“妈妈，母鸡在做什么？”。妈妈说：“母鸡在下蛋。”）

（5）出示句子“母鸡下蛋”，引导听障儿童说句子。

（6）表演活动：模仿母鸡下蛋和人物对话。

（7）观看动画课件，指导听障儿童数一数母鸡一共下了多少个蛋。一边数数，一边说“一个鸡蛋、两个鸡蛋……十个鸡蛋”。

（8）观看“母鸡孵蛋”的动画，引导听障儿童聆听课件中人物的对话（小弟弟问他的妈妈：“妈妈，母鸡在做什么？”。妈妈说：“母鸡在孵蛋。”）

（9）出示句子“母鸡孵蛋”，引导听障儿童说句子，指导其发音。

（10）表演活动：一名听障儿童戴着头饰扮演母鸡孵蛋，两名听障儿童分别扮演小弟弟和妈妈进行对话。

（11）观看母鸡经过21天孵出小鸡的动画，引导听障儿童聆听课件中的人物对话。（小弟弟看见小鸡后，高兴地说：“妈妈，小鸡从鸡蛋里出来了。”妈妈高兴地笑了）

（12）出示句子“小鸡从鸡蛋里出来了”，引导听障儿童学说句子。

（13）表演活动：听障儿童带头饰表演小鸡从鸡蛋里出来，叽叽叽地叫着，“妈妈，我出来了！”

设计意图：由于这一年龄阶段的听障儿童具体形象思维占优势，通过直观生动的动画播放和表演活动，在情境中学习词语和句子，有利于听障儿童理解词句，体现了听障儿童在玩中学语、用中学语的原则。教学过程一环扣一环，按照事情发展的逻辑顺序，指导听障儿童循序渐进地学习语言，了解生活常识，丰富生活经验。

（三）在游戏中巩固语言

游戏一：听音指图

听词语指出相应的图片。

听句子指出相应的图片。

游戏二：听声模仿

三名听障儿童分别戴上“公鸡、母鸡、小鸡”的头饰，教师播放歌曲，当听到歌曲中出现公鸡、母鸡或小鸡的叫声时，该听障儿童站出来模仿叫声。然后，分别播放“母鸡下蛋”“母鸡孵蛋”“小鸡从鸡蛋里出来了”等句子，引导儿童进行表演。最后，让听障儿童扮演鸡妈妈和鸡爸爸拉着鸡宝宝一起去草地上捉虫子。

游戏三：做客

创设“做客”情境，指导听障儿童进行角色表演。妈妈（小婕扮演）带小弟弟（小智扮演）到叔叔（小磊扮演）家做客，运用所学的词语和句子进行沟通。

设计意图：通过轻松、愉快的游戏活动，反复地进行听觉语言训练，巩固本课所学的词语和句子，利于听障儿童运用和积累语言。

（四）在口语交际中拓展语言

1. 师问生：“你家里养了母鸡吗？”“母鸡会做什么呢？”“你每天都吃鸡蛋吗？你喜欢小鸡吗？”引导听障儿童联系生活实际进行沟通。（个别提问，并教育听障儿童爱护小动物）

2. 听障儿童之间互相问答。

设计意图：为了增进师生和生生之间的情感交流，提高听障儿童的语言理解能力和口语交际能力，促使听障儿童自觉地将所学的语言运用于实际生活的交际中。

（五）在家庭训练中强化语言

布置家庭作业，教师将布置的作业写在听障儿童的家庭作业本上。

家长与听障儿童一起复习本课所学的词语和句子，做到会读、会辨听和会对话。（教师将图、词卡片放在每个听障儿童的作业袋中）

根据听障儿童的生活经验拓展语言训练。

要求家长带听障儿童到市场观察公鸡、母鸡、小鸡或买鸡蛋，回家教听障儿童煮鸡蛋等。有条件的家庭，可在周末时间带听障儿童去乡下观看母鸡下蛋、孵蛋和小鸡出壳的生活场景。

设计意图：听障儿童康复需要教师、听障儿童、家长三方的共同努力。家庭是学习语言的最佳场所，布置有指导性的家庭康复作业，让家长参与听障儿童的教育康复，为听障儿童提供语言实践的机会，保证听障儿童获得最大限度地康复。

（六）板书设计

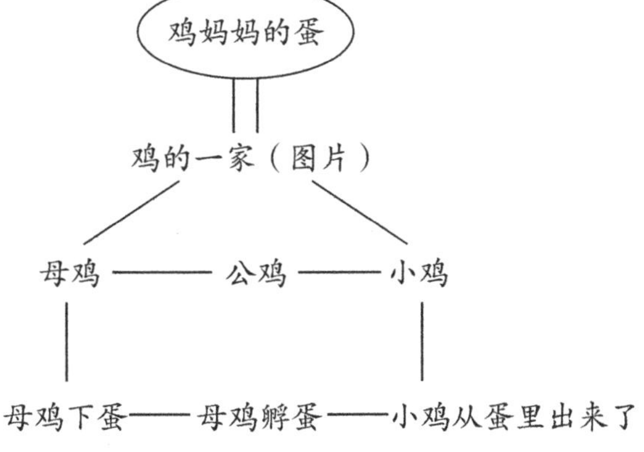

第三章

学龄期听障儿童教育康复实践

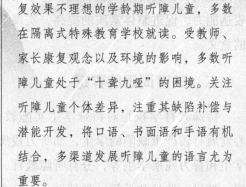

导读：错过最佳康复时期或早期康复效果不理想的学龄期听障儿童，多数在隔离式特殊教育学校就读。受教师、家长康复观念以及环境的影响，多数听障儿童处于“十聋九哑”的困境。关注听障儿童个体差异，注重其缺陷补偿与潜能开发，将口语、书面语和手语有机结合，多渠道发展听障儿童的语言尤为重要。

第一节　特殊教育学校设立听障儿童语言强化班的研究方案

一、问题的提出

我国特殊教育学校传统混合班（如重度听障儿童、极重度听障儿童、受训听障儿童、未受训听障儿童、受训效果良好的听障儿童、受训效果较差的听障儿童等集中编班）教学普遍存在着费时、事倍功半、接受过学前听力语言康复的听障儿童（下称“受训听障儿童”）“吃不饱”的现象，使巩固和发展受训听障儿童语言发展受到严重的负面影响。听障儿童要想未来融入社会生活、劳动，必须具备与周围人沟通、交流、学习的语言能力等，特殊教育学校对听障儿童语言教育康复责任重大。

设立听障儿童语言强化班是特殊教育学校新的班级授课制，符合分类教学的原则，认真开展实验研究，对于巩固和发展听障儿童语言，提高其语言表达能力，促进整体素质的提高，实现全面康复起着重要的促进作用和深远的意义。

二、关键词语的界定

特殊教育学校是对特殊学生实施教育的形式之一。招收对象主要是身心发展有较严重缺陷的学生，如听力残疾学生（也称听障儿童）、视力残疾学生和智力残疾学生等，分有听障教育、视障教育、智障教育等。在课程设置、教材、教具和学具、教学设备、校舍建筑等方面均有与普通学校不同之处。例如，听障教育设有专门的听觉语言训练室，用于听障儿童听觉和语言康复训练等。

听障儿童是指特殊教育学校听力残疾（或听力损失）的学生。本课题所指的“听障儿童”，是听力尚有残余、接受过学前听力语言康复训练但仍不能在普通学校随班就读的听障儿童，还包括回到特殊教育学校就读的普通学校随班就读听障儿童。

听障儿童语言强化班，一种既不同于普通学校，也有别于传统特教学校的混合班、听力语言康复训练班，是指在特殊教育学校内尚有残余听力、接受过学前听力语言康复训练，但仍不能在普通学校随班就读的听障儿童，还有回到特殊教育学校就读的普通学校随班就读听障儿童进行集中办班，借用助听器或助听设备，以强化听力语言康复训练为核心，以口语发展为主导的全沟通教学活动班。

三、课题研究的意义

（一）有利于听障儿童语言能力的改善和发展

特教学校当前的班级组合形式主要是混合编班，教学计划、评价单一，教材陈旧过时，口语教学、手语教学主次不分，对受训听障儿童与未受训听障儿童的要求不明确，教师无法兼顾各个听障儿童听力语言康复的需要，从而在一定程度上制约着受训听障儿童更好的发展。而在特殊教育学校中设立语言强化班，受训听障儿童都具有一定的语言基础，便于教师落实“口语为主，手语为辅”的教学原则，并能集中特殊教育和普通教育资源的优势，选择的教材和教学方法最易被受训听障儿童认可和接受，更容易满足受训听障儿童听力语言后续教育康复的特殊需要。语言强化班可以有效地化解受训听障儿童与未受训听障儿童混合编班所造成的“统一的课堂教学要求”局面。其教学更有针对性，有利于提高受训听障儿童的听力语言能力，弥补混合编班听力语言教育康复的不足。也有利于受训听障儿童口语交际能力的提高和心理健康的改善，促进其全面发展、自主发展和个性发展。

（二）有利于教师专业的发展

语言强化班的教材选择、教学组织和教学评价都由学校教师承担，使教师与其工作效能直接联系，这有利于教师专业精神、专业技术的提高，有利于教师个性特长的发挥，有利于造就一支高专业素质与高康复技术水平的特殊教育师资队伍。同时，语言强化班的建立还有利于提升特殊教育学校康复水平和办学效益。

（三）有利于特色特校的创建

1988年，学前听障儿童康复工作作为一项抢救性工程被纳入国家计划。《中国残疾人事业“十五”计划纲要》也指出：“加强听障儿童语训教学方法研究，提高语训质量。”且形成和发展听障儿童听说读写能力是《全日制特教学校课程计划（试行）》的重要内容，所以听障儿童语言强化班既是听障儿童学前康复工作的后续教育方式，又对落实国家课程计划和听障儿童语言的康复工作起着示范和推动作用，特别有利于学校办出特色。要实现“人人享有康复服务”的康复特色特殊教育学校，除了建立学前听力语言康复中心，以及在混合班学科教学中加强对听障儿童缺陷的补偿，重视形成和发展听障儿童语言能力外，应寻求有利于受训听障儿童语言巩固与发展的连续性教育康复的学校环境，而“听障儿童语言强化班”的设立与教学研究有利于这一目标的实现。

四、实验的理论依据

（一）教育学基础理论

教育的目的就是满足儿童的教育需要，适应个体发展和社会发展的要求。特殊教育学的哲学基础之一是从实际出发、具体问题具体分析的方法论。特殊儿童除了有与普通儿童相一致的教育需求外，还各自有特殊的需要。特殊教育的目的就是要满足特殊儿童的普通需要和特殊需要，达成一般和特殊的培养目标。满足特殊儿童的特殊需要，同时也为更好地满足其普通需要奠定基础，并为促进满足其普通需要的任务更好地完成创造了条件。

（二）《全日制特教学校课程计划（试行）》中的要求

《全日制特教学校课程计划（试行）》中提出：“特教学校必须积极实行分类教学。要根据听障儿童听力损失状况及补偿程度，实行分班或分组教学。对重听及听觉补偿程度较好的听障儿童，要充分利用助听设备，在各科教学中形成和发展他们听、说能力。对听觉损失严重且频率补偿不全的听障儿童，各科教学也要把培养和发展听障儿童的口语、书面语能力列为教学任务之一。特教学校的教学语言应以口语为主，凭藉课文，使用手指语、手势语、板书等多种语言形式，使听障儿童在学习知识、形成能力的同时，发展语言能力。”

（三）听障儿童后续教育的要求

1. 后续教育（Follow-up Education）一词源于英文。在四五十年代的西方国家科学技术迅猛发展，高层次技术人员毕业后几年便跟不上技术更新速度而落伍，不胜任原有工作，亟须再集中学习。听障儿童后续教育这一概念始于1985年，联合国有关机构在天津听力障碍康复中心考察，提出听障儿童康复的后续问题，自此听障儿童康复工作者开始使用听障儿童后续教育这一概念。听障儿童接受早期康复后，随年龄增长及早期康复工作的完成，应进入学校接受九年义务教育，进一步落实全面康复。

2. 听障儿童后续教育的任务与形式。听障儿童后续教育既然是客观存在的事物，就必然有其内在规律，我们应认识其规律、遵守其规律、促进其发展。听障儿童后续教育的任务有双重性，既有完成九年义务教育的任务又有继续康复的任务，在听障儿童早期康复的基础上，在新的教育环境中，注重听障儿童个体间的差异，为其提供适宜的帮助，继续发展听障儿童的听觉功能、言语能力，为其进行心理康复，学习各种文化知识、培训各类就业技能，逐步使听障儿童成长、发展，接近或融合于正常人之中。目前听障儿童后续教育以初等教育和中等教育为主，少数听障儿童接受并完成了高等教育步入社会。听障儿童后续教育的形式有两大类：特教学校和普通学校普通班随班就读。

（四）社会进步对听障儿童语言能力、语文水平提出新要求

目前，我国将全面建成小康社会，经济发展与社会进步将呈现崭新面貌，必定对听障儿童全面素质的提高提出新的、更高的要求。经过九年义务教育，越来越多的听障儿童将进入高中，甚至进入高等教育院校学习。随着他们学习科目的不断增多、内容不断加深、要求不断提高，他们必须具备较强的独立阅读能力、理解和表达能力，才能适应新的学习生活，完成学习任务。他们只有具备较好的汉语言文字能力，才能使用信息技术，拓展自己的视野，获取更多信息。

不同发展水平的听障儿童，经过不同阶段的学习教育后，都将走上社会，就业工作。21世纪，人类已进入信息化时代。随着科学技术、经济发展的日新月异，听障人士聚集在自己的圈子里从事劳动的情况将逐步成为历史。听障人士就业面正逐步扩大，工作的技术性要求逐步提高。从竞聘上岗、签订合同到熟悉技术资料、工作指令，到小结、汇报、考核评估，都需要与人交往、沟通，需要较强的语文能力支撑阅读理解和传递信息。显然，这对听障儿童语言能力、语文水平提出了较过去更高的要求。而这些在九年义务教育阶段打下的良好基础，对于他们今后发展的影响是毋庸置疑的。

五、实验的原则

（一）医教结合原则

从20世纪80年代后期起，我国开展了听障儿童听觉言语康复的抢救性工程。随着科技的进步、人文精神的提升，国家对听障儿童的教育期望值提高，实施医教康复，融入主流社会，成了当今听障儿童早期教育的主旋律。实践证明，通过早期发现与治疗、早期配戴助听器或植入人工电子耳蜗，使听障儿童听力损伤得到补偿和重建，有助于对听障儿童实施有声语言教育康复。这种医教结合的教育，已成为绝大多数听障儿童及其家庭的特殊需求，是社会赋予特教学校有别于普通学校的职责，也是特教学校在自身发展过程中逐步形成的特征。

（二）补偿性原则

残疾儿童生理、心理的缺陷造成他们在文化知识技能的学习、与人交往等方面都存在许多困难。通过对他们进行缺陷补偿、学习方法的辅导和思维训练，提高其与他人交往的能力、语言表达能力、思维能力和社会适应能力是语言强化班的重要功能。

（三）分类教学原则

是一种教学组织形式。按儿童残疾种类的不同而分开进行的教学，以适应不同儿童的特点。形式有单独的学校、单独班或小组以及个别化的教学。这是语言强化班设立的重要原则。

（四）个别化原则

个别化教育思想是特殊教育的精髓，针对每个残疾儿童的实际情况，最大限度地满足他们的特殊需要，创设适合每个残疾儿童良好发展的教育氛围。

（五）综合性原则

在新的教育理念指导下，将各学科的知识技能与教育康复有机融合，提高残疾儿童的学习能力，促进其身心健康发展。

（六）整体性原则

实验研究将在教育过程中注重形成一个促进听障儿童发展的综合整体力量。

六、实验的目标

听障儿童语言强化班实验研究，是巩固和发展受训听障儿童听力语言能力、智力，构建具有科学性、实效性的特教教学新模式，为改变听障儿童"十聋九哑"的生存现状，实现"人人享有康复服务"的教育康复目标，促进听障儿童全面康复，寻找出一条优化教育的途径与方法。本实验研究着重落实下列目标：

（一）培养听话能力

听障儿童不能适应主流社会的原因是缺乏主动聆听声音的习惯和听觉理解能力不足。该实验在听障儿童学前听力训练的基础上，继续通过强化训练提高听障儿童的听觉理解能力、语言辨别能力，使其养成随时随地运用听觉的习惯。

（二）培养口语能力

在实验研究中，重视助听设备在强化语言教育中的作用，加强口语训练，形成和发展听障儿童的口语能力。

（三）培养书面表达能力

通过本实验研究活动，听障儿童将形成和发展语言文字能力，将口语与书面语言结合起来，说写并重，强化课内外语言实践，不断提高听障儿童的书面表达能力，增强其社会适应能力。

（四）培养语言思维能力

在实验研究活动中，不仅强化听障儿童听力语言康复训练，还要注重发展听障儿童的思维，也就是听障儿童学习语言的过程，也是发展其语言思维的过程。

（五）创建良好的语言学习环境

在实验研究过程中，注重创造良好的语言学习环境，激发听障儿童学习语言、运用语言进行交往的积极性，促使听障儿童形成学习口语、运用口语的心理定势，养成语言表达的习惯。

（六）建立听障儿童学业成绩与康复评估相结合的评价方法

本实验重视研究、探索、构建听障儿童学业成绩评定与听力语言康复效果评估相结合的评价方法，把听障儿童听力语言康复工作落实在特教教学全过程，并以此为突破口推动听障儿童综合素质的提升。

七、实验的假设

总假设：语言强化班有利于受训听障儿童巩固和发展语言能力。

子假设一：受训听障儿童集中办班，坚持以口语为主的全沟通教学，有利于听障儿童听觉能力、口语能力和书面语言表达能力等方面的发展。

相关实验处置因素：

（1）教师尊重和赏识每一个听障儿童，把听障儿童当成自主康复的小主人，鼓励听障儿童多听（看）、多说、多读、多背、多写，在与听障儿童交流的过程中，尽量以使用口语为主，避免过多使用手语。

（2）注重拼音教学，创造良好的语言学习环境，强化课内语言技能训练，注重课外语言实践，努力激发听障儿童学习语言、运用语言进行交往的积极性。

（3）重视发挥助听设备在强化语言教育中的作用，加强听觉训练，培养听障儿童的聆听习惯和听话能力。

子假设二：合理选用教材，实行听障儿童学业成绩与康复成长记录相结合的方式，有助于听障儿童积累语言，提高语言理解和运用能力，促进听障儿童学业成绩的提高。

相关实验处置因素：

（1）坚持以听障儿童为本，根据自己的教学需要对全日制特教学校语文教材有些不适合时代、脱离听障儿童实际、使用频率不高的课文内容进行适当的更换或调整。

（2）结合听障儿童语言发展的实际需要和能力，合理选用普通学校教材，积极开发校本教材，如语文教材是特教学校与普通学校教材相结合使用，数学采用的是普通学校教材，语言康复采用的是校本教材等。

（3）综合运用观察、听力语言评估、作品展示、自评与互评等多种方式，为听障儿童建立综合、动态的康复成长记录手册，全面反映听障儿童的康复与成长历程，促进听障儿童主动地发展。

（4）探索闭卷、开卷、听力测试、口试、笔试等多种考核方式，构建学业成绩评测与听力语言康复效果评估相结合的评价方法，有助提高听障儿童的综合素质。

子假设三：充分利用教育康复资源，努力构建听障儿童强化语言教育需要的一个强有力的支持系统，形成学校、家庭和社会相结合的教育康复体系，促进听障儿童全面康复。

相关实验处置因素：

（1）充分利用校内外教育资源，通过"一助一""聋健互动""亲子沟通"和师生交流等形式，培养听障儿童的社会交往能力，创设适合听障儿童语言发展的环境。

（2）改变传统特教学校的教学手段，充分发挥助听设备、语言训练器材、现代信息技术教育资源的作用，综合运用各种媒体，有效地补偿听障儿童缺陷和发挥其潜能，增强语训效果。

（3）学校将语言强化班归划给学校听力语言康复中心管理，设立语训教研组，加强教师培训，建立激励机制，使教师了解实验研究的要求和具体操作方法，激励教师积极参与实验课题研究。

（4）定期向家长通报有关信息，争取家长支持，与家长共同分析听障儿童存在的问题，共同拟定教学对策。

（5）积极与社会各方教育力量联系，以获取人员、财力等方面的支持。

八、研究对象的选择

选择本校一年级12名听障儿童作为研究对象，平均年龄10.9岁，平均听力损失为76.6分贝。其中6名为本校听力语言康复中心的听障儿童、3名为各县（区、市）康复班的听障儿童、3名分别为普通学校随班就读在一、二、三年级转学到我校就读的听障儿童。

九、课题实验的过程

本项课题计划10年完成，课题经费自筹，需约三万元。实验过程计划如下：

（一）实验起始阶段：准备与启动阶段（1999年5月—1999年8月）

1. 制定研究方案及实施方案。

2. 开展教师培训工作，组织学习听力语言教育康复的有关知识。

3. 选取实验对象，进行听力语言评估。

4. 做好各项资料的准备工作。

5. 制定有关规章制度。

6. 组建研究队伍。

（二）实验第一阶段：试点探索阶段（1999年9月—2002年7月）

1. 首先在1~3年级语文、数学学科进行实验，取得经验后再全面铺开。

2. 实验教师记述教学反思，做到一日一记、半月一结。

3. 建立听障儿童档案，形成个案康复成长的档案资料。

4. 增设听力课，加强听障儿童聆听习惯的培养。

5. 增设语言实践活动课，促进听障儿童语言表达能力的提高。

6. 建立积极向上、互助学习的班集体。

7. 不定期召开各种研讨活动。

8. 进行实验班1~3年级实验成果总结。

9. 制定实验班4~6年级强化语言教育实验方案。

（三）第二阶段：铺开与深化阶段（2002年8月—2005年7月）

1. 全面进行实验班1~6年级各学科强化语言教育实验。

2. 每年召开实验班交流会。

3. 组织学科教师进行小学阶段强化语言教育实验总结，并在校内推广实验成果。

4. 制定实验班初中阶段强化语言教育实验方案。

（四）第三阶段：初中阶段实验与推广阶段（2005年8月—2009年8月）

1. 进行实验班初中阶段各学科语言教育强化实验。

2. 在进行实验的同时，总结实验经验，形成成果报告，进行经验推广。

3. 整理课题成果资料，课题结题验收。

十、研究的预期成果及成果形式

（一）预期成果

1. 听障儿童层面：听障儿童康复意识增强，听觉能力提高，口语表达能力和书面表达能力有明显提高，德智体美劳诸方面协调发展。

2. 学校层面：通过实验的开展，提高全校教师的听力语言康复意识，转变教师教育观念，推动学校分类教学和康复教学工作的发展，提升学校教育质量，使学校办学水平步入一个新台阶。

3. 社区及社会层面：成为本地听障儿童后续教育康复的一面旗帜，为本地特殊教育工作贡献智慧和力量。形成新的特殊教育康复模式，为本省听障儿童义务教育阶段的听力语言康复工作提供范例。

（二）成果形式

1. 创编《湛江障碍儿童康复杂志》，推广成果、介绍经验。

2. 汇编教师论文集，有一定数量的论文在市级以上刊物上发表或交流。

3. 撰写实验总结、研究报告。

4. 收集整理教师优秀课例、优秀教案、教育康复经验、校本教材及教具学具等。

5. 收集教育案例。

6. 建立语言强化教育管理制度和听障儿童学业成绩测评与康复评估相结合的评价体系。

十一、研究可能存在的限制

1. 参与实验的教师不能很好地适应实验开展的要求，或不能全身心地投入实验。

2. 实验中相关变量的干扰，如教材的选用、听障儿童的兴趣、家长的支持度等。

3. 缺少康复器材、多媒体教学平台等。

4. 随着年级的升高，参与研究教师的热情减少以及特教学校传统教学方式回潮的出现。

十二、课题的组织机构及分工

为保证该课题顺利进行，成立了“听障儿童语言强化班”课题研究小组和聘请了专家顾问。

特聘专家顾问：简栋梁（中国听障儿童教育康复专家）、黄岱（湛江市特殊教育学校校长，课题总负责人）。

课题研究小组组长、课题组织实施负责人、主持人：刘少敏（湛江市听力语言康复中心主任）。

课题研究小组副组长兼秘书：宋新萍（语训组组长）。

课题研究小组成员主要任务分工：

刘少敏：起草课题方案，组织审议实验方案和方案实施，组织评估及检查实验情况，组织撰写实验报告、研究进展工作报告，总结论文成果等，兼听力与语言训练课教学任务。

黄　岱：担任思想政治课、个别化教学工作。

宋新萍：课题活动联络员，负责组织收集整理数据、分析实验结果等，兼个别化教学工作。

黄晓燕：课题活动会议记录，兼个别化教学工作。

梁巧珍：担任小学班主任，兼任小学语文及思想品德课教学工作。

周翠娇：担任初中班主任，兼任小学至初中数学教学工作。

黄琳静：担任初中语文课教学工作。

梁琼玲：担任自然、社会等课程教学工作。

陈雪颜：担任理科课程等教学工作。

第二节　特教学校设立强化语言教学班的研究报告

在特教学校设立强化语言教学班进行强化语言教学实验，旨在探索特教学校有残余听力、受训过的听障儿童进行后续语言康复的新途径。经过近10年实验研究的结果表明：本实验符合有残余听力、受训过的听障儿童语言巩固和发展的需要及其家长的希望。通过实验有效地激发了听障儿童语言学习的兴趣，开发了语言潜能，提高了语言表达能力和学习成绩，促进了整体素质的提高，为其平等参与社会、掌握更多科学文化打好基础。

一、问题提出

湛江市特殊教育学校听障儿童听力语言康复中心创办于1990年3月，至1999年7月，共收训听障儿童50多人。经过训练，部分听障儿童进入普校随班就读，其他听障儿童安置在特教学校普通班。进入普校随班就读的听障儿童存在回流现象，回流后同样安置在特教学校普通班。经过9年的教学实践发现，由于各方面的原因，安置在特教学校普通班就读的受训听障儿童不仅语言巩固率低，而且语言潜能没有得到更好的发展。为了更好地巩固与发展受训听障儿童的语言能力，探索听障儿童后续语言康复的有效途径，该学校于1999年9月在特教学校设立强化语言教学班开展强化语言教学的实验研究，即将有残存听力、受训过的听障儿童集中编班，实行以口语为主的教学。

二、研究过程

（一）研究对象

研究对象为湛江市特殊教育学校启聪部一年级新生12名，平均年龄10.9

岁，平均听力损失为76.6分贝。其中6名为本学校康复中心听障儿童，3名为各县城康复班听障儿童，另3名分别为普校随班就读于一、二、三年级转学来的听障儿童。

（二）研究方法

本研究采用行动研究法。1999年9月开始设立强化语言教学班，开展强化语言教学班听障儿童安置、教材使用、强化语言教学策略与保障等方面的研究。

1. 强化语言教学班教师配备

强化语言教学班要求教师普通话较好，有较强的康复意识，掌握听障儿童听力语言康复的技能。因此，强化语言教学班任教的教师，主要安排原听障儿童听力语言康复中心和特教学校教学经验丰富的教师担任。

2. 强化语言教学班听障儿童安置

一至三年级时，该班教室、宿舍安排在与听力语言康复中心同一幢楼内。由于教室紧缺，从四年级起，该班的教室搬到与特教学校普通班同一幢教学楼内，女生宿舍不变，男生宿舍搬到与特教学校普通班宿舍同一幢宿舍楼内。

3. 强化语言教学班教学用书

语文、数学、思想品德、社会、自然等教材使用人教版九年义务教育小学教材，并配套使用语文、数学练习册和单元试卷，如“一课一练”等，其他学科使用全日制特教学校实验教材。使用普通小学语文教材时，可根据听障儿童实际情况，允许教师采用删、减、补等方法进行教材处理。

4. 强化语言教学与评价方式

在课堂内的集体活动，教师既要讲究集体教学，又要照顾每个听障儿童的差异。如教学目标分层要求，小步递进达标；课堂教学语言既讲究简洁与通俗易懂，又实行分类要求，如分类使用口语沟通法、综合沟通法，对听障儿童不会说的词句要求其借用手指语来拼读；作业布置分类、分层要求，作业类型突出语训特点，如语文作业有听写（看话）、日记、朗读、阅读理解、复述、背诵和实践作业等。为了缩短班级听障儿童语言水平和学习能力的差异，使每一位听障儿童都能适应强化语言教学班的教学环境，教师利用每天的自修课、每周的个别矫正课和课余时间为他们提供个别化学习辅导、语言训练、语言测试和言语矫治，并指导家长督促听障儿童完成家庭语言训练作业，创建家庭口语交际环境。

教学评价方式（仅指语文与数学），主要采取平时抽查（如朗读、阅读理解、听写、背诵、作文、口算等）、单元测试、期中考试和期末考试四种，后三种测试题参考本地普通小学的试题。

5. 强化语言教学班的语言实践活动

强化语言教学班除了在平时课堂教学中重视语言实践外，更重视培养听障儿童的自主学说话能力和语言运用能力，如要求听障儿童相互之间用口语交流、与其他听障儿童用口语配手语交流，与教师和其他健听人用口语（或配笔谈）交流；班主任充分利用班会、课外活动等时间开展丰富多彩的课外活动，增加听障儿童语言交往的机会，促使他们多说话，如举行主题会、讨论会、故事会、与视障学生沟通活动，同青年志愿者沟通活动，以及主持学校的每周升旗仪式；要求听障儿童每天写一篇日记、每周写一篇周记等。

6. 对强化语言教学班教学实验的支持

强化语言教学班设立后，学校给该班配备了教学复读机，在该班里安装了电磁感应线圈，将该班任课教师列入听力语言康复中心教研组，每两周开展一次教研活动，并安排康复专业人员定期给该班听障儿童进行听力测试与训练、助听器调试与维护、言语矫正等。

三、实验结果

1. 强化语言教学切实提高了听障儿童的语言表达能力

经过近十年的强化语言教学，该班听障儿童的看话能力、语言理解能力、会话能力、书面表达能力已接近正常儿童。课堂上、日常生活中，该班听障儿童基本会用口语交流与表达自己的情感和思想；会写书信给亲人、朋友反映自己在学校学习和生活的情况；会写建议书，如学校因教室、宿舍紧缺问题而搬迁该班的教室和宿舍，他们便积极写书面材料向校领导、教师反映意见，所写的语句较为通顺，说辞有一定道理；大多数听障儿童养成写日记的习惯，喜欢将平时的生活经历、思想感受写在日记本上，个别学生每学期书写日记达100多篇，字数最多的一篇有四五百字。

2. 强化语言教学有效提高了听障儿童的学习成绩

在每学期的期末考试中，该班语文、数学考试平均成绩均居全校前茅。与同年级相比，强化语言教学班听障儿童的学习成绩明显高于对照班，作文成绩尤其突出，如在五年级的期中、期末考试统计发现，强化语言教学班的听障儿童作文平均字数都达到270字，比同年级听障儿童作文平均字数多出约200字，与同年七年级听障儿童作文平均字数相近。

3. 强化语言教学有助于培养听障儿童健康的心理

将受训过的听障儿童集中教学，实现了他们学习语言的愿望，使他们学习说话的兴趣大增。刚入学时，该班有4名听障儿童语言基础较差，进入该班后，受班级同学影响，他们主动自学、向同学学习、向老师请教，语言水平不断进步。经过几年的语言强化学习，该班听障儿童都表现出很强的自信心和自豪感，觉得自己比其他听障儿童幸运，会用口语说话，对未来充满希望。

良好的语言学习氛围也消除了听障儿童的心理问题，如从普通小学三年级转学来的诗诗同学，刚来时自卑、性格内向，虽然在家能与家人进行简单交流，可在学校却沉默寡言。在强化语言教学班听障儿童的影响和教师的教育下，她逐渐打开心扉，融入到集体学习生活中。

4. 强化语言教学有利于促进听障儿童整体素质的提高

通过强化语言教学，听障儿童的语言能力和学习成绩提高了，整体素质提升了。近十年来，该班年年被评为学校先进班，有3名听障儿童成为校学生会干部，1人被评为市优秀团干，听障儿童参加全国、省、市残疾人书法、美术、舞蹈等艺术比赛获奖30多人次，1人还参加了2008年北京残奥会开幕式表演。

四、分析与建议

特教学校设立强化语言教学班开展语言教学研究的成果表明：在强化语言教学班使用普通小学教材是可行的；本研究有助于提高和发展听障儿童的口语、书面语水平和社会交际能力，有助于健康心理、良好品德的养成；为当前特教学校落实口语教学为主、手语为辅的教学原则起了示范和借鉴的作用，证明了落实该原则是推动特教学校优化课堂教学、提高教学质量一种行之有效的方法。但此项目的研究仍有许多问题需要加大工作力度与进行深入研究才能解决，如语言环境的创设问题、教学设备设施建设、全员参与听障儿童强化语言训练和学前听障儿童教育康复等问题，影响着研究的效果。建议如下：

第一，要充分调动多方力量支持该实验班教学，加强各学科教师、生活教师、青年志愿者和听障儿童亲人的沟通，群策群力参与到听障儿童的听力语言康复训练中来。定期进行教育康复培训，将强化语言训练、言语矫正贯穿于听障儿童的日常生活交往、课堂教学、课外活动和家庭教育中。

第二，学校要创设良好的校园语言环境，激发听障儿童进行语言交往的兴趣。在研究中发现，校园语言环境对听障儿童口语交往习惯的养成有一定的影响。当前特教学校教学存在只强调强化语言教学班的语言教学，而忽视普通班级的语言教学，只注重培养强化语言教学班听障儿童的口语习惯，而忽视对其他听障儿童语言交往进行指导的问题。为此，特教学校全体师生必须树立语言康复意识，通过各种激励手段鼓励所有听障儿童学习语言，努力创造人人学说话、人人会沟通的校园交际环境，促进强化语言教学班听障儿童语言能力的发展。

第三，加大对实验班教学设备的投入。在实验研究初期，因教学设备、语言训练专用设备缺乏和听障儿童助听器使用不科学等问题，严重降低了教学的质量。开展强化语言教学实验，需要配齐多媒体设备、无线调频设备，提供助听辅具等方面的支持，听障儿童的语言潜能才能得到进一步开发，强化语言教学才能发挥较好的效能。

此外，在教学中还要重视强化语言教学研究，如普校教材的处理、教学方法和信息技术的运用等问题还有待进一步研究。

第三节　听障儿童听力语言康复的途径与方法研究

《听障儿童听力语言康复的途径与方法研究》是湛江市特殊教育学校于2000年立项的校级研究课题。在五年多的研究中，课题组站在现代特殊教育改革与发展的前沿，对听障儿童听力语言康复的途径和方法进行了研究，探索出适合本地区听障儿童听力语言康复的训练原则、教育康复模式、康复训练途径与方法；在特殊教育学校内构建了学前康复、义务教育阶段衔接康复、随班就读学校后续教育康复、家庭康复和社区康复体系，营造了关心听障儿童教育康复的社会氛围；开发了听障儿童听力语言课程和教材，并通过“医教康复法”“看听话并举法”“多元玩字法”和“亲子同训法”的实施，有效地发展了听障儿童的语言能力。

本课题在湛江市特殊教育学校的成功开展，塑造了特教学校的教育品牌，促进了本市特殊教育的改革与发展，提高了学校的教育康复质量，转变了教师和家长的教育观念，培养了一批骨干教师和优秀教师，促使听障儿童听力语言能力、学习能力和社会适应能力明显提高。

一、课题的提出：听障儿童康复的曙光

听障儿童，即听觉障碍儿童。听障儿童听力语言康复是指通过医学、教育等康复措施，使其听力语言障碍减轻或使其听力功能恢复到最佳状态的过程。

听障儿童听力语言康复是我国抢救性“三项康复”工程之一。为了落实这一工程，1990年湛江市特殊教育学校办起该市首家听障儿童学前语训班。1992年后，徐闻、遂溪、吴川、廉江等县（市、区）残联也相继办起听障儿童学前语训班。至1999年7月，全市共有100多名听障儿童康复，进入普通学

校就读的听障儿童就有20多名。然而，随着国内听障儿童教育康复工作的发展，本市的听障儿童康复效果、早期教育康复、后续教育康复陷入困境。这种困境主要表现在以下三个方面：

一是学前听障儿童缺乏优质的听力语言康复服务。各县（市、区）残联语训班教学过于封闭，与教育部门脱节，与特殊教育学校联系少，得不到系统的特殊教育方针政策及教学理论的指导，教学效果大打折扣；全市听障儿童康复训练方法简单，教学设备简陋；听障儿童家长在认识上存在误区，他们认为孩子的听力已经有障碍，语训也起不了多大作用，不重视听障儿童的早期康复，或认为自己不会教而依赖老师训练，没有履行家庭康复的责任。

二是康复后的听障儿童进入普通学校随班就读的后续教育康复无保证。主要原因是普通学校以不会教听障儿童或以听障儿童无法适应正常教育而将其摒弃在校门外，有的听障儿童在普通学校仅是“随班就坐”，还有的因不堪冷落而回流到特殊教育学校就读。

三是特殊教育学校部分教师思想观念滞后。他们的传统教育观念难以转变，依旧延用以运用手语为主的沟通方式，学前康复较好的听障儿童得不到后续康复训练，使他们原有的听力语言能力因得不到巩固和发展而逐渐消退。还有一些无学前康复经历、尚有残存听力的听障儿童，因教师忽略其残存听力，致使其残存听力荒废，语言潜能得不到开发。

以上问题，严重阻碍听障儿童快乐、健康成长，不适应现代特殊教育改革与发展的要求。为了走出困境，解决本市听障儿童康复过程中出现的“单打”局面，落实国务院颁发的《中国残疾人事业“九五”计划纲要》提出的“充实、完善听障儿童听力语言训练体系”的任务和《特殊教育学校暂行规程》提出的“特殊教育学校要把学生的身心康复作为教育教学的重要内容”“指导普通学校特殊教育班和残疾儿童、少年随班就读工作”和“为当地校外残疾人工作者、残疾儿童、少年及家长等提供教育、康复方面的咨询和服务”要求，结合本校近十年听障儿童学前语训康复工作经验和近年来康复后的听障儿童语言强化教学经验，开展了听障儿童听力语言康复的途径与方法研究，旨在通过对听力语言康复训练的途径、方法等内容的探索，寻找一条适合本市听障儿童听力语言康复的新路子，并以此为突破口，促进特殊教育学校教学的改革和发展，全面提高听障教育质量。

我国一些发达地区的特殊教育学校或康复机构，已经对听障儿童听力语言康复训练的途径或方法进行了广泛关注，并开始了相关的研究和实践。但在特殊教育学校内系统性地研究听障儿童听力语言康复的途径和方法，目前在国内尚不多见。随着《特殊教育学校暂行规程》等有关文件的进一步落实和特殊教育学校服务功能的逐步完善，这项研究将是国内特殊教育学校必然进行的新课题。本课题的研究将促进国内听障儿童康复工作的发展，并为省内特殊教育学校实施听障儿童教育康复开辟出一条新路子。总的来说，本课题研究是全面贯彻《残疾人保障法》《中国残疾人事业“十五”计划纲要》等法规，落实听障儿童人人享有康复服务的权利，让他们尽早尽快、最大限度得到听力语言康复，为其学习知识和适应社会打好基础的要求。

二、探究的目标：谋求听障儿童最大限度的康复

第一，建立具有湛江特色的校本培训机制，对特殊教育学校教师、家长和义务支教志愿者开展培训。特教学校教师和家长是听障儿童听力语言康复的主要负责人，志愿者是听障儿童康复的辅助力量，只有通过培训提高他们的康复技能，才能为听障儿童康复研究提供更好的支持。

第二，构建以特殊教育学校内设听力语言康复中心为指导中心，特殊教育学校学前康复与义务教育阶段康复、社区康复、随班就读后续教育康复为基础，家庭康复为依托的听障儿童康复工作格局。研究在特殊教育学校内建立听障儿童学前康复及义务教育阶段衔接康复、无学前康复经历的听障儿童康复的运行机制。在此基础上，以听力语言康复指导为突破口，打破特殊教育学校教育康复工作的封闭性，加强对各县（市、区）残联听障儿童语训班的教学指导、对普通学校随班就读听障儿童听力语言的跟踪指导和家庭康复指导。

第三，探索出一套科学有效的听障儿童听力语言康复训练的途径与方法，包括听障儿童听力语言康复训练的途径、康复训练方法和康复效果评估方法，利于听障儿童学习语言的校园环境、家庭环境和社会环境等。

三、正确认识听障儿童：利用残存听力，开发语言潜能

（一）一个残存听力有待抢救的群体

听障儿童教育专家叶立言指出：“十聋九哑”的观念是片面的，耳聋虽

然难以根治，但绝大多数听障儿童不仅有残存听力，而且发声功能大多也是健全的，只有尽早地到专业机构验配助听器或植入耳蜗，并进行听觉和言语训练，才能打开无声世界的大门。课题组对学校一至九年级听障儿童进行听力筛查，发现90%的听障儿童有残存听力，其中63%听障儿童的听力损失在75–90dB。这些儿童若能在早期配戴上助听器并进行康复训练，他们康复的效果会更好（见表3–3–1）。尽管错过了语言训练的最佳时间，但只要尽早配戴助听器，通过特殊的训练，他们也能获得一定的康复。随着人工耳蜗技术的广泛应用，即使全聋的儿童，只要植入人工耳蜗，同样能成功康复。

表3–3–1　助听器使用与语言–言语发展的关系

平均听力损失（dB）	不用助听器			使用助听器		
	会话听力	语言识别率	学习语言渠道	会话听力	语言识别率	学习语言渠道
小于26	正常	正常	听觉	正常	正常	听觉
31–60	部分	接近正常	听觉辅以视觉	正常	接近正常	听觉
61–90	无	无	视觉	正常	好	听觉辅以视觉
91–120	无	无	视觉	部分	差	听觉辅以视觉

（二）一个语言潜能亟待开发的群体

第一，学龄前康复是一项抢救性工作。学龄前是儿童生理、心理发展的关键时期，也是儿童获得语言的关键时期。孙喜斌教授指出："0~3岁是儿童大脑发育最快的时期，也是学习语言的最关键期。7岁以前是最佳期，7~12岁是可塑期。"也就是说，听障儿童如能早发现、早配戴助听器和早进行语言训练，将可能最大限度地发挥其代偿功能，促进其听力语言康复。

第二，康复是听障儿童生存发展的迫切需要。《中国残疾人事业"十五"计划纲要》指出，绝大多数残疾人通过康复可以恢复或补偿其能力，提高其生活自理和社会适应能力。现实中，没有接受过康复的听障儿童，其听力损失给他们学习和掌握语言文字造成障碍，以致他们接受信息的速度迟缓、认知范围狭窄、对客观事物的理解不足，健康心理的发展、文化素养的提高难以与健听人同步，真正融入主流社会有困难。实践证明，形成和发展语言关系到他们一生的发展和整体素质的提高，关系到家庭的幸福、社会的和谐与稳定。为此，我国特殊教育学校教育学明确指出："形成和发展语言的原则，是特殊教育学校教师形成和发展听障儿童语言工作必须遵循的要求"。

第三，听障儿童听力语言"用进废退"。从生理学意义上看，有关器官的"用进废退"说和"功能代偿"说理论告诉我们，器官的发育完全及其功能的完善离不开对其的使用。听障儿童的语言障碍是由于其残存听力中的听觉神经长期得不到有效刺激，导致其大脑皮层的听觉中枢发育迟滞；发音器官的僵化和构音器官的功能退化，导致发声障碍和构音障碍，以致大脑皮层语言中枢发育不良。由此看出，只有尽快尽早通过补偿、矫正、康复训练提高这些器官的功能，才能使其残存的功能得以维持和发展，而听力补偿、言语矫治涉及到听力学和言语病理学的理论与方法。因此，要开发听障儿童的语言潜能，就得将教育康复与医学康复有机结合。

（三）一个要求教育康复公平的群体

世界各国普遍都把残疾人问题列为人权内容之一。残疾人得不到康复，其生活质量就差，生存权利乃至人权就得不到保障。我国残疾人保障法也明确规定，每个残疾人都有接受教育、康复的权利。可见，"人人享有康复服务"是我国残疾人康复工作的目标。

基于以上认识，课题组将"听障儿童听力语言康复的途径与方法"做了以下界定：尊重听障儿童教育康复权利，珍视听障儿童的残存听力，遵循听障儿童听觉语言发展的规律，运用医教结合的方法，将听力语言康复训练贯穿于教育教学全过程。通过采用个案研究法、行动研究法和实验研究法等研究方法，发挥本校教师、家长及社区（社会）教育力量的作用，着眼于听障儿童口语表达习惯的养成和听觉语言能力的康复训练，探寻听障儿童听力语言康复的基本途径和方法。

四、课题研究的过程：探索听障儿童康复的成功之路

（一）转变教育观念

信息闭塞、教学方法陈旧是特殊教育学校普遍存在的现象，特别是滞后的教育观念阻碍了听障儿童语言的形成与发展。课题组认真学习特殊教

育相关文件、政策和现代特殊教育理论，主动与家长沟通，积极与湛江市残联、县（市、区）残联语训班和听障儿童随班就读学校联系，更新教育观念。

（1）确立开放式的教育康复观念。特殊教育学校从单方封闭式的听力语言康复训练转变为多方合作的开放式现代教育康复，并建立从“服务本校听障儿童”转变为“服务湛江有康复需要的听障儿童”的意识。

（2）确立语言教育公平意识。特殊教育学校由只重视个别听障儿童的语言教育转变为关注全校听障儿童的语言教育。

（3）确立人人参与康复工作意识。变只有语训教师抓听力语言康复为全体教工人人参与康复教育工作。

（4）树立康复与素质教育观。变忽略康复为教育康复齐抓的素质教育局面。

（5）树立全面康复理念。变单纯的文化教育康复为全面康复，即医学康复、教育康复、职业康复和社会康复。

（二）建设湛江市听力语言康复中心

为保证本课题的研究，根据《特殊教育学校暂行规程》等法规、文件的要求，学校2000年9月向市教育局和残联申报将学前语训班升格为“湛江市听力语言康复中心”并获得批准。该康复中心具有听力诊断、听力语言训练、咨询、听力语言研究等功能，既是学校听障儿童学前听力语言康复基地和本课题研究基地，也是湛江市听障儿童听力语言康复指导中心。该康复中心的建成，将有助于指导特殊教育学校开展听障儿童小学至初中阶段的教育康复和听障儿童家庭康复，指导社区（各县、市区）听障儿童学前康复和普通学校随班就读工作等。

（三）构建听障儿童听力语言康复体系

以特殊教育学校内设的听力语言康复中心为指导中心，开展特殊教育学校教育康复（学前康复、小学康复、初中康复）、融合家庭康复和社区（社会）教育康复（各残联语训班、普通学校随班就读及其他），构建听障儿童听力语言康复体系，促使听障儿童全面康复，如图3-3-1所示。

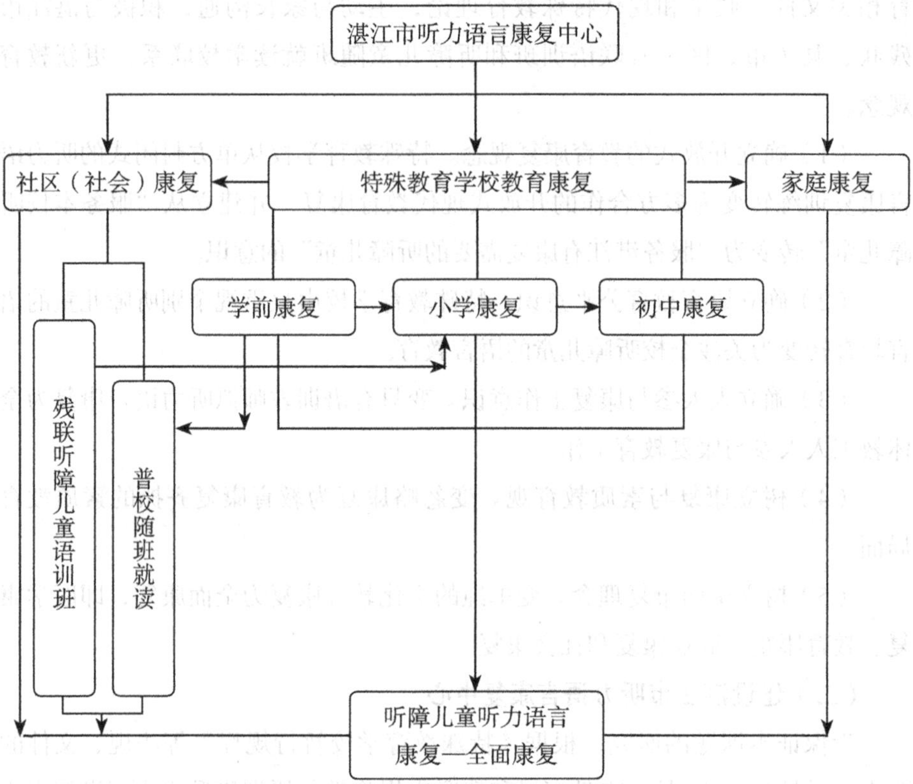

图3-3-1　听障儿童听力语言康复体系

（四）确定研究对象

1. 确定本校研究对象

为了研究不同年级段、不同听力损失的听障儿童康复方法，课题组确定本校学前与义务教育阶段听障儿童作为本课题的研究对象。课题组依据听障儿童的年龄、听力和语言发展状况进行合理安置，安置方法如下：

（1）学前康复班。未满7岁的听障儿童进入学前康复班接受专门的听力语言康复训练，康复后听力语言达一、二级的听障儿童进入普幼或普校随班就读。

（2）语言强化A班。主要针对学前康复后达三级以上语言康复的听障儿童进行衔接教育康复。每班13人。

（3）语言强化B班。主要针对学前康复后达四级语言康复的听障儿童进行衔接教育康复。根据招生情况确定，每班12～14人。

（4）普通A、B班。A班主要针对未受过学前语训，听力损失在90dB以下的听障儿童进行补救性教育康复，或康复后因人数少编不成班的听障儿童，将其安置在该班进行随班就读接受后续康复；B班主要针对听力损失在90dB以上并未进行听力干预的听障儿童进行常规性教育康复。

2. 确定县（市、区）残联语训班为研究对象

主要有两个，即徐闻残联语训班、遂溪残联语训班。

3. 确定普通学校随班就读的听障儿童为研究对象

主要有霞山第十小学、东海育民小学、城月一小、吴川中心小学等学校的随班就读听障儿童。

（五）提供利于听障儿童康复的环境

1. 分类设立课程和选择教材

在保证落实国家规定的特教学校教学任务的前提下，根据不同班级不同听力损失听障儿童的特点，开设有利于其语言发展的课程，选择适合他们学习的教材和教学方法。

（1）改进学前康复班的教学课程。在选用中国听障儿童康复中心推广的教材《学说话》《听力训练》基础上，根据本地区听障儿童的生活实际，结合学前教育教材，研究制定学前康复教学内容，以一日活动为线索，开展语言、趣味数学、智力游戏、听力游戏、美工、音乐律动、健康、科学等学科教学活动。

（2）语言强化A班继续使用普通小学教材，每周增设一节语言交际课，继续实行口语教学。

（3）语言强化B班一年级使用校本教材《语文》进行语言强化训练，其他学科使用国家规定的特殊教育学校实验教材，二年级起使用普通小学一年级教材（以后依此类推），每周增设两节个别语言辅导课，实行口语为主、手语为辅的教学。

（4）普通A、B班实行分类教学。两班都按照国家规定的特殊教育学校教学计划开足、开齐课程，其中一至三年级除了规定的每周三节语训课外，普通A班每周增设一节听力语言课、两节个别语言辅导课，实行口语为主、手语为辅的教学。

2. 激励听障儿童形成和发展语言

（1）在学校激发听障儿童学说话的欲望。要求教师积极开展各种教育活动，如讲述康复成功的听障人士故事，激发听障儿童语言学习的兴趣和树立自信心。课堂上，坚持口语教授为主，合理运用手指语、手势语和多媒体手段辅助教学，培养听障儿童听（看）、说、读、写的能力。同时，要提供机会让听障儿童巩固和积累语言，如在教室里放置语言展示板，坚持写日记；编写日常用语，鼓励听障儿童相互对话，或到校外参加实践活动学习与人对话，回家大胆用口语与家人交流；与青年志愿者开展“手拉手”共建活动和组织“口语角”活动，鼓励听障儿童使用语言与人交流或进行笔谈、书信往来等。学校每学期举行朗诵会、故事会、作文比赛等，帮助听障儿童树立学习语言、运用语言的信心，激发他们运用语言交往的积极性。此外，要求教师与学前听障儿童、语言强化班或其他班级语言康复较好的听障儿童交流时，尽可能使用口语交流。

（2）在家庭鼓励听障儿童用语言交流。要求家庭全员重视听障儿童的听力语言训练，为听障儿童验配合适的助听器或植入人工耳蜗。平时多接其回家沟通感情，善于利用听障儿童在家的机会，有意识地教听障儿童说话，或带听障儿童外出游玩、会亲访友等，鼓励听障儿童与别人交流。

（六）加强听障康复师资队伍建设

（1）专业培训。一是校外培训，每年分批选送教师往广州接受听力语言康复技术培训；二是校本培训，在校内对教师进行听力语言课程、信息技术、课件制作等内容的培训，对青年志愿者（爱心老师）和本校学前康复的家长（亲人）进行培训等。

（2）讲座与交流。学校定期聘请听力学教授、专家来校做讲座，举办听障儿童康复成功家长的交流会，每学期举行一次听力语言康复教学开放周活动，让家长或其亲人、校外教师来校观摩学习，每年开展实验语训点和普通学校教师康复教学论文或经验交流会等。

（3）坚持“岗位练兵”。主要做法是：每学期上公开课、竞赛课和观摩课，实行科组开放周制度，开展“写、说、上”（写教学设计、说课、上课）比赛活动，举行教师优秀教案、教学反思、论文评比活动，组织教师参加全省特殊教育学校教师教学技能竞赛活动等。

（七）配备康复设备

为了保证课题研究成果，学校2001年给语言强化班和普通A班安装了电磁感应线圈，2002年在康复中心建设了隔音教室、个别训练室、测听室、耳模制作室，并配备电脑、多媒体电教平台等现代化设备，这些设备设施为听障儿童提供了良好的听力语言康复训练条件，为教师的教学提供了方便。

（八）加强课题研究管理

1. 组建课题管理机构

成立课题组。课题组由校长任组长、副校长任副组长，湛江市听力语言康复中心设主任一人任主持人，将组员中有经验的骨干教师及特殊教育专业毕业的青年教师作为实验的骨干力量，聘请我国知名听障儿童康复专家简栋梁教授为顾问，在理论上做出指导。还在本校语训组、各学科教研组、遂溪和徐闻残联语训点设立研究小组，各设组长一人。

2. 加强课题实验研究的管理

（1）加强课堂教学管理，经常深入课堂听课，指导教师调整教学内容，运用科学康复方法实行个别化教学，重视优化训练过程和评价康复训练效果等。

（2）重视开展语言实践活动，要求语文、语训教师认真上好听力语言辅导课和交际活动课；班主任、少先队辅导员在开展教育活动时，要创设更多的机会让听障儿童运用学过的知识进行语言实践，如组织听障儿童外出购物、乘车等。

（3）举办听力语言展示活动。定期组织听力游戏、讲故事、朗诵、对话、作文竞赛等。

（4）制定课题研究工作制度。撰写月计划与学期计划，开展月、学期与学年评价，实行周集体备课制度和开展每学期开放周活动，建立听障儿童康复档案和办好课题研究的学术刊物等。

（5）提供听力语言康复服务。为社区听障儿童测听、听力语言康复评估，为家长或校外教师提供康复教材、参考资料以及康复咨询服务等。

（6）制定听力语言康复效果评估奖励办法，包括对教师康复质量的评估和奖励、听障儿童康复效果的评估与奖励办法，每学期进行评估与奖励一次。

（九）研究进程

本课题历时五年多，主要经历四个阶段（见表3-3-2）。

表3-3-2　本课题研究的四个阶段

阶段	时间	过程	主要任务
第一阶段	2000.3–2000.9	准备	全面了解听障儿童的听力语言状况，收集详细的个人资料，开展基础评估。在此基础上确定研究对象，制订课题研究方案和计划。具体内容：1.进行访问调查，了解学前听障儿童家庭的期望值及其教养方式，与家长建立合作关系；2.了解义务教育阶段听障儿童的学前康复状况，并对其听力、语言和学习能力进行检测，听取听力学专业人士在医学、康复训练方面的建议；3.了解本市普通学校的随班就读听障儿童和县、市（区）残联语训点的听障儿童教育康复状况，并与随班就读学校、听障儿童家长及各语训点领导、教师建立联系；4.转变教师教育观念，建设听力语言康复中心与康复环境等
第二阶段	2000.9–2001.9	实施	1.组织语训教师学习有关文件和听障儿童康复知识；2.指导学前班教师制订训练计划、训练内容，选择适合的教学手段；3.帮助语言强化A班使用好普小教材，探索和确定适合该学科及学生特点的教学模式；4.采取月、学期与学年评价机制，评估学前康复班和语言强化班康复效果
第三阶段	2001.9–2005.9	继续实施	1.分析学年康复效果，设立校本课程，编写语言强化B班的校本教材并实施校本教材；2.组织全校教师培训，扩大实验班，全面推行特教学校有残存听力听障儿童听力语言康复训练；3.举办家长、校外教师培训班和交流活动，开展校外康复指导；4.继续做好评估工作
第四阶段	2005.9–2005.12	总结	完成论文和结题报告的撰写，进行实践研究的成效分析

五、研究的成果与学术贡献：共享收获果实

（一）康复成果

1. 听障儿童学前康复效果显著

对特殊教育学校、徐闻和遂溪三所实验学前语训班进行实验前和五年康复后效果进行比较，结果见表3-3-3。

表3-3-3　特校与县（区）残联语训点听障儿童康复效果对照表

检测项目	特校学前语训班				徐闻残联语训班				遂溪残联语训班			
检测结果	进入小学、中学人数	进入强化班人数	进入普通班随班就读人数	现在在训人数	进入小学人数	进入特校强化班人数	进入特校普通班	现在在训人数	进入小学人数	进入特校强化班人数	进入特校普通班人数	现在在训人数
实验前	4	6	40		2	1	50		0	2	36	
实验后	8	16	12	15	4	10	29	9	2	11	33	9
增减数	+4	+10			0	+9			+2	+9		

从表3-3-3中可以看出，三所语训班实验前共有141人，特殊教育学校、徐闻和遂溪分别语训50、53、38人；实验后共语训158人，比实验前增加了17人，其中特殊教育学校、徐闻和遂溪分别为51、52、55人，说明家长对听障儿童的听力语言康复意识加强。特殊教育学校学前语训班实验前、康复后进入普通小学和强化班的人数比例分别为8%、12%，实验后分别为17%、30%，分别提升了9%、18%，还有在实验后康复的36名听障儿童中，达一级康复人数7人、二级康复人数7人、三级康复人数17人、四级康复人数5人；徐闻残联语训班实验前康复后进入特殊教育学校普通小学和强化班的人数比例分别为4%和2%，实验后分别为7%和19%，分别提升了3%和17%；遂溪残联语训班实验前康复后进入特殊教育学校普通小学和强化班的人数比例分别为0和5%，实验后分别为4%和20%，分别提升了4%和15%。三所语训班听障儿童康复效果有较大的提高，提高程度依次为特殊教育学校语训班27%、徐闻残联语训班20%、遂溪残联语训班19%。由此看出，特殊教育学校学前语训质量在全市听障儿童康复中处于领先地位，各县、市（区）残联语训工作水平也在不断进步。课题组还从残联部门了解到全市听障儿童学前语训班已从原来的6所发展为7所，“十五”期间共语训听障儿童411人，进入普通学校就读的有26人，在训儿童81人。可见，本课题研究极大地推动了整个湛江市听障儿童康复事业的发展。

2. 听障儿童听力语言康复意识和语言能力增强

（1）极大地激发了听障儿童学说话的兴趣。

在实验前和实验后，课题组对特殊教育学校学前至九年级22个班共200

名听障儿童采取随机抽样的方式，进行学说话兴趣的对比测验，测验结果见表3–3–4。

表3–3–4　湛江市特殊教育学校听障儿童学说话兴趣提高情况对比表

检测项目	很喜欢学说话		一般喜欢		有一点喜欢		不喜欢	
检测结果	人数	比例	人数	比例	人数	比例	人数	比例
实验班	19	9.5%	35	17.5%	61	30.5%	95	47.5%
实验后	85	42.5%	64	32%	32	16%	29	14.5%
增减数	+66	+33%	+29	+14.5%	–29	–14.5%	–66	–33%

从表中结果可看出，通过课题实验，全校听障儿童学说话兴趣有了很大提升。课题组还对语言强化班、三至九年级（1）班的实验班和在普通班中随班就读的听障儿童进行测试，结果发现：一（1）、二（1）、七（3）三个语言强化班40名听障儿童都表示特别喜欢学说话；三（1）、四（1）、五（1）、六（1）、七（1）、八（1）、九（1）等7个实验班听障儿童学说话兴趣有明显变化，98%的听障儿童喜欢学说话，还有在各年级（2）班随班就读的50%听障儿童也喜欢学说话。这说明本课题实验，激发了听障儿童学习语言的积极性。有14.5%的听障儿童不喜欢学说话，分析原因是其听力损失严重，发音器官僵硬，或个别智力低下等问题，学习发音、说话有困难造成的。

（2）大部分听障儿童喜欢戴助听器。

在实验前后，课题组对特殊教育学校双耳或单耳听力损失90分贝以下的180名听障儿童进行配戴助听器情况调查，调查结果见表3–3–5。

表3–3–5　听障儿童配戴助听器情况对照表

检测项目	学前语训班			小学阶段			初中阶段		
检测结果	台数	配戴率	人均台数	台数	配戴率	人均台数	台数	配戴率	人均台数
实验前	11	81%	0.7	20	15%	0.15	5	9%	0.1
实验后	35	100%	2.3	100	76%	0.8	42	75%	0.8
增减数	+24	+19%	+1.6	+80	+62%	+0.65%	+37	+66%	+0.7

从表中可明显看出，课题实验使更多的听障儿童喜欢配戴助听器。同时，还可以看到家长对听障儿童的听力愈来愈重视，特别在学前阶段最为重视，不仅为听障儿童配戴两台助听器，有的还为听障儿童配备三台助听器。

其中最有代表的是学前语训班的郑世雄（两耳听力损失为93dB）、黄垒（两耳听力损失91dB）等，他们已有两台比较适合的助听器，但为了让他们获得更好的补偿效果，家长为他们更换了价值26000元的助听器。还有一（1）、二（1）和七（3）语言强化班的听障儿童，家长非常重视孩子的听力干预，给每位听障儿童配戴了助听器。在小学、初中阶段一半以上有残余听力听障儿童配戴一台或两台助听器，至于那些尚有残余听力而没有配戴助听器的听障儿童，据了解主要因家庭经费困难。实践证明，助听器是听障儿童听觉补偿的工具，对提升其听觉和语言能力具有重要作用，若能及早配戴助听器，康复效果会更好。

（3）听障儿童运用语言交往的习惯初步形成。

具体表现在两个方面：一是在本校学前康复班和一（1）、二（1）和七（3）班三个语言强化班的听障儿童与教师交流时使用口语的频率有明显变化。课题组采取随机抽样的方式共抽取40名听障儿童进行测验，测验结果见表3–3–6。

表3–3–6　学前康复班、语言强化班听障儿童与教师交流使用的语言对照表

检测项目	手语		口语		手语+口语	
检测结果	人数	比例	人数	比例	人数	比例
实验前	10	25%	0	0	30	75%
实验后	0	0	25	62.5%	15	37.5%
增减数	–10	–25%	+25	+63%	–15	–37%

二是在本校普通班的听障儿童与教师交流时使用口语或口语加手语的状况有明显变化。课题组采取随机抽样的方式共抽取40名教师进行调查，调查结果见表3–3–7。

表3–3–7　普通班听障儿童与教师交流使用的语言对照表

检测项目	手语		口语		手语+口语	
检测结果	人数	比例	人数	比例	人数	比例
实验前	36	90%	0	0	4	10%
实验后	8	20%	6	15%	26	65%
增减数	–28	–70%	+6	+15%	+22	+55%

三是亲子交流时听障儿童使用口语或口语加书面语状况有较为明显的变化。在一至九年级班采取随机抽样的方式共抽取40名听障儿童对其家庭进行调查，调查结果见表3-3-8。

表3-3-8　亲子交流使用的语言对照表

检测项目	不懂交流		手语		口语		书面语		手语+口语		口语+书面语（或+手语）	
检测结果	人数	比例	人数	比例	人数	比例	人数	比例	人数	比例	人数	比例
实验前	6	15%	8	20%	0	0	20	50%	2	5%	4	10%
实验后	1	2%	0	0	6	15%	3	8%	8	20%	22	55%
增减数	−5	−13%	−8	0	+6	+15%	−17	0	+6	+15%	+18	+45%

从以上三表可看出，本校学前语训班、语言强化班听障儿童都有口语交流的习惯。据了解，他们相互之间也经常使用口语交流，如果发现谁说话时只打手语不开口讲话，他们会向教师反映或用“请用口语说”给予提示。在普通班中，原有90%的听障儿童都习惯于使用手语交流，实验后使用口语和手语配合口语的听障儿童达80%，口语沟通成为校园主要交流方式。实验前，听障儿童与亲人交流以单纯的书面语（也称笔谈）为主，实验后，听障儿童与亲人交流方式丰富了，实现了以口语沟通为主，手语、书面语为辅的亲子交流方式。最有代表的是学前语训班听障儿童和语言强化班的听障儿童，家长们反馈，他们基本用口语与听障儿童交流，并且听障儿童能主动用口语与亲人交流，亲子沟通和谐，基本实现无障碍沟通。由此看出，通过实验，听障儿童的书面语表达能力有很大的提高。语言强化（1）班的听障儿童个别不懂与亲人交流，主要是其听力损失严重或兼有智力障碍等原因造成的，因此还需进一步开发这些听障儿童的智力和语言潜能。

3. 康复后听障儿童的学习能力接近同龄正常学生的发展水平

课题研究中，本校1999届的语言强化（1）班听障儿童全部使用普通学校教材上课，使用普通学校的统一考试试题进行期末统考。2005年8月，课题组将语言强化（1）班学生的语文、数学的期末考试平均成绩与霞山区某小学1999届某班学生语文、数学的期末考试平均成绩进行比较，语言强化（1）班听障儿童的语文、数学成绩接近正常同龄学生的水平，见表3–3–9。

表3–3–9　语言强化班的听障儿童学习成绩与同龄正常学生学习成绩对照表

年级	一年级		二年级		三年级		四年级		五年级		六年级	
	语文	数学	语文	数学	语文	数学	语文	数学	语文	数学	语文	数学
霞山区某小学	95.9	92.7	90.7	91.4	89.6	90.1	86.7	89	86	90.6	89.4	90.9
强化（1）班	78.5	80.3	75.1	81	73	83	71	75	72	66	70	73
普通（1）班	69	67	63	65.5	66	75.9	76.7	69	62	60	61	60.5
普通（2）班	60	58	53.5	62	56	47	57	49	51.5	52	54	49
强化（2）班	75	90										
对比班	63	67										

从表中可看出，语言强化（1）班听障儿童的语文、数学成绩比同校同年级普通（1）班（实验班）、普通（2）班听障儿童成绩要高得多。自从使用普小教材以来，听障儿童识字量大大增加了，如特教学校三年级听障儿童识字量是348个，而改用普小二年级教材后其识字量就达740个，比原来增加了112%以上。该班听障儿童口语和写作水平以及交往能力都比以往任何一个普通班强（因为普通班都是使用国家规定的特教学校实验教材，考题的难度比普通学校低得多）。该班现在已成为本校的一个窗口班级，两次接待省内各特教学校领导听课观摩，四次作为省内教师教学技能竞赛教学实录班级。经过六年的语言强化学习，该班听障儿童学习能力不断提高。经过研究分析，他们可以继续学习普通学校的教材。为此，该班进入初一后，学校继续使用普通学校初中教材进行教学，并开设了英语课程。从期中考试成绩来看，该班听障儿童基本能跟上学习进度，学习英语兴趣很高，有部分听障儿童还表示以后会继续读高中、考大学。

从表中还可看出，学前康复达四级或以下的听障儿童和未经过学前康复而有残存听力的普通（1）班听障儿童，学习成绩明显比普通（2）班的听障儿童成绩好，且优良率高出40%以上。这说明只要教师关注听障儿童的残存听力，重视开发他们的语言，就会促进其学习成绩的提高。

从表中也可以发现，语言强化（2）班与同届的对比班进行比较，语言强化班（2）班听障儿童的语文、数学成绩也明显高于对比班。语言强化（2）班是本校2004届学生，该班听障儿童使用校本教材《语文》（试用版）和国家规定的特教学校实验教材《数学》。研究表明，听力语言康复达四级的听障儿童，虽然学习普通学校教材有困难，但编写一本比普通学校教材难度低、比特教学校实验教材难度稍高的《语文》教材让其学习，是巩固和衔接听障儿童语言的好方法。为了巩固康复成果，课题组对该班听障儿童学习情况进行调研分析后，决定从二年级起使用普通学校一年级语文教材，以后依此类推。也就是说，该班计划用七年的时间学完普小六年的语文教材。期中考查，该班听障儿童的成绩达到预想的效果，语文平均成绩达合格以上。2005年，学校又招收了一个语言强化（2）班。

4. 康复后的听障儿童在普通学校随班就读情况良好

课题研究目的是使听障儿童得到最大限度的康复。为此，学校将经过学前语训班听力语言康复训练达一级、二级康复的听障儿童推荐到其所在地普通学校就近入学。在本课题开展期间，学校先后有八位听障儿童进入普通小学随班就读，其中一位在霞山某小学、另外七位分别在吴川、遂溪、东海等县（市、区）普通学校就读。研究中比较有代表性的有四例：陈丽娜，女，9岁，在霞山十小读二年级。该生学习成绩良好，一年级语文、数学期末考试成绩，第一学期分别为86.5、86分，第二学期分别为85、82分，二年级期中考试语文、数学成绩分别为84、76分，语言表达能力提高较快。符诗恩，女，10岁，在吴川中心小学读三年级。该生双耳听力损失均在90分贝以上。在我校学前训练期间，由于家庭成员配合得好，其语言康复效果较好，转入普小直接就读二年级，期末考试语文、数学分别为85.8、68.7分，被评为三好学生，该生现已植入人工耳蜗，在家长与教师的配合下，康复效果提高较快。黄颖慧，女，10岁，在城月一小读三年级，一年级期末考试语文、数学成绩分别为96、95分、二年级分别为95、86分，三年级期中考试语文、数学成绩分别为92、83分，曾两次被评为三好学生。何明冠，男，11岁，在东海育民小学读三年级，各科学习成绩良好，曾两次被评为三好学生，不过与其他同学、老师交谈尚有一定困难，但在家中可用口语和父母交谈。

5. 听力语言康复促进听障儿童学习能力和社会适应能力的提高

通过听力语言康复训练的听障儿童，不仅形成和发展了语言能力，同时在学习、运用语言中成长起来，他们具有较好的听觉能力、口语和书面语表达能力；他们学习能力强，较容易理解教学内容，能自学，较容易领悟做人的道理；有理想，对学习、生活充满信心；能够主动通过口头交流、书信、网络等形式与健听人交流，可以融入正常的社会环境，适应社会能力强，身心发展健康。特别是在普通学校就读的听障儿童，由于他们已回归主流社会，在正常的教育环境中成长，他们个性心理品质发展良好。通过五年的实验，听障儿童思想品德和心理素质都得到了较大的改善，违法犯罪率为零，德育考核及格率达100%，优良率达75%以上，有2人评为湛江市优秀团员，1人评为湛江市优秀少先队员，1人评为湛江市直属机关优秀团员。

6. 听力语言康复造就了一批优质特殊人才，产生了良好的社会效益

（1）一批听障儿童被中专、高中学校和高校录取。

五年来，我校听障毕业生104人，其中考上广东省培英中专、广州市聋人学校的有20人，康复后回遂溪大成中学随班就读的陈碧嫦考上广州大学纺织服装学院。

（2）听障儿童在教育教学活动或各类比赛中表现突出

三位康复后的听障儿童经常主持学校升旗仪式，成为学校学生会干部。五年来，听障儿童参加学校朗诵、作文或讲故事比赛获奖60多人次，在校级以上刊物发表文章40多篇，其中高辉等3人作文被收入开发区关工委主编的《雏鹰振翅》一书中；学校舞蹈队员多是康复后的听障儿童，他们热心公益演出，经常参加湛江开发区、市残联及各大学院校等单位组织的慰问、联欢或联谊活动演出，深受社会好评。我校听障儿童舞蹈获奖8次，其中获全省盲特教学校学生艺术会演一、二、三等奖共4次。2005年12月，《水乡丫丫》获国际青少年艺术节首届中国区选拔活动湛江赛区金奖。2005年中秋赏月晚会上，康复听障儿童表演的《报答》和《感恩的心》等舞蹈节目、两名康复听障儿童朗诵诗词项目受到徐书记等市领导的赞赏。2003年以来，听障儿童参加省级以上游泳、足球、田径等项目比赛荣获金牌20枚、银牌10枚、铜牌10枚，入选国家聋人足球队5人，入选省残疾人游泳队3人。达三级康复的听障儿童麦三妹获得国际、国家、省级残疾人游泳比赛奖牌9枚，其中金牌7枚、银牌1枚、铜牌1枚。2005年初，麦三妹代表国家队参加墨尔本聋人奥运会获50米自由泳获第十一名。听障儿童参加美术、书法比赛获国家级奖23人次，省级奖31人次，市级165人次。

（3）实验班的听障儿童凭语言优势找到合适的工作。

五年来学校毕业学生就业率达95%以上，其中语言表达能力较强的吴炳琛、黄进纯等40多人深受用人单位的赏识，全部就业。语言康复达二级的吴一兵在霞山开维修部，成为下岗父母的精神支柱。语言康复达三级的黄秀明、蔡玉华等五人被赤坎、霞山麦当劳或肯德基录用，还有康复达三级的周靖现在已经是本校的一名教师。

7. 教师的教学教研能力不断增强

（1）课题研究增强了教师的康复意识。通过访谈，特教学校教师普遍认为自己对口语教学的重视不够，以往他们觉得听障儿童能通过手语教学学会书面语言就不错了，不必那么辛苦去学习口头语言，听力语言康复中心的教师则认为只要做好本中心的工作即可。通过参与课题研究，教师从“重手语教学，轻口语教学”的困境中解放出来，并认识到教育康复不能只靠学校“单打独斗”，需要家庭与社会的支持和参与。

（2）课题研究营造了良好的特教科研氛围。教师对特殊教育科研的态度有三种：一是主动参与型，二是被动参与型，三是不愿意参与型。调查结果显示，研究前，10%教师属第一类型，82%教师属第二类型，8%教师属第三类型；研究后，80%教师转变为主动参与型。说明这项课题研究改变了教师对特殊教育研究的态度，并逐步使其从经验型向科研型转变。在课题研究过程中，实验教师都参与了校本教材《语文》《学说话》《听力训练》等教学用书或资料的编写，积极主动绘制挂图，制作词句卡片、教具学具和课件。2001年开始，课题组组织教师编写了一年级《语文》校本实验教材两册，学前大、中、小班语训教材三册。2004年，学校创办了本课题研究的学术刊物《湛江障碍儿童康复》（校刊·季刊）；绘制挂图200多幅、配图词卡300多张、制作拼音拼读转盘、发音教具等100多件，录制录音带或VCD光盘30多个，多媒体教学课件100多件。课题研究使学校的听力语言康复进入了全新的教育模式，提高了康复教学效果和教育康复质量，受到听障儿童和家长们的普遍认可，也得到了有关部门的充分肯定。

通过本课题的研究，教师积极将听力语言康复教学融入其他学科教育教学中，积极探索听障教育全面康复的有效策略。五年来，学校语训组、听力语言康复中心、听障部高年级语文组先后开展了本课题的子课题《特教学校设立强化语言班教学的研究》《学前听障儿童听力语言与多元智能整合的研究》、《现代教育技术与听障生作文教学整合的研究》等校级课题的研究。由此可见，本课题研究促进了教师学科教学能力和教研能力的提升，提高了听障教育课堂教学效果，推进了学校教育教学的改革。2005年上半年全省聋校四年级语文、数学联考，本校听障儿童平均成绩居全省第三位。

（3）大量成果发表和获奖。教师围绕课题研究撰写的论文在全国、省市、校刊物发表或交流，获奖20多篇。其中《培养书面交际能力，提高聋生社会交往素质》于2005年2月3日被《中国特殊教育网》转载，2005年3月10日被《小学资源网》转载；《聋校设立强化语言教学班实验报告》在2003年广东省特殊教育专业委员会年会上进行交流；《谈谈音乐在聋儿语训中的作用》获2002年全国教师教育教学论文大赛特等奖；《浅谈学前听障儿童的语言教学》2003年获第二届“中国现代特殊教育理论与研究”征文评选三等奖；《融合康复训练的聋校政治课》获2004年《教师报》教师论文大赛一等奖，并于2005年发表于教育部主办的核心刊物《思想政治课教学》第4期。2005年，教师参加广东省第一届特教学校语文、语训教师教学技能大赛，语文、语训现场教学竞赛获三等奖2人，多媒体教学课件获一等奖2个、二等奖3个、三等奖1个，教学设计获一等奖1个、二等奖7个，其中语训教学设计《过生日》（黄晓燕）和《鸡妈妈的鸡蛋》（刘少敏）获二等奖；课件《好吃的水果》（黄小玲）和《鸡妈妈的鸡蛋》（刘少敏）获一等奖，《交通工具》获三等奖等。

（4）涌现了一批骨干教师和优秀教师。通过本课题研究，一批骨干教师和优秀教师脱颖而出。其中，语训教师宋新萍老师被聘为湛江市普通话测试员，语训教师刘少敏老师被评为“江民特教园丁”（全国仅10名，我省仅1名），另获全国特教先进工作者1人、广东南粤教坛新秀1人、五小科优秀教师1人、湛江市优秀教师5人、优秀班主任2人。据统计，教师获各类市级以上先进个人共24人次。

8. 营造了全社会都来关心支持特殊教育的氛围

本项目充分发挥特殊教育学校的骨干作用，以特殊教育学校的听力语言康复中心为指导中心，负责指导特殊教育学校和地区语训点开展听力语言康复工作，对普通学校进行随班就读指导等。该项目促进了本地区特殊教育质量的提升，打造了特教学校教育品牌，吸引了社会各界对特殊教育的广泛关注。

（1）市政府、教育局等有关部门关注学校教育康复工作。市领导多次到学校现场办公，市教育局领导也经常到学校指导工作，解决了学校办学中存在的诸多困难，其中拨出专款解决特困生每年的学杂费问题；市教育局同意我校筹建湛江市听力语言康复中心、聋健融合幼儿园，并为我校购置教学设备设施；2002年市残联投资100000元装修我校康复中心，给困难听障儿童配置助听器10台。2004年，徐书记指示学校要做好规划，让听障儿童得到更好的康复，成为对社会有用的人才。市教育局也将学校列入发展湛江教育的议事日程，致力将湛江特校办成“广东省一级特殊教育学校”。

（2）听障儿童家长支持学校听力语言康复工作。经过实验，家长逐渐重视听障儿童的听力补偿问题，主动配合学校教育教学工作，积极开展家庭康复训练。有些家长为了让听障儿童获得更好的康复，辞职租房在学校附近，方便参与“亲子同训”、开展“家庭语训”等。2004年，听障儿童家长饶彬渝女士主动牵头，促成学校联合澳大利亚人工耳蜗南方客户服务中心，并邀请中国人民解放军耳鼻咽喉专业委员会副主任、广东省耳鼻咽喉委员会副主任、第一军医大学珠江医院耳鼻咽喉科主任、《听力学及言语疾病杂志》编委郭梦和、香港听障儿童康复专家王淑怡、中国首例人工耳蜗植入者陆锋等为本市各县（市、区）的100多名残联干部、语训教师和听障儿童家长开展了听力学、人工耳蜗植入手术、听障儿童康复训练方法指导等内容的培训。听障儿童家长饶彬渝分享了孩子成功康复的经验，让家长们备受鼓舞。

（3）社会各界热心助学。例如，广东海洋大学海滨校区、广东医学院等青年志愿者利用双休日或晚自习时间到校指导听障儿童学说话、写作文，开展联谊活动、外出郊游等，学校成为广东医学院服务站、广东海海大学社区援助点、湛江师范学院艺术教育学院大学生思想政治教育基地、湛江市少年儿童图书馆送书读书活动基地等；市妇联、团委、海洋大学、湛江师范学院等16个单位共捐助7.1万多元给贫困听障儿童；湛江海星义工社利用网络发动社会捐助3000元给贫困听障儿童；顺德的爱心团队一对一资助学校56名贫困听障儿童伙食费共近7万元；湛江日报社团支部、湛江可口可乐公司、安利公司、广州福景肠粉王湛江分店、广东移动湛江分公司资助贫困听障儿童7万元；湛江美声助听器公司捐助三台电磁感应集体助听系统等。

9. 提高了学校的知名度

听障儿童的康复成果，得到相关部门的赞赏，获得家长的肯定。近年来，学校先后获得“湛江市文明单位”“湛江市优秀安全文明小区”等多项荣誉。

（二）认识成果

1. 听障儿童听力语言康复成功的关键在于其自身的条件和后天的康复

自身条件包括听力损失程度、耳聋的时间、智力因素、助听器补偿效果、心理因素等方面；后天因素包括安置方式、起始训练时间、受训时间的长短、教育环境、普通学校的接纳情况以及听障儿童父母的职业、经济状况、文化教育水平、对听障儿童的态度、亲子交往方式和对康复的认识和期望等，这些因素对听障儿童听力语言康复效果产生较大的影响。因此，康复工作者要全面了解听障儿童及其家庭情况，为其争取更多的支持力量和提供优质的教育资源，合力提高康复效果。

2. 听障儿童听力语言训练的八条原则

（1）早期康复原则。听障儿童听力语言训练要做到“三早”，即早期发现、早期配戴助听器或植入人工耳蜗、早期开展听力语言训练。

（2）优化助听设备原则。充分利用残存听力是语言康复的基础和保证。根据听障儿童的听力损失情况，正确选配助听器或植入耳蜗，定期跟踪调试助听装置，开展听能管理，使助听效果最优化。

（3）综合利用多感官原则。在康复训练过程中，要根据每个听障儿童的听力损失与助听补偿情况，选择合适的训练方式，尽可能利用其视觉、触觉、运动觉等感官来补偿其听觉的缺陷，以实现对声音和语言的感受、体验、模仿、反馈和矫正，如通过视觉观察唇、齿、舌等部位的运动，掌握发音要领，或通过触摸喉部、鼻翼感受发音的震动等。

（4）在游戏和生活中开展听力语言训练的原则。针对听障儿童心理特点，营造快乐、轻松、和谐的氛围，激发其学习兴趣。在听障儿童感兴趣的游戏活动和日常生活中开展听力语言训练，使学习内容丰富、自然、实用、有趣。

（5）借助手指语训练原则。汉语拼音是帮助听障儿童识字和学习普通话的工具，是特教学校语言教育的一个重要内容。而手指语是以手指的指式变化和动作表示汉语拼音的，其指式少、易学易记，能较为准确地表达词句，填补手语表现的不足，是听障儿童学习发音说话的一种辅助语言。对听力补偿效果不佳的听障儿童，可通过手指语辅助学习发音。

（6）多种训练方式整合原则。一是听觉训练和语言训练相结合，即在听觉训练时注意引导听障儿童学习发音，在语言训练时要充分利用儿童残存听力。二是听力语言训练与其他学科教育康复相结合，即在学前康复阶段，除了专门的听力语言训练课程外，还要以学前教育为基础，开设艺术、健康、科学、社会、手工、数学等课程，促进听障儿童全面康复；特殊教育学校义务教育阶段，在上好国家规定的课程外，还要根据听障儿童的康复需要，开设个别化教育或亲子同训课程。三是集体训练与个别化训练相结合。在制订康复训练计划时，既有面向全体听障儿童的康复训练计划，又要根据每个听障儿童的特点制订个别化训练计划，开展一对一或一对二的训练活动。四是学校、家庭和社会教育力量整合的教育康复。要想让听障儿童形成和发展语言，必须有良好的语言环境和统一、衔接的语言教育体系，需要学校、家庭和社会力量的整合，共同创造“人人关注听障儿童康复”的良好环境。

（7）习惯养成与听力语言康复相结合。在听障儿童康复过程中，要注意培养听障儿童良好的行为习惯和学习习惯，充分发挥非智力因素在听力语言训练中的作用。

（8）语言实践性原则。口语学习需要经常听和说，而书面语学习需要经常读和写。在训练过程中，要利用一切机会让听障儿童进行语言实践。一是创设形式多样的语言实践活动，如模拟购物、聋健联谊活动、亲子活动等，让听障儿童在活动中自觉运用已学的语言，学习新知识；二是鼓励听障儿童与健听人进行口语或书面语交流。

3. 听障教育教师应具备的素养

听障儿童听力语言康复需要“双师型”的教师。“双师型”教师除了具有普通教育教师所具备的素养外，还需要具备特殊教育教师的专业素养和医教结合的康复理念。

（1）现代听障教育康复观念。

通过研究发现，听障儿童只要通过科学的康复训练，均能获得有效的康复。即使是重度听力损失者，只要早期选择合适的助听辅具解决听的问题，及时进行训练，仍可成功康复。听障儿童个体差异性大，个别除听力语言障碍外，可能兼有心理情绪障碍或社交障碍，所以要因材施教，大力推行个别化教育。

教育康复的目的不仅是形成和发展听障儿童语言能力，更要培养其健全人格和生活适应能力。因此，要依据听障儿童身心发展特点和个性差异，尊重其生活方式、性格特征、兴趣爱好、交往需要等特点，注重其潜能开发，着眼于培养听障儿童终身学习和适应社会生活必需的能力。

（2）听障儿童听力语言康复的技能。

听力语言康复技能是指教师制定听障儿童康复教学设计方案的能力。听障儿童听力语言康复训练需要专业的教师和技术人员。这些人员必须具备特殊教育专业素养和职业道德，对听障儿童有爱心、有耐心，熟练掌握听力学、听障儿童教育学、心理学、康复医学等方面的理论知识和操作技能。康复教师的专业知识与技能包括个别化教育计划的设计、康复教学能力、助听器验配（听力检测）、使用康复专用设备、助听辅具的维护、听觉语言与学习能力评估、听能管理、听力语言康复研究和指导家庭康复等。其中对康复技术人员的要求更高，需要其掌握听觉系统的解剖学、生理学、声学，具备听力检测技术、助听仪器设备的维修技能和耳模制作技术等。只有技术专业，才能保证康复的质量，更好地为听障儿童康复服务。

4. 听障儿童听力语言康复训练必须配备专业的康复设备设施

学前语训机构、特殊教育学校的专用康复设备设施对听障儿童听力语言发展起着决定性作用。在课题研究中发现，对听障儿童进行听力语言康复训练，仅要求听障儿童配戴助听器还不够，学校还须配置专业的康复设备设施，如听力计、声级计、无线调频系统、听力语言训练设备、助听辅具的保养与检修设备、耳模制作材料与设备等，还要有专用的听力语言训练教室、测听室、评估室、活动室、玩教具、言语矫治器具等。

5. 听障儿童康复需要政府、家庭和社会的支持

课题通过五年多的研究，取得了丰硕的研究成果，这些成果离不开政府、家庭和社会的支持。尽管如此，学校及各县（市、区）语训点仍存在康复设备缺乏、听障儿童连续性康复训练难、康复后随班就读难的“三难”问题，这些问题还需要政府、有关部门和社会的继续支持。

（三）技术成果

1. 听障儿童听力语言康复训练的重要途径

（1）听力语言教育康复的九个模式。

① 学前语训班模式。在特殊教育学校设立学前听力语言康复班，招收0~6岁的听障儿童，每班8~12人。

② 聋健融合模式。在特殊教育学校内设立听力语言康复中心，把学龄前的听障儿童集中起来进行听力语言康复训练，并附设招收健全儿童的幼儿园。康复中心每天安排两至三节的语言活动课、个别训练课，按听障儿童年龄、语言康复情况分别安排在大、中班与健全儿童一起学习。内设的听力语言康复中心，其功能是多方面的，包括听力诊断、听力语言训练、咨询、教学研究等。该模式有利于听障儿童巩固和发展语言，为其及早融入主流社会做准备。

③ 小组+个别康复模式。根据听障儿童的个体差异及年龄特点，将相同起点的儿童分在同一小组，制定小组康复计划，开展康复训练。小组人数一般不超过3人。

④ 班级+小组+个别康复模式。先以班级为单位开展专门的听力语言训练或在学科中渗透听力语言康复训练，然后在各班级中或某些班级中选取部分有康复需要的听障儿童分组训练（每组2~5人），同时对有特别康复需要的听障儿童进行个别化训练。这种模式适合学前听障儿童和义务教育阶段听障儿童。

⑤ 特殊教育学校语言强化班模式。这是在义务教育阶段，将经过学前康复语言康复达三、四级的听障儿童集中进行授课，强化语言教育康复的一种模式。这种模式有两类班，一类是将三级康复的听障儿童安排在一个班，使用普通学校教材进行教学；另一类是将四级语言康复或康复未达级的听障儿童安排在一个班，先使用校本教材做过渡教学，二年级起才使用普通小学一年级教材。这种模式利于不同康复级别听障儿童的语言开发和康复衔接，方便教师组织教学，是听障儿童学前康复后一种较为科学合理的安置方式。

⑥ 特殊教育学校随班就读康复模式。将人数少编不成班的四级语言听障儿童、接受过学前语训的听障儿童和有残存听力而没有受过学前康复的听障儿童进行集中授课，使用国家规定特教学校教材进行教学，同时增设语训课和个别化教学作为听力语言衔接和补救训练，挖掘听障儿童的语言潜能。这种模式为普通班中有听力语言康复训练需要的听障儿童提供康复服务，能有效促进他们语言的发展。

⑦ 普通学校随班就读模式。将语言康复达一级、二级的听障儿童推荐到其户籍所在地普通学校随班就读。康复中心安排教师定期对听障儿童随班就读学校、家长提供后续教育康复指导服务，为听障儿童融合教育提供支持。

⑧ 家庭康复模式。家庭为听障儿童开展听力语言训练的一种康复模式。该模式主要面向两类听障儿童家庭。第一类是离康复机构或特殊教育学校较近的家庭，实行走读制，每天的训练内容与学校教学同步，按时完成家庭康复作业，引导听障儿童在日常生活中学习语言。康复中心教师定期上门辅导，提供家庭康复支持。第二类是无法参加集体康复训练的家庭，康复中心对家长进行短期培训后，由家长在家庭中对听障儿童进行康复训练，康复中心定期进行巡回指导，做好康复评估和家庭后续指导工作。

⑨ 社区康复模式。就是设立为听障儿童提供语言康复、听力评估与康复的社区康复机构。主要由残联系统筹建，也可以是民办机构。这种模式主要好处是便于听障儿童就近接受康复训练。

（2）听力语言康复训练的四条基本途径。

① 以学前康复、特殊教育学校衔接康复或普通学校随班就读教育康复、家庭康复和社区（社会）康复联系起来作为听力语言康复的完整体系。

② 以专门的听力语言训练课、语文课教学与各种教育教学活动融合的康复训练为基本途径。

③ 以个别化听力语言康复训练为拓展途径。

④ 以创建校园和家庭语言环境，利用设备设施等为辅助途径。

（3）听障儿童听力语言康复训练的十种方法。

① 声音辨听法。听障儿童配戴助听器或植入耳蜗后，需要进行系统的听觉训练，以提高其听觉能力。听觉训练包含听觉察知、听觉识别、听觉记忆和听觉理解几个阶段，每个阶段螺旋上升、相互联系。训练时可通过聆听打击乐器声、自然环境声、日常生活声响、自己和亲人的声音等，让听障儿童对声音产生兴趣，养成聆听声音的习惯，如让儿童感知声音的有无、大小、轻重、长短，辨别敲门声、汽车喇叭声等。

② 看听话并举法，即让听障儿童听看结合学习语言。利用晨练、课前或课余时间开展常用语问答竞赛，组织听话或看话小游戏，如让听障儿童排成一列，听力较好的听障儿童排在第一位，用耳聆听声音，把听到的话传给第二位听障儿童，第二位听障儿童通过看口形，把听（看）到的话再传给第三位听障儿童，依次类推，通过听看结合建立听（看）话意识。

③ 听觉语言操训练法。课题组根据听障儿童特点，设计了一套融合发音训练、呼吸训练、口部操训练、音素与音节训练、声调训练、语音节奏等

内容的听觉语言操，主要在晨练时进行，一般每天一次，可做全套，也可以选做。该听觉语言操根据听障儿童的特点，配合了音乐、游戏与动作，深受听障儿童喜爱。经过本校康复中心和徐闻、遂溪残联语训点的实践证明，此法对提高听障儿童学习汉语拼音拼读能力、发音器官灵活度等方面均有促进作用。

④ 多元玩字法。通过多种渠道让听障儿童在“玩”汉字时学习语言的一种方法。该法是依据我国著名汉语言学家徐德江先生创建的“婴幼儿科学汉字教育”的理论与方法来设计的。此法包括四层含义：第一层是指在多种玩字活动中学习识字，如听看话活动、听读游戏活动等；第二层是指在一日教育活动中玩字，如语训玩字活动，在户外活动中、游戏活动中、多媒体教学活动中渗透玩字等；第三层是指在多种生活环境中玩字，如在康复中心、幼儿园、家庭中玩字等；第四层是指在多种情境中玩字，如在日常生活中、特定场景中玩字等。为实施多元玩字策略，学校给各班配备了复读机、各种词卡、字宝宝玩具，设计“我和字宝宝一起成长”展示板，在走廊里贴上大字词句，举行识字（词句）竞赛活动等。

⑤ 现场训练法。教师或家长带领听障儿童到真实的生活现场，开展多样形式的听力语言训练，如逛校园认识学校功能室和物品名称、到公园里认识花草树木、到商场购物练习说话等。将听障儿童言语训练融入真实的情境中，激发其学习语言的兴趣。

⑥ 多元智能与听力语言康复融合法。在听力语言训练中，将多元智能融入教学，构建多元的教育方式，促进听障儿童语言和潜能的发展，如在融合班开展主题教学“我爱幼儿园”时，让健听儿童扮演小燕子给听障儿童介绍幼儿园（语言智能），随后让他们合作画幼儿园最美的一角（视觉–空间智能）。作品完成后，教师与听障儿童一起随着音乐跳欢乐舞（音乐智能），庆祝合作的成果，并共同布置教室（身体–运动智能）。通过合作活动与学习，大家一起感受学习的快乐，并逐渐接纳听障儿童，营造阳光团结的班级氛围（人际关系智能）。

⑦ 视听说写结合法。在教学过程中，充分使用玩教具或媒体设备调动听障儿童的多种感官，开展听说读写训练，如在教学《这是什么声音》一课时，利用多媒体播放视频，让听障儿童观察画面，聆听不同情境中的声音，将视觉和听觉结合起来，在大脑中建立概念；然后结合口语和书面语训练，开展听觉记忆、听觉理解等活动，不断提高听障儿童的听说读写能力。

⑧ 亲子同训法。指的是家长和听障儿童一起参与训练，共同完成教学任务。亲子同训需要教师、听障儿童和家长三方密切互动，形成合力。因此，教师与家长要协同制订个别化亲子同训康复计划，确定符合听障儿童实际的训练内容及策略，同步实施康复训练。

⑨ 医教康复法。指医学康复与教育康复相结合的一种方法。听障儿童经过医学鉴定，以医学的手段解决其器质性问题，如听的问题和发音器官病变问题等。同时，结合听障儿童存在的问题制订干预计划，开展教育康复活动。

⑩融合教学法。指利用本校视障部的视障儿童与听障儿童结对子进行语言学习和交流，在幼儿园开展融合学习活动等。

2. 听障儿童康复的评估方法

（1）学前康复班的听障儿童康复评估方法：一是使用中国听障儿童康复中心编制的《听障儿童听觉语言康复评估方法》，进行听觉康复评估和语言康复评估；二是使用《希一内学习能力评估》，了解听障儿童的学习能力水平；三是建立学前听障儿童成长档案，实行综合康复评估，包括生活自理能力、行为表现等内容。

（2）特殊教育学校义务教育阶段听障儿童康复评估方法：一是学科成绩测评；二是听觉言语康复效果评估，包括听觉能力、语言能力；三是思想表现、生活能力等的评价。

（3）普通学校随班就读听障儿童的康复评估方法：一是学科成绩测评；二是课堂参与、同伴关系、沟通交往情况评析；三是在普校的行为表现等方面的评价。

六、研究结论：将爱心坚持到底

（一）总结出听障儿童听力语言康复的有效途径和方法

通过特殊教育学校、家庭和社区（社会）合作教育康复体系的构建，逐步优化康复方法和康复环境，让听障儿童在学前康复、特殊教育学校义务教育阶段衔接康复、普通学校随班就读后续教育康复、家庭康复和社区（社会）康复中得到科学有效的训练，实现全面康复的目标。

（二）听力语言康复对促进听障儿童全面发展具有重要的意义

实践表明，只有提高听障儿童的听力语言康复水平，才能更好地提高他们的学习能力，调动学习、生活的积极性和主动性，促进整体素质的提高和个性的健康发展。

（三）研究成果显著，方法创新

本研究采取了校内外相结合的方法，将课题研究与听障教育教学质量有效融合，把学前康复、衔接康复、后续教育康复、家庭康复和社区康复作为一个整体，通过特殊教育学校的后续跟踪指导，凸显课题的“整体效应”，所以该研究具有较高的学术价值与实践价值。通过研究，学校构建了听力语言教育康复体系，提出了九个教育康复模式，总结出四个基本途径和多种康复训练方法。开展了“聋健融合教育康复”“语言强化班”研究，编写了实验教材，创办了校刊等，引领地区特殊教育的发展。

（四）课题研究意义重大

（1）听力语言康复是听障儿童早期教育和特教学校的重要任务，本研究为我市乃至我省特殊教育学校如何实施听障儿童听力语言康复训练提供对策参考。

（2）为我市完善听障儿童教育康复体系提供依据，有助于推动听障儿童学前教育康复和随班就读工作的开展。

（3）为听障儿童家庭提供康复指导，增强听障儿童家长的信心，提高家庭康复训练效果，为我市各语训点提高听障儿童康复质量提供对策参考。

（4）为听障儿童随班就读学校提高随班就读教育效果提供经验借鉴，有利于扭转当前大部分普通学校不理解听障儿童随班就读工作的局面，推动融合教育的发展。

（五）存在的问题

由于本课题涉及的范围广、内容多，本研究只是一个阶段的探索，还存在很多问题有待研究与解决，如推进医教结合问题；学校、社区优质教育教学资源开发问题；听力语言康复训练途径与方法进一步优化问题；特殊教育学校康复与家庭康复、社区（社会）康复的相互协同问题；跟踪课题研究的长期效应；资料的收集和积累等工作。

总之，听障儿童听力语言康复工作是一项系统工程，需要学校、家庭和社会的共同参与。特殊教育学校通过探索有效的教育康复途径与方法，对提高教育康复质量、实现听障儿童“人人享有康复服务”的目标具有重要的意义。

第四节　特教学校听障语文教学：困境与出路

高耗低效是当前特教学校听障语文教学存在的一个突出困境，主要表现为教材使用不统一、教学方法欠科学、康复教育意识较薄弱、学科之间缺整合。为此亟需科学合理使用教材、积极推进差异化教学、切实提高教师专业素养、开发利用课程资源、健全学校教学管理制度，以提高特教学校语文教学的质量。

“语文课程是一门学习语言文字运用的综合性、实践性课程。特教学校义务教育阶段的听障语文课程，应使听障儿童初步学会运用祖国语言文字进行交流沟通，吸收古今中外优秀文化，提高思想文化修养，培养听障儿童自尊、自信、自强、自立的精神。工具性与人文性的统一，是语文课程的基本特点。”这是特教学校义务教育课程标准对特教学校听障语文课程性质的确定。语文的学习，既是语言的学习，也是言语的学习。帮助听障儿童正确理解和运用祖国的语言文字，形成准确的言语能力，是语文课程的立身之“本”。然而，受听力障碍影响，听障儿童语言文字的学习和运用问题尤为突出，特教学校语文教学正面临着高耗低效的困境。为了更好地落实特教学校义务教育课程标准，发挥语文课程的育人功能，特教学校听障语文教学迫切需要提质增效。

一、高耗低效：当前特教学校听障语文教学的现实困境

新课程的改革，为语文教学带来勃勃生机。普校涌现了余映潮、王崧舟、薛法根等一批语文名师，他们以先进的教学理念、科学的教育方法和精湛的教育教学技术，引领着语文教学的改革。然而，在特教学校中却难以出现这类教学名师。受多方因素影响，特教学校虽然使用的教学资源和花费的时间较多，但语文课堂教学内容的深度和广度、教学方式的多样性、教学方

法的灵活性等与普校课堂存在一定的差距，引起课堂教学“少慢差费”等高耗低效问题的出现。

（一）教材使用不统一，教学内容滞后

随着基础教育课程改革的纵深发展，普校语文教材随之不断变化与更新。而特教学校教材改革步伐缓慢，而且各地教材使用不统一。目前，各地特教学校使用的听障语文教材主要有全日制特教学校听障语文实验教材（原教材）、普校教材、特教学校义务教育实验教材（一至三年级新教材）和校本教材。1996年出版的全日制特教学校语文实验教材至今已有20余年，教材内容过于陈旧，信息量匮乏，难以满足听障儿童学习的需求。2016年12月，国家颁布了特教学校义务教育课程标准，自2017年至今才陆续出版一至三年级特教学校听障义务教育语文实验教材，其他年级还使用原教材。为了解决听障儿童的语言问题，有些特教学校同步或降级（降1~2个年级）使用普校语文教材或自编校本教材进行教学。虽然内容与普校接轨，但特教学校语文教师缺少对普校教材系统性的梳理，不能很好地把握课程大纲，只是按照课本知识进行传授，或认为听障儿童语文水平低，不能接受复杂的教学内容，便放弃了有难度的知识点的传授，导致有些听障儿童“吃不饱”、有些听障儿童“消化不了”。

（二）教学方法欠科学，知识浅尝辄止

语文教学需要符合教学规律和听障儿童的身心特点，要有合理的程序、适合的教学方法。由于听障儿童有身体缺陷且个体差异性大，语文学习有困难，特教学校语文教师常常通过放慢教学速度、降低知识难度或减少教学知识量和使用直观的教学方法进行教学，不深入研究和创新符合听障儿童身心特点的教学方法、分层调整教学目标的维度和整合语文知识进行教学，从而导致课堂教学效率低下。

1. 教学方法与教学内容的契合度不高。不同的语文知识有不同的教学方法和规律，教学方法的选择取决于具体的教学内容，服务于教学目标。因此，不同学段的教学内容应采用符合其规律的教学方法和学习策略，如袁瑢老师识字教学的“两个工具”，管建刚老师作文教学的“六大主张”等都是与教学内容相契合的系统性学习策略。特教学校听障语文教学内容分为五个板块：识字与写字、阅读教学、写作、语言交往和综合性学习。每个学段的教学内容和目标相互联系、螺旋上升。特教学校语文教师缺乏用研究的视角梳理不同学段教学内容之间的联系，不能准确把握语文教材的知识体系和深入探索符合其规律的教学方法，只是按部就班、墨守成规。如在阅读教学中，特教学校教师习惯于按照“教师参考书”中的分析结论和课文中的习题进行教学，对阅读教学缺乏整体规划，不能深入研究和把握不同学段、不同文体的教学要求，不能灵活选择合适的教学方法或创新学习策略。还有些教师受固化思维的影响，千篇一律地采用反复讲解、分析、提问的方法进行教学，使听障儿童无法形成阅读的关键能力，这与语文学科的性质背道而驰。因此，特教学校语文教师存在缺乏研究意识、课堂教学方法单一、教学活动“浮于表面”、方法与内容契合度不高等问题，严重削弱了教学质量。

2. 教学方法重形式轻实效。特教学校义务教育课程标准明确提出：“语文课程要面向特教学校全体听障儿童，使每一位听障儿童获得基本的语文素养，促进听障儿童全面、主动、有个性的发展。”在特教学校语文课堂中不难发现，教师为了解决教学难点和活跃课堂气氛，常常开展形式化分组讨论，让听障儿童在文中找一找答案或演一演，较少运用启发式的方法启发听障儿童的智慧，较少引导他们运用已有知识深入思考文本内涵，以系统训练其语文能力。课堂看似热热闹闹、异彩纷呈，实则听障儿童对文本理解浮于表面，对知识一知半解。特教学校语文教学轻实效还表现在忽视听障儿童的潜能开发和功能补偿上，教学目标未能聚焦于听障儿童的语言和综合性学习能力的培养。有些教师为了“创新”课堂，甚至复制粘贴普校的教学模式，不遵循听障儿童的身心特点和教育规律，教学方法华而不实，课堂教学走过场，流于形式。

3. 语文知识学习浅层化。语文知识的学习随着年龄段螺旋上升，听说读写活动也应随之有层次、有梯度。特教学校教师习惯凭个人的经验进行教学，不能将语文要素很好地渗透在教学的各个环节中，致使语文活动简单、刻板，知识浅层化。他们对于逻辑性强、有思考难度的问题，往往一带而过或直接给出答案，学生深入思考问题的时间不足，于是思考问题的方式也简单化。特别是遇到文言文或写作教学等难点内容时，师生容易产生畏难心理，不敢深挖文本意图或写作时不敢以多角度立意，只是理解文本表层意思或作文思辨浅层化，听障儿童言不及义、逻辑思维混乱、语言表意浅显现象较为明显。由此可见，听障儿童语文基础薄弱、知识储存少，语文知识的学习更多只停留在模仿阶段，其学过的知识没有得到内化与吸收，更谈不上创新。另外，教师的教学态度也影响着听障儿童语文学习的深度。朱玉在硕士论文调查研究中发现，特教学校教师在长期教学中产生的职业倦怠感首先从情绪中表现出来，继而影响到特教学校教师其他维度。个别特教学校语文教师因职业倦怠感产生的负面情绪导致其课堂教学随意、散漫，他们常常抱怨听障儿童无法教，自己不会教，于是随意教。听障儿童自然不会学、不愿学。

（三）康复教育意识较薄弱，康复效果不佳

"语文"是"口头为语，书面为文"的合称。口语加书面语，使语文成为了人与人交流的主要工具。黄厚江老师认为，语文教学应"以语言为核心，以语文学习活动为主要形式，以提高学生的语言素养为根本目的"。由此可见，语言教学是语文教学的核心任务。听障儿童的听觉语言问题，需要通过系统的康复训练才有可能恢复或得以改善。然而，特教学校多数听障儿童因错过最佳康复时间或早期康复效果不理想，语言问题比较突出。因此，特教学校听障语文教学肩负着为听障儿童实行语言康复和进行教育两大任务。

特教学校听障语文课程标准将听障儿童语言能力培养的具体目标落在"识字与写字""阅读""写话"或"写作""语言交往"和"综合性学习"五个板块上。其中，最能检验听障儿童语文水平的是"写话"或"写作"。然而，有些教师缺乏康复理念和康复技能，墨守成规，只重视语文知识的传授，忽视了听障儿童语言能力的训练，导致听障儿童口语表达、书面语理解能力得不到发展。在语文课堂中，多数听障儿童未能读懂文本语言，更谈不上揣摩文本意图。另外，特教学校语文教师不善于为听障儿童甄选或推荐适合的课外阅读材料，开展阅读活动。听障儿童阅读量少，缺乏阅读兴趣和阅读习惯，在生活实践中缺少对语言的思考和体会，造成其语言积累和运用不足，课堂中其语言又得不到系统性的训练，于是导致其不会说、不愿说或不敢说。

（四）学科之间缺统整，知识碎片化

语文课程的实践性主要是指围绕语言文字运用展开的教师教的活动与学生学的活动。特教学校课程设置以分科课程为主，各学科安排了综合性学习活动，旨在训练听障儿童学科知识的综合运用能力。在教学中，教师容易把综合性学习当成课堂练习，或只关注某个知识点的练习，对学科或跨学科内容关联度考虑不周。长期以来，特教学校听障语文教学"单打独斗"，学科之间缺乏协同教学手段，各学科相关联的内容得不到整合，听障儿童知识学习、综合运用能力得不到连贯和系统的训练，知识技能碎片化。如特教学校听障语文课程和沟通与交往课程联系紧密，语文知识应在沟通与交往课程中实践与延伸，若灵活整合两个学科相关联的内容，听障儿童将能进行连贯性的学习与实践。然而，教师习惯各自按照教科书进行教学，缺乏课程内容整合的意识，教学效率大打折扣。因此，教师加强语文课程与各学科的联系，建立与社会生活相联系的大语文观，让语文知识在不同的学科与社会生活中得以应用和内化，应是特教学校语文教学改革的方向与关注点。

二、提质增效：特教学校听障语文教学的必由之路

为了改变当前特教学校听障语文教学存在的困境，促进语文教学朝着高效的方向发展，以下将从教材使用、教学方法、教师培训、课程资源开发与学校管理五个维度，提出解决问题的思路。

1. 科学合理使用教材。教学中一切的形式都离不开教学内容，并且受到教学内容的制约，寻求语文教学科学化发展，首先要确定科学的语文教学内容。叶圣陶先生曾说：“教材无非是个例子。”教师要合理使用教材，而不是教教材。听障儿童个体差异性大，各年级教师要根据听障儿童的认知发展水平和已有经验，摒弃原教材过时的内容，合理选择普校教材内容和科学使用新教材，并开发校本教材。同时，要统整学科内容，打破学科界限，将相关联的知识，相关联的目标进行整合，使听障儿童知识掌握更加系统与连贯。其次，要认真研读课程标准，把语文学科工具性和人文性有机结合，将语文教材内容和弹性的分层教学目标统一起来，使语文学科知识与听障儿童生活实践相联系，让每一位听障儿童均能在自己的“最近发展区”内取得进步。

2. 积极推进差异化教学。差异化教学指的是教师主动计划并寻找各种达成内容、过程和结果的方法，以预备和回应学生在准备水平、学习兴趣和学习需要方面的差异的教学方法。差异化教学关注学生之间的差异，这与特殊教育的发展规律和听障儿童的学习需求相吻合。《特教学校义务教育课程标准》和《第二期特殊教育提升计划》明确提出要推进差异化教学，可目前差异化教学落实情况并不乐观。马晓莉在撰写硕士论文《听障儿童语文差异教学策略研究》（2019）期间对南通50位特教学校语文教师进行语文差异教学情况调查时发现，只有36%特教学校教师在语文课堂中常用差异教学方法，且

差异教学研究意识、具体教学行为和反思相当欠缺。可想而知，在不发达地区差异教学开展的情况更不乐观。因此，要提高特教学校的语文教学质量，全面落实国家政策，需积极推进差异化教学。

班级授课制是特教学校教学的主要组织形式，落实差异化教学需要教师具备对教材灵活处理的能力和扎实的课堂组织能力，能准确诊断和评估听障儿童知识的基础和经验，真正把握听障儿童的兴趣爱好以及个人风格特点等。在集体教学中使用弹性分组、隐性分层、灵活分类的形式，从教学内容、教学目标、教学组织形式和评价方式等方面采用系统的差异教学策略，以满足听障儿童的学习需求。开展差异化教学需注意，差异化教学不同于分层教学，分组标准不是固定的，而且不是每节课都使用差异化的内容，也不意味着要给学习好的听障儿童更多的任务，或者让水平低的听障儿童反复练习。教师可以提供同一教学资源，在后续的教学活动中根据学习的目标和听障儿童的特点选择适当的方式进行差异化教学。例如，新教材二年级上册课文《比尾巴》，教师以视频的方式呈现课文内容，根据听障儿童的基础与经验进行分组，提供相应的学习材料。在学习活动中，听障儿童可以弹性串组，教师则根据听障儿童情况灵活使用教学方法。如听力补偿效果及语言康复效果好的听障儿童，在课堂中用口语提示，要求其使用口语朗读课文；重听的听障儿童则用口形和手语提示，使用手语配合口形打出课文内容。语文水平高的听障儿童在掌握文中动物尾巴特点基础上，可以进一步拓展和描述其他动物尾巴的功能与特点；学习基础差的听障儿童可以选择自己喜欢的方式，如看图、演一演、读一读、画一画来描述动物尾巴的特点。总之，差异化教学需要教师在课堂中灵活把控和调度教学方式，使每位听障儿童都能快乐而有效地学习语文。

3. 切实提高教师专业素养。《特殊教育教师专业标准》从专业理念与师德、专业知识、专业能力三个维度提出了对特殊教育教师的专业要求。刘全礼在对262名特教学校教师专业素养的调查研究中发现，这些教师中71.7%的语文教师不是语文专业毕业的，教师们不仅学科素养不合格，而且对听障儿童特点知识的了解也很欠缺。语文教师学科素养和特教专业知识掌握程度直接影响着语文教学的质量。提高特教学校语文教师的专业素养可从以下渠道实现：一是改变教育观念。特殊教育随着时代变化不断进步，教师的教育观念也要随之改变。在教学中，语文教师要正确看待听障儿童语文学习的问题，改变传统的教育观念，树立科学的“语文教育观”和“康复教育观”，将“康复+语文教育”贯穿于每一节语文课中，全面提高听障儿童的语文素养。同时，教师要建立教育融合和协同意识，加强学科之间的联系。二是提高专业知识与技能。特教学校语文教师的专业知识包括听障儿童发展知识、语文学科知识、通识性知识和教育教学知识。专业技能包含环境建设与利用、教育教学设计、组织与实施、激励与评价、沟通与合作。教师要通过自主学习与培训提高专业知识积累，尤其是复合型知识，在实践中不断锤炼专业技能，做到全面了解听障儿童的身心发展规律，精准分辨语文学科中知识的类型和教学规律，精心设计教学方案，努力探索网络环境下新的教学方式，科学灵活选择教学方法组织教学活动。三是提高科研能力。教师要深入研究识字与写字、阅读、写作、语言交往和不同文体的各种教学方法，善于发现教学中的问题，以问题为中心开展教学研究，将教研与教学有机结合，通过以研促教的方式提高语文教学质量。

4. 开发利用课程资源。语文课程资源包括课堂教学资源和课外学习资源，内容包含阅读材料、图书、网络和各种场所等。开发和利用语文教学资源可以从以下渠道实现：一是开发教材资源。教材中蕴含着丰富的教学资源，教师要善于解读教材，挖掘教材内或与教材相关的教学资源，拓宽听障儿童的视野。二是通过网络和多媒体开发课程资源。新媒体时代，教师要将信息技术与语文学科教学相融合，充分利用教学设备，以应用各种软件、设备录制微课或编辑视频等形式开发网络和多媒体教学资源，建立资源库，实现资源共享。尤其是特殊时期，通过网络直播或推送教学资源，指导听障儿童居家学习。三是充分利用场所和社会资源。特教学校语文教学要充分利用学校、社区、家庭等各场所的资源，让听障儿童在真实的环境中随时随地学习语文、应用语文。语文的学习更需要关注社会、关注生活、关注大环境背景下的人、物、事。

5. 健全学校教学管理制度。改变和提高学校的教育教学质量，制度保障是关键。建立健全教学管理制度可以从以下几个方面着手。第一，实施精细化教学管理。学校要细化教学管理的各项内容，明确各部门人员与教师的职责，层层落实责任承担义务，如细化教学评价方法，以目标为导向，通过教师自评、学科教师互评、听障儿童和家长参评、听障儿童学习效果考评等多元评价方式，对教师的教学进行评价，客观具体地开展教学质量监控工作。

同时，学校要以文化管理和效率管理相统一的方式，优化教学管理体系。第二，加强教师培训和师德师风建设。学校要坚持立德树人，规范教师的教学行为，完善监管机制，提高教师的理想信念和奉献精神。同时，为教师营造良好的教学、教研氛围，分梯队以小组学习、线上线下相结合、走出去和请进来的综合方式，加强教师学科知识、康复评估、课堂教学等方面的业务培训，提高教师的专业素养。第三，完善教学设备设施建设。配备语文教学设备和语言康复设备，完善教学基础设施建设，如图书馆、语言训练室等，进一步加强特殊教育信息化建设，建立语文课程教学资源库，实现资源共享。

特教学校听障语文教学在改革与发展的进程中面临着重重困难，不同时代的听障教育工作者都在努力地探索符合听障儿童教育规律的教学策略，以求走出教学困境。然而，成功不是一蹴而就的。听障教育工作者只有坚持不懈地努力，才能推动特教学校听障语文教学朝着提质增效的目标迈进。

第四章

听障儿童融合教育实践

导读：融合教育在我国的推行，为听障儿童康复后回归主流社会，与普通儿童一起平等接受教育提供了机会。在融合班级里，教师关注每个听障儿童的需求，创设和谐的课堂，将融合教育落实到教学实践中，是提高融合教育教学质量的关键。

第一节　聋健融合学前教育科学识字多元玩字法实验

一、学前教育科学识字多元玩字法的提出

（一）科学汉字教育的含义

徐德江先生认为，科学汉字教育是指在没有任何压力、负担和烦恼的情况下，像自然学会说话一样，让学生自然学会识字、阅读，学会普通话和学会写字的教学方法。科学的婴幼儿汉字教育分两个阶段进行：第一阶段是学识字、阅读和普通话；第二阶段是学写字（大班幼儿可适当指导书写汉字）。

要想达到婴幼儿科学汉字教育的标准，必须同时具备三个条件：一是符合汉字的科学性；二是符合婴幼儿特殊的认知规律；三是符合婴幼儿德、智、体、美全面发展的要求。

（二）聋健融合学前识字教育的必要性

聋健融合学前教育是指正常幼儿与听障儿童在同一教室里，一起接受学前阶段的保育与教育，同时为听障儿童提供特殊教育支持服务的一种方式。听障儿童在融合幼儿园的正常化环境下接受教育，其发展与学习方式均按照正常幼儿的标准进行，这对听障儿童社会化发展是十分有利的。但是，听障儿童由于听力障碍导致其语言发展滞后问题较为突出，尤其是口语。在融合教育中，正常化的语言环境和书面语的学习正好弥补了听障儿童口语方面的不足。同时，借助文字学习和记忆语言，也是听障儿童学习语言的主要特点。因此，识字教育对听障儿童语言的发展尤为重要。

1. 学前识字教育是科学教育发展的要求

“科学认读，开发儿童潜能”是国家教育部重点课题“科学教育—开发

儿童少年潜能研究”的一个子课题。日本石进博士经过实践证明，幼儿期是培养人认字能力的最适当时期。我国著名语言学家徐德江先生多年来致力于婴幼儿汉字教育的研究与开发，并创建了“婴幼儿科学汉字教育”体系，有一整套的理论和方法。徐德江指出，科学的婴幼儿汉字教学对婴幼儿身心健康发展是有益无害的。《3~6岁儿童学习与发展指南》中明确提出要发展幼儿的语言能力，其中包含阅读能力。然而，阅读需要具备一定的识字量，《3~6岁儿童学习与发展指南》中也提出5~6岁儿童不仅要学会阅读，还要培养其书写的兴趣，具备初步的书写能力。因此，学前阶段开展识字教育，是幼小衔接的重要内容，也是促进幼儿学习与发展的重要保障。

2. 学前识字教育是幼儿潜能开发的要求

（1）有利于婴幼儿大脑开发的研究。

关于识字教育对婴幼儿大脑开发的研究最为典型的是1982年英国著名科学杂志《自然》发表的一篇短文。文中阐述了科学家对英美法德日五国儿童进行了智商测查，结果发现，识字教育与儿童的智商有直接联系。安子介先生和郭可教先生在《汉字科学的新发展》一书中指出，拼音文字为“单脑文字”，汉字为“复脑文字”。学习汉字符合婴幼儿大脑发育和认知特点，对婴幼儿进行科学识字教育，有利于其左右脑协调发展和智力开发。虽然上述研究结论有争议，但科学识字对幼儿潜能开发的确是有所帮助的。

（2）有利于培养幼儿良好的道德品质。

内容健康的经典读物，是品德教育的范本。通过科学识字教育，引导幼儿阅读经典读物，有利于培养幼儿的良好品德。在幼儿园阅读教学中，教师创设情境，引导幼儿一边看课文，一边听配乐朗诵。不知不觉中，幼儿就学会了识字，并受到良好品德的教育。在融合班级中，若听障儿童不能较好地听懂朗诵的内容，教师或同伴可指着读物的文字给予提示，让他们能跟上朗读的速度，帮助其养成仔细聆听的习惯。同伴间的互助阅读，使正常幼儿学会接纳特殊儿童，相互之间建立起和谐的关系。

（3）有利于普通话的推广。

在方言地区进行科学识字教育有利于普通话的普及，尤其从幼儿阶段开始开展识字教育是推广普通话的有效方法。幼儿通过阅读绘本，观看绘本视频或聆听音频，及时纠正地方方言，提高其普通话水平。在融合教育中，教师要坚持使用普通话教学，指导听障儿童阅读绘本读物，聆听音频素材，将语音与文字相结合，促使听障儿童语言能力不断发展。

学前科学识字教育的实行，不仅推广了普通话，而且对幼儿的注意力、观察力、记忆力、语言表达能力、形象思维、逻辑思维等能力的发展，均起到良好的作用，幼儿的智力因素与非智力因素也能得到提高。

3. 学前汉字教育方法要体现多元化

徐德江先生指出，婴幼儿科学识字教育方法可归纳为：一个“适合”（适合婴幼儿的生理心理特点）、两个环境（书本识字环境和非书本识字环境）、四条途径（听视、生活、游戏、听读）、无穷玩法。周弘在其母语玩字法中也提出，玩是最好的学习状态，在玩中幼儿的情绪高昂，大脑始终处于兴奋状态；在玩中，幼儿潜意识的大门是敞开的。玩也要多元化，可以在家庭中，也可以在社会中、在大自然中。因此，开展识字教育的方式不能单一，要随时随地通过多种形式让幼儿在玩中学，在环境的熏陶中逐渐习得汉字。

二、学前科学识字多元玩字法的含义

学前科学识字多元玩字法有四层含义。

第一层是指在玩字活动中学习识字，如视听游戏活动识字、听读游戏活动等。

第二层是指在幼儿园的教育活动中玩字，包括玩字活动、五大领域的教育活动、户外活动、游戏活动、一日生活活动中进行玩字识字等。

第三层是指在多种生活环境中玩字，包括幼儿园、班级、家庭、社区环境中识字玩字等。

第四层是指在多种情境中识字玩字，如在超市、书店、动物园等地，可以随时随地进行识字和语言教学活动。

三、学前科学识字多元玩字法的实施

（一）学前教育科学识字多元玩字原则

徐德江先生倡导的婴幼儿科学识字教育原则是：不让幼儿有任何压力、负担和烦恼，做到“十个不要”“两个符合”和“两个坚持”。具体内容如下：

1.“十个不要”分别是：不要规定识字量；不要讲解字形、字音、字义及三者的关系；不要深入挖掘课文的思想内容，让幼儿像平常学说话那样，自己感知领悟；不要让幼儿把一篇课文中所有的字全都认识之后再学下一篇；不要规定统一的进度，一切从幼儿的实际情况出发；不要枯燥且无限度地反复；不要多占时间，影响幼儿的全面发展；不要留作业；不要考试和比赛；不要用课本和参考书后边的字表考幼儿来评价幼儿的学习状况和教师的教学水平。

2.“两个符合”指的是符合幼儿的接受水平和符合幼儿的天性。

3.“两个坚持”指的是坚持耐心等待和坚持鼓励。

由此可见，学前教育科学识字多元玩字要突出“玩”的特点，即让幼儿在轻松、愉快的环境中，自然而然地识字，而不是强迫性或标准化对其进行识字训练。

（二）聋健融合学前识字多元玩字法的总体规划

1. 识字活动时间安排

（1）每天设一节识字活动。（2）一日活动中渗透。

2. 识字教育的目标

（1）培养幼儿识字的兴趣。（2）在幼儿可接受范围内，积累识字的经验，包括理解文字的功能、了解文字的产生、懂得看汉字的顺序、掌握初步的构字规律等。（3）开发幼儿潜能，即通过科学识字提高幼儿的记忆、想象和思维能力。

3. 识字教学计划与要求

各班要依据幼儿（正常幼儿与听障儿童）、幼儿园的实际和幼儿教学用书，制订适合的教学计划，识字教学可在学期、月、周、日工作计划中体现。科学识字教育应充分运用“多元玩字法”，做到以幼儿为中心，以生活为课本，以社会为课堂，以快乐为目的，促进幼儿的全面发展。在实际操作中，教师要善于利用幼儿无意识记忆的特点，借助日常生活、广告、影视、图画、挂图等，让字与图、字与实物、字与情景、字与游戏匹配，增强幼儿无意识记忆意识。同时，要注意幼儿的情感情绪，坚持快乐教育的原则，多采用活泼有趣的方法，让幼儿在玩中学、学中乐。

对幼儿学习认字的评价，主要使用赏识法和观察法，在日常活动中观察和记录幼儿的认读行为，以此作为识字评价内容。

4. 建立研究制度

（1）定期组织教师培训，坚持每周开展1次集体学习与研究活动。（2）每学期组织1次家长公开课。（3）每月组织1次玩字经验分享。（4）确定学科带头人1名。

（三）学前识字多元玩字法的环境建设

1. 教学设施

（1）各班配备多媒体设备和复读机，按规定配齐幼儿图书及一些图片字卡、录音笔等。

（2）建设“汉字之家”，地点设在活动室。室内配有各种幼儿书籍、字卡、有声读物、字宝宝玩具、学具等，每天下午活动时开放，让幼儿自由玩字或组织亲子玩字；建设“我和字宝宝一起成长”展示板，设在园内走道的墙壁上，让幼儿在上面写字，或将幼儿的字贴在上面展示等。

（3）设立“小故事王乐园”，与大班教室兼用。每天选一个故事，通过多媒体或复读机反复播放，出示故事的图画和大字文，让幼儿在自由活动时间跟读、指认。每周举行一次小故事王大集会——故事欣赏会，结合戏剧活动进行学习，或定期组织同伴合作讲故事活动等。要求幼儿在聆听故事时，边听边玩字（听到故事里的词语，找出相应的字卡）。若听障儿童听故事有困难，则安排正常幼儿给听障儿童提供支持与帮助。

2. 环境建设

（1）园内认读环境的创设。

我国儿科专家鲍秀兰教授曾经说过：婴幼儿时期是大脑发育最快的时期，是接受各种外界刺激的敏感期。良好的育儿刺激和学前教育能为幼儿创设一个丰富的良好环境，在此环境中接受视、听、触觉等各种刺激，对幼儿大脑的发展有着重要作用。在创设认读环境中，加入规范、美观又形象的汉字，使幼儿在潜移默化中认识并理解汉字。

① 根据每月的教学主题布置园内环境。例如，根据主题《秋天来了》，教师与幼儿一起布置秋天的场景，剪贴出“果树、瓜果、菊花”等图片贴在教室内，然后在相应的地方贴上“字宝宝”，在多种感官的交互作用下，幼儿很快与字宝宝交上朋友。随着月主题的变化，师生一起换上相应的图片及字卡，并将每个主题的图片及字宝宝放进“汉字之家”，幼儿每天在“汉字之家”里玩一玩、认一认，进一步巩固其所学的“字宝宝”，同时也促进聋健幼儿之间的合作。

② 制作小名片，诱导幼儿主动识字。将每个幼儿的相片贴在班级的幼

儿成长栏上，并给每个幼儿做一个色彩鲜明的小名片（中大班可教幼儿自己做）。在玩“猜猜这是谁的小名片”的游戏中，让幼儿认出自己的姓名，并把小名片贴在自己的照片下面。之后，教师再做一套小名片，让幼儿看名片猜人物。如果幼儿猜不出，就让他拿着小名片对照成长栏的照片进行辨认或同伴支持。最后，给每个幼儿制作一张胸卡（有名字和照片）。这样有助于幼儿在认识同伴名字的游戏中，自然地习得汉字。

③ 利用菜谱，促进幼儿主动识字。每天把菜谱写在一块小黑板上，在分餐时，教师指导幼儿一边看碗里的菜，一边看菜谱，将文字与实物相联系，然后通过品尝菜的味道，进行识字教育活动。经过一周的训练后，再开展猜菜谱或认菜谱活动，即利用幼儿的好奇心，让幼儿先看已学过的菜谱，猜猜当日的饭菜。如果幼儿说不出，可通过语言描述菜的味道、颜色、形状等特征，提醒幼儿回忆或让其直接看盘中菜等方法，帮助幼儿记忆。这样，幼儿们在宽松的环境中，通过自然记忆，轻松地认识了一些关于饭菜的汉字，如青菜、鸡蛋、猪肉等。

④ 利用自然角，激发幼儿主动识字。自然角内陈列的物品是幼儿能够直接感知形象的实物。可以充分利用汉字和实物形象刺激幼儿的大脑，以实物、图和汉字相结合的方式，精心制作色彩鲜明的图文标签，通过让幼儿看实物和图文标签进行识字活动，在照料自然角过程中不知不觉地习得汉字，如结合“找秋天”的活动，在自然角放置菊花、花生、橙子、稻谷等物品，让幼儿拿着图文标签，看着图，读出标签上的汉字，读完后再放在自然角的实物旁边。当幼儿熟悉图文标签后，再逐步过渡到直接出示汉字标签。这种活动不仅能激发幼儿主动识字的兴趣，同时能培养幼儿的观察力、分析力、判断力。

⑤ 利用幼儿园的自然环境培养幼儿对汉字的求知欲望。给周围的各种花草树木配上与它们名称相对应的字牌，方便幼儿在平时嬉戏、散步中认识汉字；带幼儿到校园、公园中，让幼儿拿着汉字卡找实物，也可给这些动植物挂字牌；认养一种动植物，让幼儿在观察和照顾它们的时候频繁接触汉字，逐渐熟悉汉字，提高幼儿探索汉字的愿望，同时可以培养幼儿的主人翁意识和责任感。

⑥ 利用生活中的各种场所和物品丰富幼儿的识字量。在园区或班级的活动区，设立大而醒目的汉字指示牌，如阅读区、银行、运动区、厨房等。在

布置的银行区域，标注出存取款的流程，如取号、填写存取款单方法指引，图文结合制作出银行工作人员、保安等胸前佩戴的工作卡。在每个区域里的物品也贴上字卡，让幼儿在游戏活动中认读等。

⑦ 在生活场景中营造积极的认读氛围，激发幼儿学习兴趣。教师充分发挥主导作用，引导幼儿主动参与到识字教学中，教幼儿写、认名字；在一日生活的各个环节使用口语结合字卡方式提醒幼儿，如在盥洗间贴上图文结合的洗手流程；进餐时，开展午餐报告员活动，先让幼儿闻一闻、猜一猜，然后出示字卡认读饭菜名称，并贴在“每周食谱”栏中加以巩固；在教室里贴出每月的教育活动主题，每周的课程以及每天的活动内容；在幼儿园的功能室挂牌标识，为一些设备及物品贴上字卡，以便幼儿认读。随着幼儿识字量的提升，教师可按照由字到词到句的顺序，由浅入深地增加字数，如“饭–吃饭–我会吃饭–我会自已吃饭”等。让幼儿置身于学习汉字的环境中，在生活中的各环节接触汉字，久而久之，耳濡目染，他们就对汉字产生兴趣，识字量不断增加。

⑧ 创设适宜宽松的心理环境。融合幼儿园的识字教育，需要宽松平等和谐的环境，包括平等的师生关系、亲密无间的同伴关系、教师的肯定、支持、接纳与鼓励、同伴的友好等。轻松愉快的游戏氛围可让幼儿毫无约束地习得汉字，并使其创造能力得到最大限度的发展。

（2）利用大自然、社会环境培养幼儿的识字兴趣。社会和自然环境中蕴含着丰富的识字资源，并具有直观、形象、可感知的特点，能刺激幼儿的大脑，利于对其进行识字教育。幼儿的生活离不开大自然，离不开社会环境，幼儿识字也离不开自然、社会环境的影响。教师有意识的引导幼儿走进大自然和社会，与之产生相互作用，对幼儿识字产生积极有效的影响，如带幼儿参观公园，在幼儿欣赏丰富多彩的大自然环境时，教师适时地引导幼儿将汉字与实物对应起来，让幼儿得到身心愉悦的同时，自然地学习汉字。

（3）家庭认读环境的创设。

① 家庭是幼儿教育的重要场所，家长是幼儿的第一任教师。家长在家庭中有目的地布置识字环境，将家庭中的物品都贴上汉字，让幼儿随时随地认识汉字，将口语学习与书面语学习紧密地联系在一起，为幼儿早期阅读打好坚实的基础。该方法是听障儿童家庭语言康复训练的重要策略。

② 指导家长善于抓住生活契机，让幼儿在耳濡目染中识字。例如，让

家长利用吃饭、上下学路上、购物、逛公园、走亲访友等机会，看到什么教什么，想到什么讲什么。同时建议家长身上带着小本子和笔，随时随地将幼儿学过的字或句子写下来，对听障儿童语言的习得具有促进作用。

（四）学前识字多元玩字法在幼儿教育活动中应用

学前识字多元玩字法精神在于“玩中学字，趣中学字”。因此，学前识字要遵循普通幼儿和听障儿童的身心特点，让幼儿在玩中学、乐中学。通过创设情境或组织趣味活动，让幼儿参与、体验识字的乐趣，在玩中自然而然地识字。

1. 在玩字活动中学识字

（1）听视法：是指大人指导幼儿一边听录音，听大人说话或朗读，一边看字卡、看挂图或看书等。

（2）听读法：是指利用配乐的朗诵绘本，经过欣赏、跟读、独立朗读三个步骤，让幼儿学习阅读和识字。

（3）感悟法：汉字是方块图像，由象形文字演化而来，很多字与实物之间存在着不同程度的形似或神似，有利于辨别、认记。在认读的初始阶段，有意识地选择直观形象的字，运用解形识字法帮助幼儿了解每个字形，探索汉字的奥秘，如学习“飞”“口”“众”等汉字时，引导幼儿想象“飞”上的两点就像两只小翅膀，“口”像张开的嘴巴，“众”字有三个人，代表人很多。通过探究，幼儿逐步领悟识字的方法和技巧，感悟到识字的乐趣，养成主动识字的习惯。

（4）阅读法：幼儿科学识字教育不只是一个字一个字地教和认，也可以逐句或分段地学认。当幼儿自然认识了一些常见汉字后，鼓励他们阅读图书角内的图文绘本，引导聋健幼儿进行角色表演，轮流指读绘本等，增强相互的情感交流，促使其产生成功的情绪体验，为幼儿的自主阅读打开通道。

（5）游戏法：该方法是指教师根据目标、内容，通过自编游戏、组织游戏，培养幼儿识字的兴趣，丰富幼儿的词汇，如字卡组词、字画连线、看字编故事、开火车、找朋友、配对子等。

此外，还有划读法、比较法等。

2. 学科教育活动中渗透

五大领域的学科教学是幼儿园主要教学活动，只要识字活动与之整合渗透，就能达到相互促进的作用。

（1）在语言教育活动中识字。

进行识字教学最适合的环境就是语言游戏。教学中，要有意识地利用教学用书，教幼儿一些儿歌，诗歌等，让幼儿在获得丰富语言词汇的同时增加识字量。在教学《从小爱祖国》一课时，教师可带幼儿做游戏。教师将画有“蓝天、江河、泥土、花朵、五星红旗”的图案，写有“鸟儿、鱼儿、蚯蚓、蜜蜂、小朋友”的字卡贴在相应的图上，当读到“鸟儿爱蓝天”时便将鸟儿贴在蓝天的图上。玩“击鼓传字卡”的游戏时，发给幼儿每人一张字卡，教师击鼓，幼儿传字卡，鼓声停，幼儿依次读出字卡上的字，并组词或说一句话。

语言是思维的物质外壳，是学习交往的工具。在指导幼儿识字时，注意从多形式、多渠道丰富幼儿的词汇，让幼儿反复地听、看、悟。通过语言规范、精练、优美的句篇学习，让幼儿感悟语言、识记语言和运用语言。幼儿的词汇越丰富，语言就越充实生动。

（2）在音乐教学中识字。

音乐游戏是幼儿喜爱的游戏之一。音韵和谐、节奏明快的简单音乐，幼儿学起来轻松、愉悦，若将幼儿识字教学和音乐游戏相结合，效果会更好，如教学《拔萝卜》一课时，可将故事编成一首歌，加上动作，先让幼儿用打击乐器伴奏这首歌，再让幼儿做“拉、拔、抓、抬”这几个动作，同时出示与之相对应的字卡。随后，教师在黑板上写出“萝卜”这两个字，拿出自制的拔萝卜道具，让幼儿表演，并提问“谁能给这首歌取个名字”，启发幼儿说出歌曲的名字“拔萝卜”，也可出示故事中的人物名称卡片，结合动作演示，帮助幼儿理解故事内容。

（3）在美术、手工教学中识字。

具体形象思维占优势是幼儿思维的特点，尤其是听障儿童由于听力的损失，更多通过视觉去了解事物。美术与手工教学具体形象，需动手操作，可以帮助幼儿发展形象思维和锻炼精细运动能力。在美术教学中进行识字教学，可采用图文结合与动手操作的方式帮助幼儿理解词义和发展思维，如大班幼儿画“三只小猪”时，先让幼儿分别戴上三只小猪和大灰狼的头饰，头饰后面写上文字，一起表演故事内容，然后再让幼儿画画。教师也可在黑板上出示相应的字，引导幼儿根据这些字所表示的意思画出相应的画。这样，幼儿不仅理解了字义，还能用画展现出来。又如《涂颜色》一课，教师先让幼儿初步认识“红、黄、绿、蓝”四种颜色，然后将幼儿分组，每四个人一个小组，每组发一张小猫咪图画，图画中的小猫咪脖子上系着四个气球，气球上分别写上“红、黄、绿、蓝”四个字，要求幼儿分组进行涂色接力赛，哪组涂得又快又准确，哪组为胜。通过活动，幼儿既认识了四种颜色，又加深了对“红、黄、绿、蓝”四个字的字形的认识。

手工游戏不仅可以培养幼儿的动手能力，还可以发展他们的思维能力和创造能力，若在手工教学中渗透识字教学也能收到良好的效果。如在教学《蝴蝶花》一课时，教师可出示先做好的两朵蝴蝶花，边表演边引出课题。当幼儿学完课文后，教师教幼儿折蝴蝶花，边做边朗读，并且结合认字环节。这样，就能让幼儿在玩中学会汉字。

3. 在户外活动中识字

幼儿的思维是在直接感知和具体行动中进行的，并逐渐向形象思维和抽象思维发展。因此，在户外活动中，教师要充分利用识字教育吸引幼儿的注意力，发展其思维力和想象力。同时，教师要善于利用情境让幼儿在自然中识字，借助字词卡帮助幼儿学习物品的命名等。如幼儿认识了汉字“圆”，教师可组织校园观察活动，让幼儿找一找校园里哪些东西是圆的。当幼儿在操场玩耍时，可指导幼儿观察天空，学认“蓝天、天空、白云”等字。还可教幼儿玩排字形游戏，如排成“一、人、口”字形，还可以用水、沙子或小棒玩字等。

4. 在游戏活动中识字

幼儿的情感总是在一定的情境中产生的，教师和家长要善于创设新颖、有趣的认读情境，以游戏为基本活动形式，吸引幼儿主动参与识字活动。在游戏活动中渗透识字，包含两层含义：一是以游戏形式学识字，即家长和教师利用字卡、字条和课文等进行趣味识字游戏活动。例如“字卡接龙”游戏，让幼儿将认识的字动手做成字卡，拼成“蓝天—天空—空气—气味”等。又如“看图摆话”游戏，当幼儿具备了一定的识字量，让幼儿根据图画用汉字摆出图意，并进行描述。通过游戏识字，幼儿不仅发展了口语，而且提高了动手操作能力。二是在玩游戏中认读汉字。例如在玩“小厨师”角色游戏时，先布置场景，然后让两名幼儿穿着厨师服，戴上厨师帽，其余幼儿则胸挂“菜名”坐于两旁。“小厨师”各自做菜名介绍后，拿着菜单随琴声采购。琴声停止，采购活动结束，大家相互评价哪个“厨师”买得最快、最正确。此时，幼儿情绪高涨，争相认读字宝宝。到了炒菜环节，“小厨师”说出要炒的菜名，随后与胸前挂着相同菜名的幼儿拉手转圈，大家边念菜名边做炒菜的动作。在充满乐趣的活动中，幼儿相互认读汉字，认读效果尤为显著。

5. 多媒体教学活动中渗透

（1）利用课件，创设情境认字。充分利用多媒体课件，尤其是结合生动形象的情景动画，让幼儿直观、愉快地习得汉字。

（2）利用电脑打字或益智游戏来玩字等。已习得拼音的大班听障儿童可尝试让他们用拼音打字法打字，可弥补其口语的不足。电脑游戏则作为一项奖励，激励幼儿主动学习。值得注意的是，电脑打字要根据幼儿的兴趣适当开展，不能作为一项常规训练内容。

（五）学前识字多元玩字法在多种情境中应用

1. 日常生活中识字

识字与生活紧密联系，才能真正体现其实用性，激发幼儿识字的内驱力。因此，教师或家长要随时提示幼儿识记在生活中接触到的汉字，如电视上的字幕、书报的题目、街上的招牌和广告、包装袋上的字等。还可以引导幼儿给生活物品贴挂字卡，把各种表情、动作、身体各部位和比较抽象的事物写成字卡，用字卡或字条指示幼儿进行各种生活游戏活动（如穿衣、洗脸、跳舞等）。也可以带幼儿参观社区环境，找一找自己认识的字或到图书馆、书店看书等。以上做法，称为生活识字法。

2. 语言教学活动中渗透识字

是指在随人、随物、随事、随时、随地、随境的语言教育中进行识字教学。在平时，可利用盥洗、用餐、散步、交流、户外活动等一日活动的各个环节，随机开展认读活动，如看电视时认字幕；吃东西时认食物名称；玩追、跑、跳等动作中认字等。

（六）常用的学前识字多元玩字法

1. 故事贮存法

故事贮存法是学前语言训练中识字的一种方法。操作方法如下：

（1）教师边读故事，边做些简单的动作，引起幼儿注意。

（2）教师握着幼儿的手，指着书上的字逐字读给他听。反复读，声音要轻，可适当播放背景音乐。指读过程中，要根据幼儿的年龄灵活运用顺读、反读、抽读的方法，训练幼儿的识别能力。

（3）每次指读的时间不能太长，随时观察幼儿的表情，当幼儿情绪不稳定时要停下来。

（4）当幼儿初步了解故事内容，可用手机或电脑反复播放该故事，让幼儿跟着录音指读故事。

据科学研究表明，幼儿脑部的生长发育到4岁时已达到成人脑重的90%，记忆功能和普通人没什么两样，能有选择地吸收外界传递给他的任何信息。重复指字讲故事，就是运用幼儿的这种记忆功能，反复把字和图画输入幼儿的大脑中。重复次数多了，幼儿自然也就记住了。

2. 故事引导法

故事引导法适应用于有一定理解能力的幼儿，即年龄在三岁以上的幼儿。此方法对听障儿童识字有帮助，但对其思维和理解有一定的要求。家长需抓住幼儿的兴趣点，由浅入深地拓展思维，扩大知识面。

操作方法如下：

（1）利用幼儿的兴趣，及时用文字表达，建立文字与信息之间的联系。例如，幼儿对天文知识感兴趣，家长可带幼儿到天文台去看星星，并给他讲《牛郎织女》的故事，引导幼儿寻找牛郎星和织女星。活动前，家长需提前准备好图文结合的字卡，给幼儿讲有关太阳系八大行星“金、木、水、火、土、天王、海王以及地球”的知识，并学认汉字。

（2）因势利导，拓展兴趣。在识字的基础上拓展幼儿对天文知识的兴趣，引导幼儿学习更多的知识，培养其探索天文的奥秘兴趣。

（3）进一步为幼儿提供多方面的、适合幼儿的环境和资料。上述例子，当幼儿对天文知识有了更浓厚的兴趣后，家长要经常陪幼儿阅读有关天文知识的书籍，到图书馆找天文资料，定期带幼儿去天文台、天文馆请教等。

故事引导法不仅能让幼儿识字，更重要的是能培养幼儿的兴趣与志向。因此，教师要善于把生活中的知识，通过故事反馈给幼儿，让幼儿在故事里吸取知识，对识字产生兴趣，培养幼儿的志趣。

3. 表演法

该方法是在幼儿理解字义的基础上，让他们用动作、表情等来表现词义。例如认识“跳”字时，让幼儿学小白兔、青蛙表演“跳”的动作；认识“哭、笑、生气”等字时，让幼儿做相应的表情。通过表演，让幼儿在动中识字，更容易理解字义。

4. 联想法

该方法是通过联想，将抽象的符号与具体事物联系起来识字。例如，认识“鸟”字时，引导幼儿思考小鸟的眼睛在字的什么地方，给幼儿指“鸟”字的一点，使其理解这一点就是小鸟的眼睛。通过汉字引起联想，既帮助幼儿识记汉字，又能培养幼儿的想象力。

5. 音乐引导法

该方法是运用歌曲的形式帮助幼儿识记或巩固其所学汉字。例如认识“星星”时，教师可带领幼儿唱《小星星》歌曲，帮助幼儿理解、识记。

四、多元玩字法的效果

根据幼儿的身心特点，遵循幼儿的识字规律开展玩字活动，对正常幼儿与听障儿童的全面发展均具有重要的意义。具体体现以下几个方面：

1. 在聋健融合学前教育中开展多元玩字训练，探索幼儿识字的方法与策略，促进了幼儿语言的发展，对培养阅读习惯和幼小衔接具有重要的作用。

2. 听障儿童学习汉字与正常幼儿无差距，特别是听障儿童在视觉上占优势，有时更容易记住汉字的字形。因此，识字对提高听障儿童全面沟通能力和自信心具有重要的意义。

3. 多元识字活动让正常幼儿与听障儿童一起平等参与活动，增进了彼此之间的情感交流，让正常幼儿更好地接纳听障儿童，实现融合教育的目标。

第二节　聋健融合学前艺术创造教育实验方案

一、学前艺术创造教育课题的理论依据

（1）关于艺术教育对幼儿大脑的作用。根据脑科学和发展心理学的研究表明，艺术教育在脑的发育过程中起着重要的作用。一是能发展和提高幼儿的感受力和观察力；二是能发展和提高幼儿的记忆力和想象力；三是能发展和提高幼儿形象思维和创造性思维。

（2）学前艺术综合教育成果为艺术创造教育提供了借鉴。艺术综合教育是我国教育科学“八五”规划重点科研项目，是使音乐、美术、文学艺术各自保持其独立的体系。在此基础上，提取三个艺术领域中共性的审美要素，以综合的方式加以统筹，充分发挥艺术教育的作用。

（3）学前创造教育的有关论述。学前创造教育是对学前幼儿实施的创造教育。具体而言，学前创造教育旨在使幼儿最大限度地内化人类的本质与本质力量，内化人类优秀人性，使人获得更大自由与幸福的奠基教育；是以幼儿创造性的充分发展为核心整合能力的全面发展和人格素质健康发展的素质教育；是依据创造原理和创造性发展规律，把造就创造型幼儿作为主要培养任务，实现个体与社会可持续发展的现代化教育。

（4）多元智能理论的指导。霍华德·加德纳的多元智能理论包括语言智能、逻辑数学智能、空间智能、运动智能、音乐智能、人际关系智能、自我认识智能、自然观察者智能等。多元智能理论尊重幼儿个体智能组合的特殊性，尊重个人的特长和创造，强调通过社会实践，让幼儿找到最适合自己实践和创新的领域。这与素质教育的精神相一致。

（5）幼儿发展的需要。苏霍姆林斯基指出，幼儿只有生活在游戏、童话、音乐、幻想、创作的世界里时，他的精神生活才有充分价值。没有了这些，他就是一朵枯萎的花朵。许多著名艺术家如毕加索、马奈、克利都认为“儿童都是艺术家”。美国学者史蒂芬·利汉斯曾警告说：“2~6岁是创造性发展的关键期，如果不能及时加以培养，那么创造性在以后的生活中很难再被激发出来。”这些对本课题的确立提供很好的依据。

基于以上论述，聋健融合学前艺术创造教育的设想是：以学前教育为基础，以多元智能理论为指导，通过幼儿园艺术课程教育活动、非艺术课程教育活动和幼儿生活中渗透的艺术创造教育等，提高幼儿的艺术感受力、表现力和创造力，促进幼儿综合素质的健康发展，为他们成为创造型、全面发展的人才奠定基础。

二、学前艺术创造教育的目标

（一）学前艺术创造教育的总目标

挖掘幼儿的艺术潜能，培养其对艺术和生活审美要素的感受、表现和创造能力，让幼儿在生活中认识和感悟“五美”，即心灵美（诚实、合作、有爱心）、语言美（讲礼貌用语）、行为美（勤劳、友爱、守纪）、环境美（卫生、整洁、绿化）、服饰美（服饰整洁）等。

（二）各班艺术创造教育的具体目标

（1）小班：培养对艺术的兴趣；能随着音乐用身体动作表现音乐，唱较为简单的歌曲并感受乐曲、舞蹈的美；初步用绘画、泥工、折纸等表现生活中的美；初步学习阅读绘本。

（2）中班：初步感悟艺术创造的方法；能初步掌握音乐节奏，能自然清晰地唱歌和掌握舞蹈的基本动作等；对线条、形状、结构有整体的感受，初步通过创造性利用废旧物品进行手工创作等；形成独立阅读绘本或初步将音乐、美术、阅读相融合的能力，理解作品的内容。

（3）大班：初步形成艺术创造能力；学会唱歌、跳舞、艺术体操、指挥等，能用一些常见的乐器（如打击乐器、电子琴等）进行简单的演奏，能进行简单的戏剧创编，能大胆地进行艺术表演，如服装模特表演、戏剧、小品表演等；学会各种创意艺术，如创意手工、场地布置等；会欣赏艺术作品、文学作品和美化环境。

三、学前艺术创造教育的内容

（一）通过艺术课程教育活动开展艺术创造教育

（1）文学教学内容有欣赏、复述或朗诵、表演、创编（含扩编、续编），其表现形式有讲故事、朗诵诗歌、演戏剧（儿童剧、哑剧）等。在文学艺术教育课程中渗透艺术创造教育，拓宽儿童的思维渠道，促使其语言与艺术的发展。

（2）音乐教学内容有歌唱、韵律活动、乐器演奏、创编（歌词、韵律动作、打击乐曲等），其表现形式有指挥、歌唱（独唱、合唱）、跳舞（韵律操、形体训练、艺术体操、歌舞）、演奏乐器（钢琴、打击乐器）等。在音乐教育课程中开展艺术创作教育，提高音乐表现力。

（3）美术教学内容有绘画（线条、形态、色彩、构图）、手工（泥工、纸工和自制玩具）、欣赏，其表现形式有创意画，如铅笔画、涂鸦画、油画棒画、吹画、手画（手指印画、手指画、手掌画）、色彩画（彩笔画、水墨吹画、布贴画、蜡笔画、粉笔画、水粉画等）、棉签画、印章画、拼图画等；创意手工艺，如折纸、剪贴、泥塑等；创意装饰，如用创意画、创意手工、插花等装饰房间、活动区等；创意包装，如包装物品、礼品等。在美术教育课程中开展多形式的艺术创造教育，提高幼儿的动手操作能力，促进其空间思维及精细动作的发展。

（二）通过非艺术课程教育活动渗透艺术创造教育

（1）在识字活动中培养幼儿看图识字的能力。例如，通过身体动作、游戏活动、讲故事等形式表现汉字的意思，让幼儿学习给汉字配画，在练书法、玩画、玩剪贴字中识字等。

（2）在数学教育活动中学用图画、剪贴、手工活动等艺术表现形式学数学，如将画一画、摆一摆、做一做等动手活动与数学知识相结合。

（3）在科学教育活动中观赏和感悟周围自然环境的美。通过美丽的图画了解自然现象，学会用语言、音乐、绘画、戏剧活动等艺术表现形式来表达和交流在科学探索活动中的发现、感受和方法。

（4）在社会教育活动中了解中华民族乃至世界的优秀文化，初步学会“五美”，懂得用艺术语言（诗歌、儿歌等）、戏剧活动、舞蹈、绘画与手工作品、音乐等艺术表现形式，表达自己爱祖国、爱家乡、爱他人的感情。

（5）在体育健康教育活动中了解艺术对健康的作用，培养幼儿用韵律操、艺术体操、舞蹈、音乐、戏剧活动等艺术表现形式进行健康锻炼，促进其身心发展。

（6）在英语教育活动中开展双语戏剧表演，使其养成聆听英语歌曲学习英语的习惯。双语教育对听障儿童来说比较困难，特别是英语的口语及语法特点与汉语差异较大，使听障儿童难以理解与掌握。教学时，可让听障儿童参与双语游戏活动或采用玩字法学习英语。

（三）通过园内、家庭和社区的多形式艺术活动开展艺术创造教育

（1）园内布置区域，规定时间开展创造性区域游戏活动；开设艺术兴趣活动或综合性艺术类活动，让幼儿根据自己的喜好选择参与。

（2）组织亲子表演活动、开放日活动或园所间融合艺术活动，让幼儿进行服装模特表演、文艺表演、故事会、美术手工创意比赛等。

（3）组织摄影、书法等艺术活动，收集作品举办摄影展、书画展等。

（4）开展节日主题活动，一起制作节日礼物，美化或整理活动区、教室、园区，布置游戏或活动场景等。

（四）在生活中渗透艺术创造教育

（1）在一日生活中渗透“五美”教育，即心灵美（诚实、合作、有爱心）、语言美（讲礼貌用语）、行为美（勤劳、友爱、守纪）、环境美（卫生、整洁、绿化）、服饰美。

（2）在日常生活中培养幼儿的艺术兴趣。例如，在吃饭时播放歌曲、午休前聆听幼儿故事、回家路上寻找“生活中的画”等。

四、学前艺术创造教育的实施

（一）在艺术课程教育活动中进行艺术创造教育

学前艺术创造教育课程包括文学、音乐、美术、书法、摄影等。教师要根据艺术教育目标与内容，设计以艺术为主线的计划，将各种艺术类型的共同审美部分（形式美与内容美）与多元智能教育整合起来，以单元活动或主题活动形式开展教学活动。

1. 文学与音乐、美术相结合的艺术创造教育

文学、美术、音乐作为三种艺术形式，运用不同的艺术表现手段，表现生活与自然的美，三者之间是相通的。在艺术创造教育活动中，将三者相互渗透与融合，构建唯美的艺术境界，是现代教育的新理念和教育改革的方向。在指导幼儿欣赏或朗读文学作品时，配上与之相谐调的音乐，创造唯美的阅读氛围，使其感受作品的意境。在理解作品内容后，通过美术活动创造性地将文学作品内容呈现出来。这样，音乐与文学、美术有机结合，有效促进幼儿的音乐、语言、美术和想象能力的发展。

2. 美术与文学、书法、音乐相结合的艺术创造教育

开展美术与文学、书法、音乐相结合的艺术创造教育，可以采用“想象讲述式”绘画教学模式，给幼儿创造想象空间和语言表达机会，发展幼儿的想象力和语言表达能力。该教学模式经由“设境激趣–拓展想象–绘画表现–编构讲述–师写故事–生写画题–作品评价”的操作程序。具体步骤如下：①创设情境，激发幼儿的学习兴趣；②通过开放的问题，激发幼儿的想象力，鼓励其从不同角度展开想象，为绘画主题和内容的确立做好铺垫；③鼓励幼儿大胆地将自己的想象用图画表现出来，教师及时对其给予鼓励和指导；④播放背景音乐，让幼儿把自己的作品创编成一个完整的故事进行讲述，发展幼儿的思维及口语表达能力；⑤教师把幼儿的图画故事简单记录下来，与幼儿一起拟定题目；⑥指导幼儿在其作品上写题目；⑦师生共同评价作品。

在教学活动中，要留给幼儿自由表现的时间和空间。例如，作画时，充分尊重幼儿选材、构思、涂色的愿望，允许幼儿选择作画的方式，允许幼儿将没画完的画带回家继续画，允许幼儿标新立异，允许幼儿在先模仿的基础上创作，以减轻幼儿在参加美术活动中的心理负担，让他们的想象得到更加自由地发挥。

3. 摄影与文学、美术相结合的艺术创造教育

利用学校的摄影兴趣小组资源，组织幼儿学习摄影。当幼儿学会摄影后，要求家长带幼儿观光或参观，并让幼儿把喜欢的画面拍摄下来。回园后，教师鼓励幼儿把照片上的景物或事物说出来，并把幼儿说的话写下来。同时，也可鼓励幼儿把观光时见到而没有拍摄到的景物画出来，然后举行摄影展和画展。这样，幼儿不但学会了拍摄，也学会如何向别人表述自己的生活体验，提高自我表现能力。

4. 书法与音乐相结合的艺术创造教育

主要是在音乐背景声中学习书法。在学习书法时，一般选择播放舒缓的古典音乐，让幼儿从小得到艺术熏陶。

（二）学前非艺术课程教育活动渗透艺术创造教育

非艺术课程包括艺术课程以外的一切课程，如识字、数学、科学、社会、健康、英语等。这些课程教育活动形式分单科活动和综合科活动。在活动计划中，教师要有目的地把艺术整合到各个学科中，以提高活动效果。同时，要尊重听障儿童的差异，在不同学科领域对其给予适当的支持，让他们在平等和谐的环境中参与艺术创造教育活动。

（1）在识字教育活动中渗透艺术创造教育。例如在《宝宝医院》戏剧游戏中学习汉字、在舞蹈中用“汉字”作道具等。

（2）在数学教育活动中渗透艺术创造教育。例如在认识几何形体时，教师指导幼儿自己动手剪图形，让幼儿在操作中认识几何图形。

（3）在科学教育活动中渗透艺术创造教育。例如欣赏科学家故事、开展“小发明”活动、参观和实验活动等，定期在班级墙饰上展示幼儿发明创造的样品，激发幼儿的创造动机，启迪他们的创新精神。该领域需要教师与幼儿一起完成科学小实验，并为其提供科学辅助教具，重点培养幼儿对科学的兴趣。

（4）在社会教育活动中渗透艺术创造教育。例如通过戏剧活动来进行美育和品德教育，幼儿通过讲故事、唱民歌、制作小工艺、学书法及参观等形式来学习传统文化，培养幼儿的社会情感。

（5）在健康教育活动中渗透艺术创造教育。例如将健康知识编成朗朗上口的儿歌，通过绘画、手工来进行小肌肉训练，还可以通过戏剧活动来进行卫生、饮食习惯的教育等。

（6）在体育教育活动中渗透艺术创造教育。在优美的音乐声中进行体育活动或通过韵律形体动作和艺术体操、舞蹈来进行体能训练，如小班幼儿在音乐声中摆动身体，模仿老师做点头、抬头、握手等动作。

（7）在英语教育活动中渗透艺术创造教育。在英语教学活动中，充分运用艺术熏陶感染，激起幼儿强烈的求知欲和学习热情，如运用实物、图片、动画、录像和幽默风趣的漫画给幼儿以美的艺术感受。外语教学以形象为主，在情境演绎中学习和领悟。该领域需要给听障儿童提供特殊支持服务。

（三）生活中渗透艺术创造教育

没有艺术的生活是黯淡的。在生活中进行艺术创造教育活动，不仅可以锻炼幼儿的观察力，还为幼儿提供了广泛而丰富的学习艺术、运用艺术和表现艺术的机会，有助于发展幼儿的想象力和创造力。在生活中渗透艺术教育，可丰富幼儿的日常生活，使幼儿的一日生活均在美的环境中进行，有助于养成良好的品德和行为，如进餐前后的音乐欣赏、散步时的歌唱或讲故事、同伴玩耍时的涂鸦（画画、手工）等。

（四）多形式艺术表现活动

艺术表现活动是发展幼儿天性、培养幼儿能力的最好方式。教师要按照“激励、机会、赏识、接纳、指导”的十字要求，即激励幼儿自由地表现艺术，给幼儿充分表现艺术的机会，赏识与接纳幼儿的艺术表现，适当指导幼儿如何学习艺术，重视开展生动活泼的艺术表现活动，让幼儿有充足的机会自由地创造与表达，在艺术的熏陶下快乐地成长。

1. 园内艺术表现活动

（1）组织幼儿参加兴趣小组和乐园活动，如小画家乐园、小故事王乐园、海花艺术小舞台等。

（2）与幼儿一起布置教室，如与幼儿一起制作时间表、地图等，让幼儿用颜色、意象和富有想象力的背景加以美化装饰。

（3）小班幼儿涂鸦活动。实践证明，经常涂鸦并与其他领域有机配合（听音乐等），对幼儿身心健康发展和潜能开发有明显作用。

（4）定期开展艺术表演比赛或展演活动。

2. 家庭艺术表现活动

（1）定期开展亲子艺术乐园活动。

（2）举办月末亲子艺术活动。

（3）节日给家人制作礼物活动。

3. 社区艺术表现活动

（1）邀请学校的听障儿童和视障儿童到幼儿园献艺，让幼儿体会艺术的魅力。

（2）定期组织幼儿开展献爱心演出活动，体验艺术的社会功能，培养幼儿的爱心。

五、学前艺术创造教育的保证措施

（一）教育管理

（1）教育评价。

①定期开展幼儿学习活动评价。评价在活动中进行，评价以观察评价

和纵向比较方法为主，可以每日评，也可以每周评。评价的标准要求具体，如“今天的活动进行得如何？有没有发生什么安全问题？幼儿出现了什么特殊兴趣？幼儿今天学会了什么？幼儿今天生活得如何？聋健幼儿融合情况如何”等。

② 教师每日教育自我评价。评价的内容包括日活动评价和日教育综合评价。日活动评价标准包括目标落实程度、内容适合程度、活动设计趣味程度、幼儿的“三性”（积极性、主动性、创造性）表现等，以好、中、差来评价表现。日教育综合评价的内容如“幼儿学习活动的情况如何；今天安排了什么活动，效果如何；明天安排哪些活动才能使幼儿得到更好的发展；明天如何帮助每个幼儿取得更大的进步”。通过这些评价，教师能及时了解情况、总结经验、发现不足并加以弥补、修正，设计出有利于幼儿发展的最佳方案。

（2）各班定期举行班级艺术创造教育开放日。邀请聋健融合班级的家长一起参与活动，组成家长沙龙，共同帮助幼儿发展艺术创造能力。

（3）每学期开展艺术创造教育公开课比赛或艺术创造主题比赛活动等。

（二）师资管理

（1）充分发挥教师的作用，构建以艺术为基础的多元智能教育活动。定期培训教师的艺术创造教育技能，定期组织教师外出听课、参观学习，每周开展教研活动，让教师每学期交一篇艺术创造教育经验论文等。

（2）每学期，教师至少家访一次，不定时地对需要帮助的幼儿进行家庭教育辅导，尤其是多对听障儿童进行家庭康复指导。

（3）关注听障儿童在融合教育中的表现及需求，及时给予特殊教育的支持与服务，建立个别化教育机制。

（三）环境建设

（1）各班围绕艺术教育布置教室。幼儿思维的发展、艺术创造能力是在主动接触各种材料过程中发展起来的。因此，各班教室布置一处有特色的艺术区，放置塑料吸管、画笔、颜料、卡纸、布料等，让幼儿自由地使用现有材料进行创作，如有些幼儿用塑料吸管吸颜料滴在作业纸上，互相吹吹玩玩；有些幼儿用布做成小布偶等。艺术区的材料可让家长提供，但材料要经常更新，开展艺术活动时，教师需指导幼儿使用材料进行创作。

（2）幼儿园环境布置可根据主题需要设立艺术乐园，如小画家乐园、小故事王乐园、泥塑区、海花艺术舞台等。

（3）配备打击乐器、电子琴等，购置充足的艺术教育的教材和教具。

（4）建设电子琴室、电脑室、图书室等。

（四）家长支持

（1）争取家长为艺术创造教育提供支持，如提供材料或器材的支持、活动的支持、经费支持等。

（2）充分利用家庭资源，拓展幼儿的艺术才能。

（3）鼓励家长为艺术创造教育出谋划策，协同开展教育活动，合力促进幼儿身心健康发展。

第三节　融合教育背景下的学前听障儿童教育干预

——一名伴有多动倾向的学龄前听障儿童融合教育案例

学前融合教育是有效促进特殊儿童全面发展、实现教育公平的理想教育模式。然而，受社会环境、融合教育教师专业素养、家长态度、特教教师专业支持等多方因素的影响，我国的融合教育整体水平不高。在进行融合教育过程中，特殊儿童的各种行为问题常常让教师措手不及。为了帮助普幼教师更好地认识特殊儿童，我试图以案例研究的方式，探索适合特殊儿童发展的融合教育策略，为学前融合教育实践研究提供借鉴。

一、案例背景

通过查阅档案、访谈与教学观察，将个案的基本信息、家庭情况、康复经历、身心特质等方面的资料汇总，见表4–3–1。

表4–3–1　案例资料表

项目	内容
基本资料	果果，男，5岁，听力残疾一级，右耳植入耳蜗
医学诊断结果	先天性感音神经性耳聋，声导抗和耳声发射检查结果为左、右耳听力损失均为118dB；耳部磁共振检查结果显示，其双侧额叶及侧脑室三角区脑白质异常信号，提示髓鞘发育不良
家庭情况	家里有两兄弟，排行老大，家庭居住环境较好。父亲是公务员，母亲是教师。由于父母工作较忙，多数时间与外公外婆在一起，老人比较溺爱孩子

项目	内容
康复经历	1岁半配戴助听器进行家庭康复；2岁申请国家人工耳蜗项目，在定点机构康复6个月后，到我校接受个别化或亲子同训康复训练已26个月。康复期间曾到幼儿园融合一个月，因无法适应而终止
教育安置	目前，周二和周四上午到我校进行个别化康复训练，其他时间都在幼儿园融合
教育评估结果	1.使用希一内学习能力评估工具进行检测的结果为：能力发展不均衡，优势项能力是穿珠、联想、短期记忆力和摆方木，即手眼协调、空间概念和短期记忆力较强；弱势项是辨认图、折纸和完成图，即图形比较、辨别能力较弱。2.听觉能力评估结果为一级。3.语言能力评估结果为二级，伴有构音问题。鼻韵母、平舌音、翘舌音以及个别声调有替代或歪曲等问题，说长句时呼吸不足
行为表现	根据日常观察和家长描述，其性格外向，活泼好动，喜欢运动、玩建构玩具和电脑游戏；注意力分散，目光对视时间短；自控力差，经常抢东西，常用肢体招惹别人；课堂安坐时间短，随意走动，无规则意识
融合教育中的表现	沟通方面：语言表达不够清晰，但对沟通影响不大。喜欢与小朋友交往，但是交往方式不当，常用抱、推的方式表示对朋友的喜爱。玩的时候随心所欲，经常抢玩具或搞破坏。课堂纪律：注意力分散，随意走动或干扰别人。情绪行为：自制力较弱，情绪波动大，生气的时候会扔小朋友的玩具或生闷气，喜欢受到表扬

二、案例追踪

（一）跟踪调查

在融合过程中，我对个案进行跟踪调查，通过访谈家长、教师和同伴，持续了解其在幼儿园的表现：①认知能力较好，识字量多，模仿能力和记忆力较强，会拼搭复杂的拼图和积木，尤其分类、数学比较突出。②性格外向，遇到问题会寻求帮助，但是方式不当，常通过推、拉或拍别人以引起他人注意。③运动表现好，喜欢和小朋友一起参加户外运动，会玩各种体育器材，运动协调能力较好。但是不会选择运动项目，喜欢抢东西或在运动中搞破坏。④注意力分散、多动，与人目光对视少，上课常用肢体招惹小朋友，课堂上随意走动或干扰别人，喜欢插嘴。⑤社交存在障碍，首先存在语言清晰度问题，有些发音听不明白；其次是交往方式不当，对喜欢的玩具会占为已有，不按要求排队活动，有时会搞恶作剧，将小朋友搭好的积木推倒等，所以小朋友都不喜欢与他交往。从以上表现，教师认为该个案严重扰乱了班级正常的活动秩序，影响了教学质量，甚至引起个别幼儿对其不当行为的模仿，给班级管理带来了极大的困扰。

（二）原因分析

鉴于该个案在融合教育中出现的问题，分析出其具体原因有以下方面：一是家长工作繁忙原因，个案在早期康复主要接受个别化或亲子同训康复训练，极少参加集体或小组教学活动，缺少在集体活动中建立规则意识的机会，上课时家长经常陪伴身边，对其限制过多，导致其社会性行为缺少自我锻炼和发展。二是身体缺陷和家庭教养方式引发了行为问题。个案多数时间由外婆抚养，老人过于溺爱孩子，缺乏教育经验，认为孩子出现行为问题是年龄小不懂事造成的，未能正确对其引导与重视。三是幼儿园教师缺乏融合教育经验和特教专业的支持，不能正确处理特殊儿童出现的行为问题，引导其他幼儿接纳特殊儿童等。四是缺乏针对性的心理预防和疏导能力，未能适应转衔后环境和学习方式的变化。

三、案例干预策略

融合教育的终极目标是促进包括残疾儿童在内的所有儿童在普通教育环境中获得实质性进步与潜能发展。同时，融合教育对特殊儿童的社会性发展和个性塑造具有积极的作用，许多研究学者赞同在学前阶段对儿童进行融合。要做到高质量的融合，不仅需要构建合适的教育环境，成立合作的融合教育专业团队，更重要的是根据特殊儿童的个体差异，精准施策，促其发展。

（一）以融合为目标，建立团队合作机制

融合教育不仅仅是安置方式的转变，更重要的是概念和文化的转变。为了改善个案的行为问题，家长、普幼教师和特教相关人员组成了融合教育团队，通过多次的面对面沟通与互动，分工对个案开展教育评估，制定个别化干预方案，按需要调整了融合方式。在团队中，特殊教育教师作为技术核心力量，为融合教育提供技术支持，与普幼教师和家长共同做好衔接与融合工作。

1.团队合作，精准评估。为了了解个案的“现状”，把握其心理特质和学习需求，团队采用工具测评、量表评估、观察、问卷及学业水平的测试等多元评估方式，分工对个案进行情绪行为、学习能力、语言等领域的评估，找出个案的教育起点与优劣项，如家长和幼儿园教师观察个案在家或园所的表现，记录出现问题的频率与时间，分析原因。特校教师使用听觉语言能力评估工具、希一内学习能力评估工具、康纳斯教师问卷、儿童入学成熟水平诊断量表等工具，对个案的听觉语言、学习能力、情绪行为以及社会适应等方面进行科学的评估诊断。根据评估诊断的结果，由特教教师执笔拟订个别化教育计划，主持召开团队会议，商讨目标的落实与执行策略。融合教育团队通过共同研判，从问题出发，利用环境、课程等多元支持，采用优势互补、扬长补短的策略，分步、协同落实个别化教育目标。

2. 按需调整融合方式。通过分析个案在融合教育中出现问题的原因，团队决定对其融合的时间和方式进行适当的调整。初期从优势课程（手工课和体育活动）开始融合，让他逐渐适应融合环境，度过分离焦虑期。随后，根据他的适应情况，逐渐过渡到半日制的随班融合，同时使其建立班级规则意识，度过“磨合期”，最后实现全日制融合。

（二）以支持为要义，创建学前融合教育环境

平等、接纳、尊重、理解、支持、合作、安全的班级心理氛围和融合的班级人际关系对普通幼儿和特殊儿童的成长都有积极的影响。在融合教育中，普幼教师和同伴要接纳、包容特殊儿童的差异性，良好的班级人际关系，能够帮助特殊儿童获得最大限度的发展。按照年龄，个案被安排在大班融合，而大班幼儿已建立了规则意识，在活动时能够做到等待、轮替和合作。然而，幼儿园新环境的刺激激化了个案的多动及注意力分散行为。在活动中，他习惯于将喜欢的玩具“占为己有”，常常做出冒犯同伴的行为。因此常被同伴投诉，被教师批评也没有“知错就改”，仍然我行我素。

显然，幼儿园还未形成良好的融合班级环境，教师和幼儿还未真正了解和接纳个案。尤其是幼儿园融合教育教师特教知识缺乏，未意识到单纯的批评与制止不能改变其行为，而是要学习了解特殊儿童的心理行为特征，运用适合的教育方法，寻求特教知识和康复技术的支持对其行为进行矫正。因此，融合教育团队直面问题，通过特教知识培训、互动听课，协同寻找解决问题的策略。一方面，建立和谐的班级人际关系。幼儿园通过班级融合环境建设和提供同伴支持，帮助个案建立规则意识，适应融合环境，如在不同的活动区域，标识出活动流程，给予视觉提示；为其安排同伴互助支持。通过同伴的示范与提示，帮助他建立正确的行为方式；制定任务清单，引导他按要求完成任务，建立奖惩规则。另一方面，在课程中对其给予支持。教师通过调整活动与课程内容，依据个案的需求采取相匹配的策略，使个别化教育计划目标与教学活动目标相协调。在教学中，抓住个案的兴趣，通过设计有趣的活动和提供学习支持，让他在自然、多变的普通教育情景中获得多次学习技能，拓展和内化知识的机会，不断提高其规则意识和社交行为，满足他的个性需求。

（三）以特殊儿童为中心，实施精准干预

平时，大家过多关注个案的过度活动、注意力分散、构音障碍三大核心问题，却忽视了他在识字、记忆、动手操作和主动交往等方面的优势。当他过度运动、随心所欲地玩建构玩具或对电脑过于“热衷”时，教师或家长常常对其制止或批评，极少思考如何充分利用他对建构玩具和电脑的兴趣去培养他的专注力，改善他的行为习惯。因此，在教育过程中，不能过度放大特殊儿童的缺点，而忽略了其优势，应该扬长补短，促其朝着人们所期待的目标发展。

1. 抓住愿望，实现习惯的正迁移。在学习与生活中，教师和家长要善于捕捉儿童的每一个细节，洞悉儿童的兴趣与愿望，因势利导实现习惯的迁移。针对个案“热衷”电脑的问题，我通过观察，发现他不只是对游戏感兴趣，而是能熟练地点击网页或使用软件查看所学的儿歌或故事视频。因此，要帮助他认识到电脑是一种学习工具，而不是单纯的“玩具”。教师可结合拼音教学，指导他学用拼音打字查阅资料、观看绘本或聆听故事。家长则陪他上网阅读，与他一起复述故事内容。同时，要抓住他玩电脑的愿望，把电脑作为强化物，制定使用电脑的规则，实现对其行为的干预与习惯的迁移。

2. 挖掘艺术潜能，改善语言问题。为了发展个案的语言和培养阅读习惯，我使用绘本活动方式对其进行干预。两个月后，个案对绘本阅读产生了兴趣，学习的专注时间有所延长。但是，其在跟读或复述绘本内容时不仅表现随意、构音问题突出，而且对构音训练比较抗拒。在常规的发音诱导和构音练习时，他常出现抢玩具或逃避行为，若让他一边弹奏电子琴或演奏打击乐器，一边进行发音训练，则积极参与且兴趣浓厚。于是，我尝试用快板教他控制节奏，与他一起使用打击乐器表演儿歌，一起参加校内外语言表演活动。慢慢地，他的句长控制力有所提高，且对乐器产生了浓厚的兴趣。我经过与家长协商，重新调整了个案的康复课程，为他每周安排2节乐器训练课，指导他吹奏葫芦丝。经过音乐老师三个月的严格训练，他掌握了吹奏的基本方法，并能流利地吹奏出两首歌曲，呼吸和气流的控制、声调等构音问题均有所改善。为了巩固训练效果，融合团队创造机会，让他参加幼儿园、社区的演出活动，与不同类型的幼儿合作表演和参加乐器比赛等。通过表演活动，个案树立了信心，体验了成功的喜悦，其他幼儿看到了他的闪光点，从而悦纳他。从此，艺术成为个案语言发展的催化剂，其构音问题迎刃而解。

3. 因势利导，发展运动特长。个案平时精力充沛，过于多动，最喜欢户外活动，但活动漫无目的，经常与其他人发生冲突。幼儿园教师根据他的运动特长，在户外活动时让他担任小组长，引导他学习选择运动项目并与同伴合作。家庭也同步促进发展他的运动特长，每周坚持带他参加游泳项目训练，使他的体能不断增强，肺活量加大，说话的语流逐渐顺畅，过度活动频率逐渐减少。

四、案例启示

近年来，国家颁发的《第二期特殊教育提升计划（2017-2020）》《“十三五”加快残疾人小康进程规划纲要》等文件为学前融合教育提供了政策指引。《残疾人保障法》的实施，为残疾儿童接受公平而有质量的教育提供了法律依据，促使我国学前融合教育不断发展。但是，在融合教育的实施过程中依旧面临着许多困难，缺乏有力的监控和监管机制，还未形成高质量发展的融合教育氛围。在个案的融合教育中，我有以下几点启示：

（一）师资队伍建设是高质量融合教育发展的关键

教师融合教育理念、文化、能力影响着教育的结果。在学前融合教育中，有特殊需要的幼儿与普通幼儿被安置在同一幼儿园班级，在正常化的活动环境中共同学习、生活，同时为特殊儿童提供必要的适合其发展的特殊教育服务，使普通学前教育和特殊教育融为一体。教师为幼儿提供多种多样易于获得的学习机会、活动和学习环境，引导幼儿积极参与不同领域的学习和发展，这才是高质量的学前融合教育。因此，学前融合教育教师不仅需要具备幼儿教育和保育知识，还要掌握特殊教育的专业知识。然而，学前教育教师由于融合教育素养和经验的缺乏，导致特殊儿童无法得到很好的接纳和支持，融合教育的环境与质量不高。若能在教育领域的相关法律和文件中，明确提出培养普通教育教师的融合教育素养要求，提高教师的入门槛和培训要求，将为特殊教育优质人才的培养和供给创造机会。

（二）多方资源的整合与合作是融合教育发展的保障

陈鹤琴先生曾经说过，幼儿教育不是家庭方面可以单独胜任的，也不是幼儿园方面可以单独胜任的，必须两方面结合方能有功效。在我国融合教育实践中，不仅需要家园合作，更需要特殊教育学校提供融合教育资源的支持与指导。融洽、务实、合作的融合教育团队，能帮助听障儿童获得其发展所需的支持。

（三）尊重个体差异，落实个别化教育是有效实施融合教育的根本途径

特殊儿童个体之间差异性大，各自需求与教育方法因人而异，要将个别化教育计划和个别化转衔计划贯穿于特殊儿童的学习生涯中，为他们的有效学习提供保障。因此，在融合教育实践中，教师要善于发现特殊儿童潜在的闪光点，确定适合的期待值，明确其持续存在的问题的核心，想方设法干预和监控这些变量问题，不断调整方案与儿童症状和特征所匹配，并采用灵活不刻板的方式解决问题，实施精准干预。有时不经意的策略，特殊儿童总会给我们带来意想不到的惊喜。

（四）促进所有幼儿全面发展是融合教育的终极目标

融合教育的核心思想是让所有的幼儿都得到教育，所有的幼儿都得到适合的教育，使每个幼儿都得到最佳成长机遇和对社会生活的最佳适应力。相关研究表明融合教育对特殊儿童的社会性发展、情绪、认知等方面具有积极的影响。同样，融合教育对普通幼儿的心理、社会性发展也有积极的影响。王薇、程春等人研究发现，有学前融合教育经历的普通幼儿在自尊感和自我效能感的发展上优于没有学前融合教育经历的幼儿，且自尊感和自我效能感随着其学前融合教育经历时长的增加而增强。学前教育阶段是幼儿品德与社会性发展的关键时期，通过融合，普通幼儿能够学会悦纳不同同伴，学会关心、帮助他人，形成良好的品德行为。特殊儿童在正常化的环境中会获得多样的学习机会，为其今后融入社会奠定基础。

第四节　课例《谁和春天好》

<table>
<tr><td>学科</td><td>听力语言康复</td><td>课型</td><td>融合班
亲子同训</td></tr>
<tr><td>教学对象</td><td>陈xx</td><td>日期</td><td>2020.1.10</td></tr>
<tr><td colspan="4">一、学情分析</td></tr>
<tr><td colspan="4">陈xx，6岁，重度聋，左耳听损95dB，右耳听损70dB，双耳配戴助听器，听力补偿效果最适，听觉能力一级，语言能力二级。已受训时间3年，去年开始参加普幼融合教育，每天回我校上一节听力语言训练课。目前，他的听觉处于复杂语言理解阶段，语言处于高级发展阶段，想象思维能力、抽象和复杂语言的组织与运用能力较弱；初步建立阅读和聆听故事的习惯，但复述故事和自编绘本故事的能力较弱，阅读复杂的绘本故事时有困难。</td></tr>
<tr><td colspan="4">二、教材分析</td></tr>
<tr><td colspan="4">自编教材《谁和春天好》是根据儿歌《谁和谁好》创编的绘本内容。该内容依据《听障儿童听觉口语教学示范教材》听觉、语言和认知领域高级阶段的目标要求，引导听障儿童发现事物之间的联系和提高想象能力，并能根据图片自编绘本故事，提高其语言综合应用能力。该内容将通过亲子同训方式，引导家长初步学会与听障儿童一起自制绘本、一起阅读绘本。</td></tr>
<tr><td colspan="4">三、教学目标</td></tr>
<tr><td colspan="4">1. 听觉目标：聆听简短的绘本故事内容，并能回答问题。
2. 语言目标：能根据自己的想象，找出与春天相联系的事物，模仿儿歌《谁和谁好》，组织语言表达事物与春天之间的联系。
3. 认知目标：在儿歌《谁和谁好》的基础上，进一步理解事物之间的联系，学会用语言表达出来。
4. 家长任务目标：协同教学，根据听障儿童所表达的内容制作成绘本，并与听障儿童一起阅读。</td></tr>
<tr><td colspan="4">四、教学重点</td></tr>
<tr><td colspan="4">理解事物之间的联系，并用语言表达出来。</td></tr>
<tr><td colspan="4">五、教学难点</td></tr>
<tr><td colspan="4">理解并找出事物之间的联系，并用语言表达出来。</td></tr>
</table>

续表

<table>
<tr><td colspan="2">六、教学准备</td></tr>
<tr><td colspan="2">希沃课件、画纸、笔、贴纸、胶水和订书机。</td></tr>
<tr><td colspan="2">七、教学方法</td></tr>
<tr><td colspan="2">情景教学法、启发式教学法、直观教学法。</td></tr>
<tr><td>八、教学过程</td><td>设计意图</td></tr>
<tr><td>（一）聆听故事，复习导入——聆听绘本
1. 听觉训练。
（1）聆听绘本故事《老山羊上课》。
上课了，老山羊老师问小猴子：“桃树生病了，要找谁来治病呢？”猴子挠挠头说：“青蛙。”小动物们哈哈大笑。老山羊老师又问小兔：“你会背诵古诗《春晓》吗？”小兔子蹦蹦跳跳地跑到老山羊面前，大声地背诵：“《春晓》，孟浩然。慈母手中线，游子身上衣，临行密密缝，意恐迟迟归。”古诗还没背完，小动物们又哈哈地笑起来。
（2）指导听障儿童根据故事内容，回答问题“小动物们为什么哈哈大笑”。
2. 复习儿歌《谁和谁好》。（语言前测）
谁和谁好？藤儿和瓜好。它们手拉手，不吵也不闹。谁和谁好？蜜蜂和花儿好。蜜蜂来采蜜，花儿迎脸笑。谁和谁好？我和小朋友好。大家一起唱歌，一起上学校。
（1）播放希沃课件，指导听障儿童读儿歌。
（2）根据儿歌内容，完成图片与字卡的配对。
3. 复习古诗《春晓》，导入新知。
（1）播放希沃课件，指导听障儿童读古诗。
（2）看图找出古诗中出现的事物。（鸟、花、雨、风）
4. 分配学习任务：教师和听障儿童一起寻找与春天有联系的事物，并说出事物之间的联系。家长把教师和听障儿童找到的事物画下来，把说的话写下来，最后大家一起阅读。</td><td>1. 训练听障儿童聆听故事内容，提取故事信息的能力，并回答问题。目的是培养听障儿童的听觉专注力，提高其对故事的理解能力，同时检查其助听辅具是否正常。
2. 复习旧知，进一步加强听障儿童对儿歌的理解。通过游戏的配对，提高听障儿童的识字能力。
3. 在理解儿歌《谁和谁好》的基础上，了解更多事物之间联系，并运用语言进行描述，提高听障儿童认知与语言组织能力。
4. 通过已学的古诗，找出事物之间的联系，将旧知导入新知。
5. 交代学习任务，让家长协同教学，明确要求，初步学习制作绘本的方法。</td></tr>
<tr><td>（二）激发思维，发展语言
1. 寻找与春天有联系的事物，模仿儿歌《谁和谁好》说出事物与春天之间的联系。
（1）语言一：小鸟和春天好。
① 播放“小鸟和春天好”的图片，引导听障儿童观察图片，模仿儿歌《谁和谁好》的方法，说出小鸟与春天的联系。（小鸟和春天好。春天到了，小鸟飞回来了）
② 指导听障儿童朗读句子。</td><td>6. 在已学儿歌基础上进一步学习语言，遵循了听障儿童语言学习的规律，由易到难，激发想象，促进其思维能力的发展。</td></tr>
</table>

八、教学过程	设计意图
（2）语言二：风儿和春天好。 ① 展示“风儿和春天好”的图片，指导听障儿童模仿上面的方法，说出风儿和春天的联系。（风儿和春天好。春天到了，风儿轻轻吹，吹醒了大地） ② 指导幼儿朗读句子。 （3）语言三：雨和春天好。 播放“雨和春天好”的图片，引导听障儿童观察图片，组织语言说句子。（春天到了，春雨沙沙地下，湖里的水满了） （4）语言四：春天和花儿好。 播放“春天和花儿好”图片，引导听障儿童说出花儿与春天的联系。（春天到了，花儿开了）	7. 采用闭合式或半开放式的语言训练方式，循序渐进地开展教学活动，从“牵着学”，过渡到“扶着学”，慢慢到“放手学”，逐步训练听障儿童的思维和自主学习能力。
2. 发挥想象，引导听障儿童寻找更多的与春天有关的事物，进行半开放式语言训练。 先引导听障儿童自主思考与表达，然后逐一出示找到的事物图片，如“太阳、小草、青蛙、小朋友”等，让听障儿童看图组织语言说句子。（允许听障儿童用自己的语言表达） （1）太阳和春天好。春天到了，太阳出来了，天气暖和了。 （2）春天和小草好。春天到了，小草发芽了，变绿了。 （3）春天和小动物们好。春天到了，青蛙睡醒了，到田里捉害虫呢。 （4）春天和小朋友们好。春天到了，小朋友们去春游啦！	8. 通过图片，引导听障儿童组织语言，说出与春天有关的事物之间的关系，训练听障儿童的语言组织能力，促进其思维的发展。
3. 加强练习，拓展延伸。（语言后测） （1）观看课件，完整地朗读《谁与春天好》。 （2）指导听障儿童看图复述《谁与春天好》。 （3）引导听障儿童回顾春天的歌曲，加深其对春天的印象。 ① 播放春天的歌曲《春天在哪里》。 ② 家长与听障儿童一边互动，一边跟唱歌曲。	9. 通过朗读和看图复述，可以检测听障儿童语言学习的效果，为其下一步学习提供依据。同时，使用视频儿歌资源，让其欣赏春天的儿歌，可以培养听障儿童欣赏美的能力。
（三）亲子互动，巩固语言（制作绘本） 1. 听障儿童和家长一起完成绘本《谁和春天好》的制作。 2. 家长与听障儿童一起阅读。 3. 家长和听障儿童一起进行游戏比赛，找出与春天有关的词语，巩固绘本内容。 教师小结：事物之间有着各种各样的联系，我们要学会用眼睛去观察，用耳朵去聆听，去寻找和发现他们之间的联系。	亲子一起完善绘本，一起阅读，一起唱春天的歌曲，一起游戏，进一步增进亲子关系，巩固其学习的内容，使家长掌握制作绘本和康复训练的方法。

续表

八、教学过程	设计意图
（四）家庭康复，内化语言 1. 与哥哥一起阅读自制绘本《谁和春天好》，一起思考还有哪些事物与春天有联系，然后添加在绘本里。 2. 与家人一起寻找生活中有联系的事物，编成绘本，一起阅读。	10. 家庭作业要求听障儿童完善和丰富绘本内容，与家人一起阅读和制作，拓展其思维与语言，为听障儿童的社会性发展奠基。
九、家庭指引	**设计意图**
在家庭康复中，要引导听障儿童观察周围事物，发现事物之间的联系，激发听障儿童的想象力，并指导听障儿童学会组织语言，主动表达。	让家长引导听障儿童发现问题，发挥想象力，并组织语言表达出来，有利于家校教育同步，帮助听障儿童在生活中内化语言。

十、教学评价
本课是一节亲子同训课，第一次尝试以语言训练的形式，与家长、听障儿童共同将所学内容制作成绘本，教学内容符合学生的现状需求。在教学实践过程中，遵循了听障儿童听觉语言康复的规律，运用情景教学、直观教学和启发式的教学方式，引导听障儿童寻找与春天相关的事物，并使其学用语言表达事物之间的联系。通过本课的学习，听障儿童掌握了组织语言和运用语言的方法，拓展了思维，培养了阅读能力，家长也初步习得自制绘本的方法，较好地落实了教学目标。教学活动时，以儿歌《谁和谁好》为范本和基础，结合图片和视频，不断地启发听障儿童思维，解决教学的重点和突破教学难点，让听障儿童能根据自己的想象，用语言表达出事物之间的联系，并在家长的辅助下，形成绘本故事《谁和春天好》，达到预期的教学效果。
十一、教学反思
随着科学技术的发展和国家对听障儿童康复事业的重视，听障儿童得到早期干预与训练，最大限度改善了听障为其所带来的影响。但是总体来说，听障儿童的听说问题以及语言思维能力的发展还较为滞后。要促进听障儿童的全面发展，帮助他们顺利回归社会，需要遵循学前儿童的发展规律，科学、有效、循序渐进地发展他们的听说能力，使其建立良好的语言学习习惯，促进其认知、思维的全面发展。通过本课的教学，教师对听障儿童的全面康复有了更多的认识。 （一）家校协同是促进听障儿童全面发展的最佳途径 听障儿童接受听觉介入后，从言语的感知到言语的运用自如的发展是一个漫长的过程，持续、有效、科学的康复训练可缩短康复的时间，提高康复的效果。然而，在这漫长的言语学习过程中，家庭是听障儿童的第一个环境，父母是其第一任老师。在父母与听障儿童亲密的接触中，听障儿童能以最自然的心境去学习。家长若能利用家庭丰富的日常生活用品和创造良好的学习环境，让听障儿童自发主动地学习，养成独立思考自我教育的良好品质，并结合学校或康复机构科学规范的训练，进一步掌握社会交往和沟通技巧，将会缩短听障儿童的康复时间，使其更快地融入主流社会。通过“亲子同训”的方式，开展家校协同康复教育活动，是构建合力教育的一条重要途径。本节课家长、听

十一、教学反思
障儿童和教师共同参与课堂教学，按照各自分工，共同完成教学目标。课堂上，家长协同教师完成听障儿童语言的记录，绘制图画，制成绘本与听障儿童共读，加深亲子之间的互动，让家长及时掌握听障儿童的学习情况，学习康复训练方法。因此，学前听障儿童康复训练，需要家校双方的深入合作、同步教育，方能达到预期的康复效果。 （二）以生为本实施教育康复 0~6岁是听障儿童康复的黄金时期，若其在黄金时期内获得有效的康复，将影响其一生的发展。然而，每位听障儿童在发展的过程中有着独特的个体发展模式和进程，精准评估听障儿童的起点，从听障儿童个体出发，设置符合听障儿童最近发展区的教学内容和目标，通过灵活多样的活动方式，循序渐进地开展教育活动，解决听障儿童发展中关键问题是最有效的康复策略。教学中，教师针对教学对象“想象思维能力、抽象和复杂的语言组织与运用能力弱”的问题，围绕着“春天”选择教学素材和内容，从“扶着学”到“放手学”，逐一解决教学难点问题，使听障儿童在反复的模仿与练习中拓宽思维，发现、感悟和理解语言。 （三）关注听障儿童阅读习惯的养成教育 3~6岁年龄之间的幼儿正处于具体形象思维阶段，而具体形象思维是一种表象思维。绘本以图画为主、文字为辅，以画传达故事情节的特点，更能激发听障儿童的兴趣，符合听障儿童早期阅读的特点与习惯，让听障儿童感受到阅读的乐趣。在听障儿童学前教育阶段整合多方资源开展绘本阅读教学，落实学前康复听说先行，其他能力跟进的要求，拓展其语言训练的渠道，对听障儿童前阅读能力、听说表达能力、思维、想象力和社会性发展能力的培养具有重要作用。因此，重视听障儿童阅读习惯的养成，创设良好的阅读环境，提高自主阅读能力，为听障儿童参与融合教育具有重要的意义。 “学然后知不足，教然后知困。”通过本课的教学，教师对听障儿童的全面康复有了更深的理解和启发：要解决听障儿童听觉语言的核心问题，需要专业的技术和多方资源的整合，更需要教师与家长采用科学的方法持之以恒地对其进行训练。

参考文献

[1] 戴朴，郗昕，孙喜斌，等. 人工耳蜗工作指南（2013）修订解读［J］. 中国听力语言康复科学杂志，2014（4）.
[2] 胡向阳. 听障儿童全面康复［M］. 北京：北京科学技术出版社，2012.
[3] 王薇. 家校协同机制的内涵及理论意义［J］. 教育研究与评论（小学教育教学），2016（2）.
[4]［美］HildaL. Jackman. 早期教育课程［M］. 北京：中国轻工业出版社，2002.
[5] 于敦清. 听力障碍与早期康复［M］. 北京：华夏出版社，1994.
[6] 胡向阳. 听障儿童全面康复［M］. 北京：北京科学技术出版社，2012.
[7] 胡向阳，龙墨. 听障儿童听能管理手册［M］. 北京：中国文联出版社，2011：1–15.
[8] 杜晓新，黄昭鸣. 教育康复学导论［M］. 北京：北京大学出版社，2018.
[9] 王宝祥，刘宏博. 我国协同教育发展概况和促其健康发展的建议：关于协同教育的初步研究［J］. 教育科学研究，1996（6）.
[10] 李运林. 协同教育是未来教育的主流［J］. 电化教育研究，2007（9）.
[11] 张文京，严小琴. 特殊儿童个别化教育：理论、计划、实施［M］. 重庆：重庆大学出版社，2015.
[12] 托比·卡腾. 融合教学实践［M］. 杨希洁，译. 上海：华东师范大学出版社，2012.
[13] 郭潇雅. "耳蜗宝宝"有望"能说会道"［J］. 中国医院院长，2017.
[14] 余敦清. 听力障碍与早期康复［M］. 北京：华夏出版社，1994.
[15] 桑迪·尼尔曼，德沃尔·格林斯坦，琳达·戴维. 聋童早期教育指南［M］. 江苏：江苏教育出版社，2009.

[16] 大宏. 中国康复医学［M］. 北京：华夏出版社，1990.
[17] 云英. 中国一体化教育改革的理论与实践［M］. 北京：新华出版社，1997.
[18] 赵琴. 学校教育与家庭、社会教育［M］. 广东：广东高等教育出版社，2000.
[19] 肖兰. 香港的融合教育［J］. 现代特殊教育，2002.
[20] 中国残疾人联合会教育就业部，中华人民共和国教育部基础教育司. 特殊教育文件选编［M］. 北京：华夏出版社，2002.
[21] 张茂聪，王培峰，韩志珍. 现代特殊教育之素质教育观［J］. 现代特殊教育，2002（11）.
[22] 韩梅. 特殊教育学校家长参与情况的研究［J］. 中国特殊教育，2005（9）.
[23] 胡晓毅. 论特殊需要儿童与专业人员合作的几个核心问题［J］. 中国特殊教育，2005（12）.
[24] 孟万金. 协作互动：资源整合的教育力量［M］. 上海：华东师范大学出版社，2004.
[25] 张红红. 幼儿绘本阅读的对策研究［J］. 才智，2019（24）：54.
[26] 陈卉. 幼儿绘本阅读有效策略点滴［J］. 亚太教育，2019（7）：85.
[27] 刘建凤. 幼儿园绘本阅读教学现状及出路［J］. 课程教育研究，2018（42）：21–22.
[28] 杨雪，吴吉惠. 幼儿园绘本教学存在的问题及对策分析［J］. 科教文汇（中旬刊），2016（8）：121–122+125.
[29] 汤雅黎. 幼儿园绘本教学的现状调查及改进策略研究［D］. 黄石：湖北师范大学，2016.
[30] 张恩凯. 幼儿园绘本阅读教学实施策略探讨［J］. 开封教育学院学报，2016，36（3）：225–226.
[31] 张哲，曾彬. 绘本阅读对幼儿社会性形成的实验研究［J］. 陕西学前师范学院学报，2016，32（1）：83–86，91.
[32] 刘江艳. 幼儿园绘本教学的价值与实施策略［J］. 学前教育研究，2015（7）：70–72.
[33] 车文文，陈蒙. 幼儿绘本阅读指导问题解析与发展策略研究［J］. 河北

科技图苑，2014，27（4）：58-60.
[34] 赵娟，尹伊. 当前绘本阅读教学现状及对策研究［J］. 文学教育（上），2014（2）：128-129.
[35] 程敏. 幼儿园绘本阅读教育活动的设计策略研究［D］. 成都：四川师范大学，2013.
[36] 张杨. 幼儿园绘本阅读教学的现状分析及对策研究［D］. 呼和浩特：内蒙古师范大学，2013.
[37] 李春光. 幼儿园绘本教学现状及改进研究［D］. 北京：首都师范大学，2013.
[38] 姚雪姣. 儿童绘本教学现状研究［D］. 杭州：杭州师范大学，2011.
[39] 张彤. 幼儿园绘本阅读教育的个案研究［D］. 重庆：西南大学，2009.
[40] 教育部基础教育司. 幼儿园教育指导纲要（试行）解读［M］. 江苏：江苏教育出版社，2002.
[41] 王月媛. 课程使用指导（幼儿园目标与活动课程教师用书）［M］. 北京：北京师范大学出版社，1999.
[42] 季兰芬. 运用电脑多媒体辅助教学手段对听障儿童进行语言训练［J］. 中国听障儿童康复，2002，11（2）.
[43] 杨海荣. 家庭环境的创设与听障儿童教育康复［J］. 中国听障儿童康复，2002，11（2）.
[44] 邵红. 创设和谐班级的心理环境［J］. 现代教育科学：小学教师，2012（2）：44-45.
[45] 刀维洁. 关注听障儿童的同伴交往［J］. 中国听力语言康复科学杂志，2004（5）：37-39.
[46] 王永华，黄学军. 听觉言语障碍儿童言语时呼吸特征研究［J］. 听力学及言语疾病杂志，2012（3）.
[47] Linda Campbell.Bruce campbell dee dickinson.［M］. 王成全，译. 北京：中国轻工业出版社，2001.
[48] 余敦清. 听力障碍与早期康复［M］. 北京：华夏出版社，1994.
[49] 中国听障儿童康复研究中心. 听障儿童家庭康复教材［M］. 北京：华夏出版社，1996.
[50] 朴永馨. 特殊教育辞典［M］. 北京：华夏出版社，1996.

［51］教育部师范教育司. 耳聋预防及康复［M］. 北京：人民教育出版社，2001.
［52］季佩玉，简栋梁，程益其. 聋教育教师培训教材［M］. 北京：中国盲文出版社，2000.
［53］袁茵. 听觉障碍儿童沟通方法评介［J］. 中国特殊教育，2002（1）：37–40.
［54］季佩玉，黄昭鸣. 特教学校语文教学法［M］. 上海：华东师范大学出版社，2006.
［55］王志毅. 听力障碍儿童的心理与教育［M］. 天津：天津教育出版社，2007.
［56］余敦清. 听力障碍与早期康复［M］. 北京：华夏出版社，1994.
［57］袁茵. 听觉障碍儿童沟通方法评介［J］. 中国特殊教育，2002（1），37–40.
［58］王志毅. 听力障碍儿童的心理与教育［M］. 天津：天津教育出版社，2007（6）.
［59］中国听障儿童康复研究中心. 听障儿童家庭康复教材［M］. 北京：华夏出版社，1996.
［60］张宁生. 听觉障碍儿童的心理与教育［M］. 北京：华夏出版社，1995.
［61］刘慕虞，俞诺. 耳聋诊疗与康复［M］. 长沙：湖南科学技术出版社，1991.
［62］王效贤，王明泽. 特教学校教育学［M］. 长春：吉林教育出版社，1987.
［63］教育部师范教育司. 耳聋预防及康复［M］. 北京：人民教育出版社，2001.
［64］中国听障儿童康复研究中心. 听障儿童家长必读［M］. 北京：华夏出版社，1995.
［65］简栋梁. 以口语为主导的全沟通教学［J］. 中国听力语言康复科学杂志，2004（4）.
［66］曹芳. 语文课程性质理论研究与实践探讨［D］. 成都：四川师范大学，2006.
［67］徐光华，连慧. 十大名师与十大理念［M］. 北京：国家行政学院出版

社，2013.
［68］朱玉. 聋校中小学教师的职业倦怠与工作家庭冲突的关系研究［D］. 天津：天津师范大学，2017.
［69］陈松. 倡导语文教学改革彰显语文学科自信［N］. 贵州民族报，2019-07-03（B03）.
［70］孙凤霞. 小学语文课程统整：内涵、目标与设计思路［J］. 课程·教材·教法，2020（4）.
［71］陈春玲. 论语文教学科学化［D］. 南昌：江西师范大学，2005.
［72］马晓莉. 聋生语文差异教学策略研究［D］. 杭州：杭州师范大学，2019.
［73］格利·格雷戈里，等. 差异化教学［M］. 赵丽琴，译. 上海：华东师范大学出版社，2012.
［74］刘全礼. 对262名特教学校教师专业素养的调查研究［J］. 北京联合大学学报（自然科学版），2016，104（2）：12-21.
［75］中华人民共和国教育部. 特殊教育教师专业标准［Z］. 2015.
［76］赵亮. 未来学校管理体系构建的基本思路［J］. 教学与管理，2019（25）. 12-15.
［77］徐德江. 婴幼儿科学汉字教育［M］. 北京：中国华侨出版社，2000.
［78］李逊永. “汉字提高智商论”是怎样伪造论据的［C］. 中国语文现代化学会2003年年度会议论文集，2003.
［79］徐德江. 婴幼儿科学识字教育的原则［J］. 教育导刊（幼儿教育），2000（S2）：47.
［80］顾华. 科学认读要发挥幼儿的主体性［J］. 现代特殊教育，2002（6）：36-37.
［81］袁爱玲. 学前创造教育课程论［M］. 北京：北京师范大学出版社，2001.
［82］朱媛媛，冯鑫. 实施幼儿艺术启蒙教育的初步尝试［J］. 现代特殊教育，2000（2）.
［83］邓猛. 融合教育实践指南［M］. 北京：北京大学出版社，2016.
［84］吴杨. 幼儿园教师融合教育素养的调查研究［J］. 中国特殊教育，2017（11）：11
［85］彭兴蓬，王晓甜. 融合教育背景下美国学前儿童学业成就课程设计［J］. 中国特殊教育，2017（8）：30.

[86] 吴淑美. 学前融合班教学理念篇 [M]. 台北：心理学出版社，1998.
[87] 王雁，范文，冯雅静. 我国普通教师融合教育素养职前培养的思考与建议 [J]. 教育学报，2018 (12)：81.
[88] [美] 安·M. 格林伯格，瑞吉娜·米勒. 儿童早期融合教育实用指导 [M]. 苏雪云，吴择效，译. 上海：上海人民出版社，2018.
[89] 雷江华. 融合教育导论 [M]. 北京：北京大学出版社，2012.
[90] 王薇，程春，具孝珍，等. 学前融合教育经历时长对普通幼儿自尊感和自我效能感的影响 [J]. 学前教育研究，2019 (6)：58-68.
[91] 邓猛. 融合教育实践指南 [M]. 北京：北京大学出版社，2016.
[92] 吴杨. 幼儿园教师融合教育素养的调查研究 [J]. 中国特殊教育，2017 (11)：11.